Historia y Mitología Egipcias

Un apasionante recorrido por el pasado de Egipto y los mitos de dioses y diosas

© Copyright 2023

Todos los derechos reservados. Ninguna parte de este libro puede ser reproducida de ninguna forma sin el permiso escrito del autor. Los revisores pueden citar breves pasajes en las reseñas.

Descargo de responsabilidad: Ninguna parte de esta publicación puede ser reproducida o transmitida de ninguna forma o por ningún medio, mecánico o electrónico, incluyendo fotocopias o grabaciones, o por ningún sistema de almacenamiento y recuperación de información, o transmitida por correo electrónico sin permiso escrito del editor.

Si bien se ha hecho todo lo posible por verificar la información proporcionada en esta publicación, ni el autor ni el editor asumen responsabilidad alguna por los errores, omisiones o interpretaciones contrarias al tema aquí tratado.

Este libro es solo para fines de entretenimiento. Las opiniones expresadas son únicamente las del autor y no deben tomarse como instrucciones u órdenes de expertos. El lector es responsable de sus propias acciones.

La adhesión a todas las leyes y regulaciones aplicables, incluyendo las leyes internacionales, federales, estatales y locales que rigen la concesión de licencias profesionales, las prácticas comerciales, la publicidad y todos los demás aspectos de la realización de negocios en los EE. UU., Canadá, Reino Unido o cualquier otra jurisdicción es responsabilidad exclusiva del comprador o del lector.

Ni el autor ni el editor asumen responsabilidad alguna en nombre del comprador o lector de estos materiales. Cualquier desaire percibido de cualquier individuo u organización es puramente involuntario.

Índice

PRIMERA PARTE: HISTORIA DE EGIPTO 1
   INTRODUCCIÓN 2
   PRIMERA SECCIÓN: UNA VISIÓN GENERAL DEL ANTIGUO
   EGIPTO (3150-330 A. C.) 5
   CAPÍTULO 1: EL INICIO DEL ANTIGUO EGIPTO (3150-2180 A. C.) 6
   CAPÍTULO 2: SURGE EL REINO MEDIO (2180-1550 A. C.) 17
   CAPÍTULO 3: EL NUEVO REINO (1550-1070 A. C.) 27
   CAPÍTULO 4: EL FIN DEL ANTIGUO EGIPTO (1070-330 A. C.) 39
   SEGUNDA SECCIÓN: PANORAMA DEL EGIPTO MODERNO
   (332 A. C. - 2021 D. C.) 49
   CAPÍTULO 5: EL PERIODO GRECORROMANO (332 A. C. - 629 D. C.) 50
   CAPÍTULO 6: EL EGIPTO MEDIEVAL (650-1520 D. C.) 61
   CAPÍTULO 7: EL PRIMER EGIPTO MODERNO (1520-1914) 70
   CAPÍTULO 8: EL EGIPTO MODERNO TARDÍO (1890-2013) 81
   TERCERA SECCIÓN: LA SOCIEDAD EGIPCIA A TRAVÉS DE LOS
   TIEMPOS 92
   CAPÍTULO 9: LA SOCIEDAD Y SU ESTRUCTURA 93
   CAPÍTULO 10: EL NILO Y SU PAPEL CLAVE 103
   CAPÍTULO 11: EL DESARROLLO DE LA RELIGIÓN 112
   CAPÍTULO 12: LENGUA, ARTE Y ARQUITECTURA 121
   CUARTA SECCIÓN: FIGURAS CLAVE DE LA HISTORIA EGIPCIA 132
   CAPÍTULO 13: TUTANKAMÓN Y SU TUMBA MALDITA
   (1341-1327 A. C.) 133

CAPÍTULO 14: HATSHEPSUT Y CLEOPATRA: MUJERES EN EL PODER 145
CAPÍTULO 15: SALADINO: EL PRIMER SULTÁN DE EGIPTO 154
CAPÍTULO 16: MUBARAK Y MORSI 161
CONCLUSIÓN 172
SEGUNDA PARTE: MITOLOGÍA EGIPCIA 174
   INTRODUCCIÓN 175
   PRIMERA SECCIÓN: COSMOLOGÍA 178
   CAPÍTULO 1 - LOS MITOS DE LA CREACIÓN 179
   CAPÍTULO 2 - LA FORMA DEL MUNDO Y MAAT 188
   CAPÍTULO 3 - LA DUAT Y EL MÁS ALLÁ 194
   SEGUNDA SECCIÓN: MITOS Y LEYENDAS 201
   CAPÍTULO 4 - RA Y APOFIS 202
   CAPÍTULO 5 - EL MITO DE OSIRIS 207
   CAPÍTULO 6 - EL TIEMPO Y EL FIN DE LOS TIEMPOS 214
   CAPÍTULO 7 - EL LOTO DE ORO 225
   CAPÍTULO 8 - LA PRINCESA GRIEGA 229
   CAPÍTULO 9 - EL LADRÓN DE TESOROS 239
   CAPÍTULO 10 - EL CUENTO DE HATSHEPSUT 245
   CAPÍTULO 11 - EL PRÍNCIPE CONDENADO 252
   CAPÍTULO 12 - LOS DOS HERMANOS 255
   CAPÍTULO 13 - ISIS Y LOS SIETE ESCORPIONES 259
   CAPÍTULO 14 - EL PRÍNCIPE Y LA ESFINGE 261
   CAPÍTULO 15- LAS AVENTURAS DE SINUHÉ 265
   TERCERA SECCIÓN: DIOSES Y DIOSAS 270
   CAPÍTULO 16 - AMÓN-RA 271
   CAPÍTULO 17 - ISIS, OSIRIS Y HORUS 276
   CAPÍTULO 18 - SETH Y NEFTIS 284
   CAPÍTULO 19 - ANUBIS Y THOT 294
   CAPÍTULO 20 - HATHOR Y BASTET 303
   CUARTA SECCIÓN: LOS SIBROS SAGRADOS 311
   CAPÍTULO 21 - LOS TEXTOS DE LOS SARCÓFAGOS Y EL LIBRO DE LOS MUERTOS 312
   CAPÍTULO 22 - LOS LIBROS DE LAS CAVERNAS, LAS PUERTAS Y LA VACA SAGRADA 319
   CONCLUSIÓN 328

VEA MÁS LIBROS ESCRITOS POR ENTHRALLING HISTORY 330
BIBLIOGRAFÍA: 331

Primera Parte: Historia de Egipto

Un apasionante repaso a la historia de Egipto

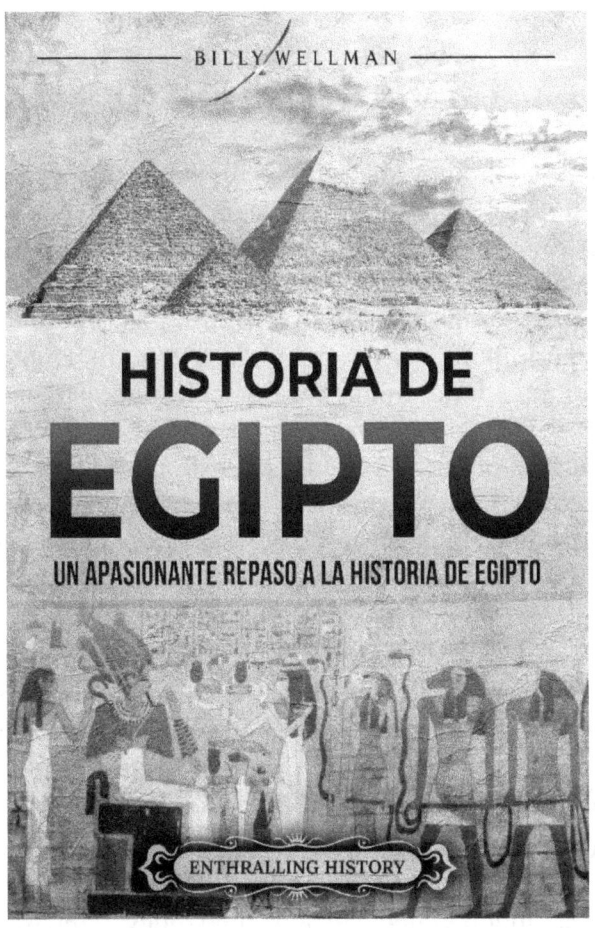

Introducción

Egipto es un país vibrante que atrae a millones de visitantes cada año. Personas de todo el mundo acuden a la patria de los faraones para recorrer el Nilo y visitar sus monumentos históricos. Aunque es un hermoso país con una fascinante mezcla de culturas, gran parte de su atractivo se debe a su ilustre y enigmática historia. Desde los magníficos palacios hasta las imponentes pirámides, la historia de Egipto forma parte del paisaje, lo que le permite encajar perfectamente en el brillante presente y futuro de Egipto. Sin embargo, el país es mucho más que un puñado de antiguas pirámides y templos. Este libro llevará al lector a un exhaustivo recorrido por la historia antigua, medieval y moderna de Egipto, que profundizará en su aprecio por este magnífico país.

La primera parte de este libro ofrece una breve pero completa visión general del antiguo Egipto y de las poderosas dinastías que lo gobernaron. Descubra cómo el Bajo y el Alto Egipto se convirtieron en un país que produjo impresionantes obras de arte. Estas dinastías formaban una parte integral del imperio egipcio. Los reyes estaban asociados a lo divino y gobernaban con puño de hierro. Conozca algunos de los reyes más importantes y lo que hicieron con sus reinados divinos.

La segunda parte de este libro deja atrás a los faraones y las pirámides. Continúa con la toma de posesión griega y romana, que puso fin al dominio egipcio independiente e introdujo nuevas dinastías y culturas gobernantes. Por ejemplo, el reino ptolemaico fue una familia gobernante greco-egipcia única con una historia dramática que ha sido objeto de libros, películas y arte durante siglos. Sin embargo, en este periodo hay algo más que gobernantes de sobresalientes, ya que el Nilo se convirtió en un puerto clave que generaba comercio para el país. Durante esta época, Egipto se convirtió en un centro de filosofía y atrajo a famosos eruditos. Con el tiempo, Egipto se convirtió en un país musulmán y tuvo que luchar ferozmente por su independencia.

En la siguiente sección se hablará de la sociedad egipcia a través de los tiempos. Desde la antigüedad hasta los tiempos modernos, la estructura de la sociedad ha contribuido al funcionamiento del país. Esta sección examinará factores como el río Nilo y su impacto en la sociedad y la economía. También se analizará la religión, el arte, la arquitectura y la lengua, que tuvieron un impacto inconmensurable en el país en su conjunto.

Por último, los últimos capítulos del libro se dedicarán a analizar algunas de las figuras más importantes de la historia egipcia. Descubra al niño rey Tutankamón, que gobernó durante unos pocos años y cuya muerte inesperada aseguró su legado duradero. La historia de su tumba maldita ha sido objeto de fascinación durante años y ha abierto un debate más amplio sobre la conservación de los tesoros egipcios. Aunque Egipto fue gobernado mayoritariamente por hombres, hubo mujeres que consiguieron gobernar por derecho propio, como Hatshepsut y Cleopatra.

Con el tiempo, la época de los faraones pasó, y los griegos y los romanos perdieron el control de la zona, lo que permitió a los sultanes hacerse con el poder. Descubra la historia de Saladino, el primer sultán de Egipto que inauguró un periodo de grandes cambios para el país. El sistema político del antiguo Egipto era más grande que la vida y estaba plagado de peligros, pero la política del Egipto moderno no es menos intrigante. Descubra más sobre Hosni Mubarak y Mohamed Morsi, ambos presidentes egipcios que se enfrentaron a retos monumentales durante su mandato.

La historia de Egipto es mucho más que su periodo antiguo, y eso es algo que este libro se propone demostrar. Algunos de los acontecimientos más fundamentales de la ilustre historia de Egipto han sido expuestos en un formato sencillo que permite al lector descubrir los secretos de Egipto sin que pierda el interés o se pierda en un laberinto de descripciones eruditas. La lectura de este libro es como un recorrido sin prisas por la brillante historia de Egipto y le proporcionará una visión general del impacto de este país en el mundo en general.

Egipto es uno de los países más bellos del mundo, y su historia no hace sino aumentar su atractivo. Permita que este libro profundice en su comprensión y aprecio por el hogar de los faraones.

PRIMERA SECCIÓN:
Una visión general del Antiguo Egipto (3150-330 a. C.)

Capítulo 1: El inicio del Antiguo Egipto (3150-2180 a. C.)

El imperio egipcio existió durante siglos y experimentó varios periodos de cambios significativos. Esto dificulta el seguimiento de la historia de Egipto, por lo que los historiadores agrupan la historia del antiguo Egipto en diferentes reinos y periodos intermedios. Una dinastía en la historia del antiguo Egipto se refiere a gobernantes que compartían ancestros u orígenes. Hubo treinta y dos dinastías faraónicas comúnmente aceptadas. El primero de estos periodos fue el Dinástico Temprano, que comenzó poco después de que el Alto y el Bajo Egipto se unieran. Después vino el Reino Antiguo, que también se conoce como la «era de las pirámides». Durante esta época, los grandes reyes egipcios construyeron las famosas pirámides que todavía atraen a los visitantes a Egipto.

Antes de que Egipto fuera un imperio próspero, la región estaba formada por varias sociedades neolíticas que se asentaban a lo largo de las orillas del Nilo. El río proporcionaba a estas comunidades todo lo que necesitaban para prosperar. Con el tiempo, estas sociedades formaron reinos que se conocieron como el Alto y el Bajo Egipto. Estos dos reinos se enfrentaron con frecuencia. Su rivalidad se convirtió en una leyenda y puede haber sido la base de uno de los mitos más perdurables de Egipto. Sin embargo, los reinos acabaron uniéndose bajo un solo gobernante, el legendario Menes, que constituyó la base del imperio egipcio.

Sociedades egipcias neolíticas

Durante miles de años, las comunidades neolíticas vivieron a lo largo de las orillas del Nilo y se construyeron una vida cómoda. Durante el periodo comprendido entre el 9300 y el 4000 a. C., Egipto fue el hogar de un grupo diverso de personas que no se conocen bien porque las pruebas de su existencia han quedado cubiertas por las llanuras de inundación o el desierto circundante. Hace miles de años, las regiones que ahora son áridas llanuras desérticas fueron en su día tierras exuberantes y fértiles. Esas condiciones atrajeron a los agricultores neolíticos para que criaran sus cultivos y rebaños en Egipto. No se sabe mucho sobre este pueblo, ya que no ha sido estudiado tan extensamente como sus sucesores, pero algunos enterramientos y sitios antiguos han arrojado luz sobre estas misteriosas tribus.

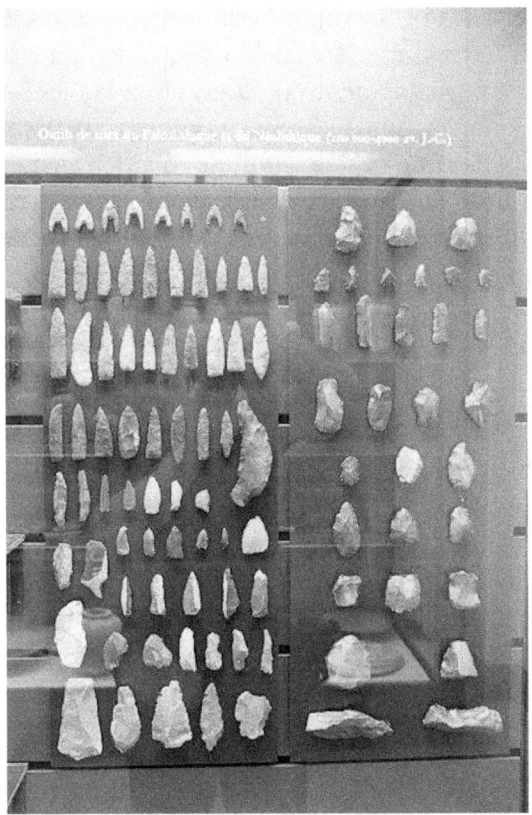

Armas y herramientas de piedra egipcias del Paleolítico y el Neolítico
Gary Todd de Xinzheng, China, CC0, vía Wikimedia Commons;
https://commons.wikimedia.org/wiki/File:Ancient_Egypt_Paleolithic_%26_Neolithic_Stone_Weapons_%26_Tools_(28426678975).jpg

Los historiadores han encontrado pruebas de megalitos, círculos calendáricos y santuarios, que indican que los pueblos neolíticos practicaban religiones elaboradas y distintas. Con el tiempo, estas tribus neolíticas empezaron a desarrollar ritos funerarios y a enterrar a sus muertos en cementerios específicos. Los arqueólogos encontraron cerámica, conchas, joyas, herramientas y armas enterradas con los muertos. Algunos de estos cementerios revelaron secretos sorprendentes. Se encontraron algunos cementerios con personas de más de cincuenta años, una edad impresionante para la época, pero Egipto también alberga el cementerio infantil más antiguo del mundo, en el que había mujeres con sus hijos, fetos tardíos y bebés.

Estas tumbas han permitido a los historiadores descorrer las cortinas del tiempo, ya que contienen numerosas pistas sobre las personas enterradas en ellas. Por ejemplo, está claro que estas comunidades neolíticas tenían estructuras sociales rígidas, ya que las tumbas con personas mayores probablemente pertenecían a la élite, mientras que las tumbas con personas más jóvenes podrían haber pertenecido a trabajadores más pobres. Estas culturas pueden haber practicado la poligamia, y es probable que las familias fueran enterradas juntas. Se mostraba un gran respeto a los muertos, lo que puede haber contribuido a las creencias posteriores sobre los muertos. Está claro que, aunque los primeros pobladores neolíticos del antiguo Egipto se han perdido en su mayor parte para la historia, tuvieron un claro impacto en las personas que posteriormente poblaron Egipto. Con el tiempo, estas tribus formaron dos reinos distintos: El Alto y el Bajo Egipto.

El Alto Egipto

La región que constituía el Alto Egipto abarcaba desde El Cairo hasta el lago Nasser. También se conocía como la «tierra de la cebada» y comprendía todas las tierras entre el Nilo y Nubia. Durante cientos de años, la capital del Alto Egipto fue Nejen, que era la ciudad patrona de la diosa Nejbet, con aspecto de buitre. Cuando los dos reinos se unieron, se convirtió en la diosa patrona de toda la región, elevando su estatus de diosa local a deidad más influyente.

Los habitantes del Alto Egipto antes de la unificación eran en su mayoría agricultores y pastores. Cultivaban farro, lentejas, sésamo, trigo, cebada y papiro. Con el tiempo, el Alto Egipto produjo cultivos como el ajo, la caña de azúcar, la cebolla, la lechuga y los garbanzos. La tierra era fértil gracias al Nilo, lo que significaba que la gente tenía más que suficiente para comer. El Nilo era una parte integral de sus vidas, ya que sus inundaciones permitían que la tierra siguiera siendo fértil y evitaban que sus tierras se convirtieran en llanuras desérticas.

Durante esta época, la gente comenzó a desarrollar una cerámica distintiva y a trabajar con cobre. También empezaron a fabricar ladrillos de barro similares a los que se utilizaban en Mesopotamia, y utilizaron paredes empotradas y arcos en sus edificios. Estos elementos decorativos eran impresionantes para la época y habrían conducido al desarrollo de técnicas arquitectónicas más decorativas. Los habitantes del Alto Egipto estaban acostumbrados a la guerra, ya que se enfrentaban con frecuencia al Bajo Egipto.

El Bajo Egipto

El Bajo Egipto estaba formado por la región del delta del río Nilo que llegaba hasta el mar Mediterráneo. Puede que ya se haya dado cuenta, pero el Nilo corre de sur a norte, a diferencia de la mayoría de los ríos. La región del delta era famosa por estar bien regada gracias a varios canales y acequias que se ramificaban desde el Nilo, lo que hacía que grandes extensiones de tierra fueran increíblemente fértiles. La capital del Bajo Egipto era la ciudad de Menfis, que era la ciudad patrona de la diosa Wadjet. Esta diosa se representaba a menudo como una cobra. Con el tiempo, los dos reinos se unificaron, y las dos diosas, Wadjet y Nejbet, se representaban a menudo juntas y pasaron a ser conocidas como las Dos Damas.

Aunque los dos reinos acabaron unificándose, seguían teniendo culturas distintas que compartían algunas similitudes, pero que en última instancia eran únicas. Estas culturas distintas estaban representadas por la Pschent o doble corona de Egipto, que llevaba el gobernante. La corona consistía en el Hedjet, que era la corona blanca que representaba el Alto Egipto, y el Deshret, que era la corona roja que representaba el Bajo Egipto. La unión de los dos reinos se convirtió en un tema común en la iconografía egipcia. Algunas de estas imágenes representaban a las diosas Wadjet y Nejbet, mientras que otras mostraban a los dioses Horus y Seth anudando plantas de papiro y caña, que representaban los dos reinos. Los dos reinos separados cobraron importancia durante la última etapa del Egipto prehistórico, y su unificación marcaría una nueva era. Los antiguos egipcios atribuyeron la unificación de los dos reinos a Menes, identificado por los historiadores como el rey Narmer.

El rey Narmer

La unificación del Alto y el Bajo Egipto fue una hazaña triunfal que durante mucho tiempo se atribuyó a un hombre llamado Menes. Durante años, los historiadores aceptaron que Menes estuvo a la altura del reto de unificar los dos reinos, pero esto se hizo difícil, ya que no pudieron localizar su gobierno en el registro histórico. Otro problema era que Menes era simplemente un honorífico, que significa «el que perdura». Finalmente, los historiadores llegaron a la conclusión de que Menes era probablemente el rey Narmer, que los historiadores creían que gobernaba poco antes de la unificación. Conjeturaron que Narmer era conocido como Menes después de unificar las regiones, y hay pruebas de que llevaba las coronas del Alto y el Bajo Egipto, lo que da credibilidad a esta teoría.

El rey Narmer tallado en una paleta de pizarra
https://commons.wikimedia.org/wiki/File:EB1911_Egypt_-_Early_Art_-_King_Narmer,_Slate_Palette.jpg

Si esto es cierto, entonces Narmer fue el primer rey de Egipto. Los historiadores creen que Narmer era originario del Alto Egipto y procedía de la ciudad de Tinis. Comenzó a conquistar los estados alrededor de su reino antes de pasar al Bajo Egipto. Algunos creen que se apoderó pacíficamente del Bajo Egipto, aunque la Paleta de Narmer, un artefacto que contiene algunos de los primeros jeroglíficos de la región, representa a Narmer como un poderoso guerrero. Sea cual sea el medio utilizado, Narmer consiguió unificar el Alto y el Bajo Egipto alrededor del año 3150 a. C.

Durante años, el Alto Egipto se había convertido rápidamente en una civilización más urbana que comerciaba con otras culturas, mientras que el Bajo Egipto era algo más rural, lo que puede haber ayudado a la unificación. Narmer parece haber sido un buen rey que gobernó pacíficamente. Cuando murió, es posible que su esposa, Neithotep, gobernara durante algún tiempo, ya que su tumba era elaborada y mostraba que gozó de un estatus importante durante su vida.

La rivalidad entre Horus y Seth

En la antigua religión egipcia, Horus era un dios representado por un halcón. Su ojo derecho representaba el sol y el poder, mientras que el ojo izquierdo representaba la luna y la curación. A menudo se lo mencionaba en relación con el dios Seth, y se los presentaba como enemigos mortales. Seth era un dios embaucador con varios rasgos animales. Era conocido como el dios del desierto, de la guerra y del caos. La reconciliación de Seth y Horus proporcionó la base mítica para la unificación del Bajo y el Alto Egipto. Con el tiempo se pensó que los faraones eran las representaciones vivas de Horus y llevaban coronas dobles que simbolizaban la unidad entre las dos regiones.

Talla que representa a Horus derrotando a Seth
Karen Green, CC BY-SA 2.0 https://creativecommons.org/licenses/by-sa/2.0 , vía Wikimedia Commons; https://commons.wikimedia.org/wiki/File:Flickr_-_schmuela_-_Horus_defeats_Seth.jpg

El mito se centra en Osiris, Isis, Horus y Seth. Según el mito, Osiris era el rey de Egipto y descendiente del dios creador Ra. Su reina era Isis, que dio a las mujeres de Egipto los dones de tejer, elaborar cerveza y hornear. La pareja era muy feliz y gobernaba Egipto en armonía. Osiris también estaba asociado con el poder y el gobierno legítimo, lo que contrastaba fuertemente con los poderes de Seth. Con el tiempo, el hermano de Osiris, Seth, se puso celoso de él y quiso reclamar la realeza para sí mismo. Seth construyó un cofre de madera adornado y lo recubrió de plomo. El embaucador consiguió atrapar a Osiris en el cofre y lo arrojó al Nilo.

Osiris murió, y en su ausencia, Seth se convirtió en rey. Sin embargo, Isis no estaba dispuesta a olvidar a su marido. Buscó su cuerpo por todas partes. Finalmente, encontró el cofre de madera en el Nilo y lo llevó a su casa. Cuando Seth descubrió lo que Isis había hecho, cortó el cuerpo de Osiris en pedazos y los esparció por todo el mundo. Isis y su hermana, Neftis, localizaron todos los trozos y volvieron a unir a Osiris con vendas. Por desgracia, faltaba el pene de Osiris, pero Isis utilizó la magia para recomponer a su marido. Sin embargo, no estaba ni vivo ni muerto y se convirtió en la primera momia. Nueve meses después, Isis tuvo un hijo y lo llamó Horus.

Cuando Horus tuvo la edad suficiente, desafió a Seth, ya que era el legítimo gobernante de Egipto. Seth y Horus lucharon, y en la sangrienta batalla, el ojo izquierdo de Horus quedó dañado. Esto dio lugar a la explicación de las fases de la luna. Horus y Seth lucharon en múltiples ocasiones, pero con el tiempo se reconciliaron.

El rey Zoser e Imhotep

El rey Zoser se convirtió en el rey de Egipto alrededor del 2650 a. C. y es conocido por sus grandes proyectos de construcción, incluyendo la primera pirámide de Egipto. Fue el primer rey de la III dinastía (aunque algunas fuentes afirman que fue el segundo) y comenzó a encargar proyectos de construcción casi desde que subió al trono. En su reinado se produjeron grandes innovaciones en la arquitectura, como el avance de los diseños, el simbolismo y las ornamentaciones. Zoser aseguró las fronteras de Egipto y el país se mantuvo estable durante la mayor parte de su reinado, que duró unas dos décadas. Su tumba, la Pirámide Escalonada de Saqqara, fue construida bajo la dirección de su visir, Imhotep, y fue el edificio más alto del mundo en aquella época.

Estatua de Imhotep

Cstew1996, CC0, vía Wikimedia Commons; https://commons.wikimedia.org/wiki/File:Imhotep8.jpg

Aunque Zoser fue un buen rey, gran parte de su éxito se debió a las capacidades de su visir, el famoso Imhotep. Tras la muerte de Imhotep, fue deificado y se convirtió en el dios de la medicina y la sabiduría. Durante su vida, Imhotep fue un consumado poeta, polímata, médico, arquitecto y astrónomo. Aunque es más conocido por haber supervisado la pirámide escalonada de Zoser, también escribió tratados sobre enfermedades y lesiones que hicieron avanzar el campo de la medicina de la época. Aunque comenzó como sacerdote, ascendió rápidamente hasta convertirse en uno de los hombres más importantes de Egipto.

Bajo su dirección, la Pirámide Escalonada se elevó a unos sesenta y dos metros de altura e incluía un complejo que albergaba un templo, santuarios, patios y un espacio de vida para los sacerdotes. Incluía muchos símbolos religiosos importantes y atraía a viajeros de todas partes.

El rey Seneferu

El rey Seneferu fue el primer rey de la IV dinastía y comenzó a gobernar alrededor del año 2575 a. C. Su reinado fue el punto álgido del Reino Antiguo y perfeccionó el arte de la construcción de pirámides. Seneferu inauguró una edad de oro y construyó dos pirámides en

Dahshur. Su pirámide de Meidum se conoce como la «falsa pirámide» porque descansa sobre un enorme montón de tierra y se asemeja a una torre en lugar de una pirámide. Aunque la pirámide era indudablemente impresionante, acabó derrumbándose algún tiempo después de su construcción, ya que sus cimientos estaban hechos de arena en lugar de roca. Es probable que los constructores utilizaran el diseño original de Imhotep, pero hicieron algunas modificaciones que condujeron a su derrumbe.

Seneferu era conocido por ser un rey competente que consiguió estabilizar su país y ganar muchas batallas contra Nubia y Libia. Construyó varias pirámides, incluida la Pirámide Roja, que es la primera pirámide verdadera de Egipto. (Una pirámide «verdadera» es la que tiene lados lisos, no escalonados). Los primeros intentos de Seneferu no alcanzaron su objetivo, pero no se detuvo hasta crear la pirámide perfecta. Aunque encargó muchos proyectos, su país no sufrió por sus ambiciones y Egipto se mantuvo estable bajo su reinado.

Las pirámides de Guiza

Gracias a los esfuerzos del rey Seneferu, sus sucesores dispusieron de los planos para construir verdaderas y duraderas pirámides. Como resultado, los tres reyes siguientes construyeron las famosas Pirámides de Guiza. Jufu sucedió a Seneferu en el trono. Los griegos lo consideraban un tirano que abusaba de su poder. Según sus registros, obligó a su pueblo a la esclavitud. Herodoto afirmó que Jufu introdujo varios males en su reino y reclutó a cientos de miles de hombres para que trabajaran sin remuneración en su pirámide. También afirmó que este gobernante sin escrúpulos obligó a su propia hija a trabajar en burdeles para conseguir dinero para su proyecto. Sin embargo, las fuentes egipcias afirman que era un buen rey que cuidaba de sus trabajadores y que solo contrataba hombres en las épocas en las que no se podía cultivar debido a las inundaciones del Nilo.

Posteriormente, Jefrén construyó su pirámide junto a la de Jufu y es posible que encargara la Esfinge, ya que el rostro de esta se parece mucho al suyo. Al igual que Jufu, los griegos recordaban a Jefrén como un tirano opresor, pero no quedan muchas pruebas de su reinado para refutar estas afirmaciones. Le sucedió su hijo, Menkaura, que construyó su propio complejo de templos en Guiza y fue alabado tanto por los griegos como por los egipcios. Desgraciadamente, parece que los abundantes recursos de Egipto habían empezado a menguar bajo el peso de proyectos de construcción tan masivos, y el complejo de Menkaura era algo más pequeño que las tumbas de sus predecesores.

La V y VI dinastía

Uno de los actos duraderos del rey Seneferu fue aliar su reinado con el culto al dios Ra. Uno de sus sucesores, Dyedefra, afirmó que los reyes egipcios eran los hijos de Ra en lugar de la encarnación viva de Ra. Este acto permitió que los sacerdotes egipcios se hicieran cada vez más poderosos, lo que disminuyó considerablemente la realeza. Durante la V dinastía, una mujer llamada Jentkaus adquirió una importancia increíble, y su tumba es la cuarta pirámide de Guiza, aunque nadie sabe muy bien por qué recibió tan alto honor. Los reyes de la V dinastía son conocidos como los «reyes del sol» porque muchos de ellos tenían nombres que derivaban del dios solar Ra.

Desgraciadamente, la realeza fue perdiendo poder poco a poco a medida que los administradores se hacían más poderosos. La VI dinastía comenzó con el gobierno de Teti, que fue asesinado por sus propios hombres. Los funcionarios del gobierno se atrevieron a construir grandes tumbas que rivalizaban con las de las clases nobles. Pepi II Neferkara fue un rey notable durante este periodo; los textos de la época dicen que gobernó durante casi cien años y que fue un rey capaz al principio. Sin embargo, cuanto más tiempo gobernaba Pepi II, más inestable se volvía el reino. Egipto necesitaba un rey poderoso y enérgico, pero Pepi II se hizo viejo y le faltó brío para marcar la diferencia. El gobierno central se desestabilizó cada vez más y sobrevivió a muchos de sus posibles sucesores. Poco después de su muerte, la VI dinastía terminó, al igual que el Reino Antiguo.

El primer periodo intermedio

En la historia del antiguo Egipto, hubo muchos periodos de prosperidad y estabilidad, así como épocas de inestabilidad. Las épocas de estabilidad se conocen como reinos, mientras que las de inestabilidad se conocen como períodos intermedios. El Reino Antiguo terminó alrededor del año 2181 a. C. y comenzó el Primer Periodo Intermedio. Durante esta época, el gobierno central de Egipto se derrumbó y fue casi completamente ineficaz. Esto permitió a los administradores locales ocuparse de sus propias áreas. Durante muchos años, esos funcionarios habían ido acumulando poder a costa del gobierno. Los distritos egipcios habían sido divididos en nomos por reyes anteriores, y estos administradores eran conocidos como nomarcas. Los nomarcas se hicieron increíblemente ricos y se construyeron lujosas casas y tumbas.

Una terrible sequía empeoró la situación, y la familia real se esforzó por encontrar un heredero adecuado cuando murió Pepi II. El Primer Periodo Intermedio se caracterizó por la desunión, incluyendo las fricciones entre el Alto y el Bajo Egipto. Fue una época de inmensos cambios. No hay monumentos significativos de esta época, y el arte sufrió un poco. Hay pocos registros escritos de este periodo, lo que llevó a muchos a creer que era una época de caos. Sin embargo, parece que las zonas rurales se volvieron más ricas y complejas durante esta época. Sin un rey que empleara sus recursos en monumentos, el pueblo pudo reorientar sus recursos hacia otras actividades.

Fue sin duda una época oscura para la élite social de Egipto, ya que el antiguo orden simplemente dejó de tener importancia. Sin embargo, las clases bajas pudieron permitirse más bienes de lujo, lo que llevó a la producción en masa de muchos artículos que antes estaban reservados a las clases altas. Con el tiempo, los reyes de Egipto lograron poner fin al Primer Periodo Intermedio e introdujeron el Reino Medio. El Primer Periodo Intermedio tuvo un efecto definitivo en la historia egipcia, y el Reino Medio se diferenció del Antiguo en algunos aspectos significativos. Por ejemplo, los reyes del Reino Medio trabajaron con los nomarcas, lo que estabilizó a Egipto y lo convirtió en uno de los imperios más impresionantes de la historia.

Capítulo 2: Surge el Reino Medio (2180-1550 a. C.)

El Reino Medio también se conoce como el «período de reunificación». El Primer Periodo Intermedio fue una época caracterizada por la división política, ya que los nomarcas locales se hicieron con el poder. Durante esta época, la monarquía sufrió mucho y a menudo no tenía los recursos necesarios para atender al resto del reino. Como resultado, los nomarcas locales (funcionarios del gobierno a cargo de los nomos o divisiones territoriales dentro de Egipto) se hicieron cargo de sus territorios, lo que aumentó su influencia. Mientras que la aristocracia veía esta época como un periodo de caos y anarquía, la gente corriente empezó a ganar más dinero y la producción en masa se generalizó.

Sin embargo, se produjeron menos avances significativos en el arte y la arquitectura. Cuando terminó el Primer Periodo Intermedio, le siguió el Reino Medio, que se conoce como la Edad Clásica de Egipto debido al arte que se produjo durante la época. Los historiadores no se ponen de acuerdo sobre cuándo comenzó el Reino Medio. Algunos consideran la XI dinastía como el inicio del Reino Medio, mientras que otros consideran la XII dinastía como la fundadora. Una cosa es segura, Mentuhotep II de la XI dinastía sentó las bases del periodo clásico de Egipto, que elevaría a Egipto a nuevas cotas.

Mentuhotep II

Durante el Primer Periodo Intermedio, Egipto volvió a dividirse en Alto y Bajo Egipto. Heracleópolis era la ciudad más importante del Bajo

Egipto, mientras que Tebas se convirtió en la ciudad más poderosa del Alto Egipto. Una vez más, los dos reinos lucharon entre sí por el control supremo. Los antiguos reyes de Egipto intentaron mantener el control desde su lugar de poder en Menfis, pero sus esfuerzos fueron inútiles una vez que los sacerdotes y los nomarcas se hicieron con el poder. Con el tiempo, la monarquía se trasladó a Heracleópolis en un esfuerzo por consolidar su poder, pero fue demasiado poco y demasiado tarde.

Mentuhotep II
https://commons.wikimedia.org/wiki/File:Mentuhotep_II_(detail).jpg

La profundidad a la que se había hundido la monarquía egipcia se hizo evidente cuando un nomarca llamado Intef se rebeló contra la autoridad tradicional alrededor del año 2125 a. C. a monarquía fue incapaz de someterlo, con lo cual logró que Tebas se convirtiera en una potencia importante en la región. Egipto estaba en vías de reunificación, y los sucesores de Intef aumentaron el prestigio y el poder de Tebas. Uno de los sucesores de Intef, Uahanj Intef (Intef II), reclamó el título de «rey del Alto y Bajo Egipto». Sin embargo, fue Mentuhotep II quien unificaría

Egipto. Mentuhotep II conquistó otros nomos y los sometió a su dominio. Luego conquistó Heracleópolis y a los nomarcas rivales que constituían una amenaza. Como resultado, reunió el Alto y el Bajo Egipto en un solo reino.

Por fin, Egipto volvió a tener un gobierno central fuerte, lo que dio lugar a más proyectos de construcción, arte y expediciones militares. Durante el Primer Periodo Intermedio, los nomos de Egipto desarrollaron culturas distintas y rasgos únicos que acabarían influyendo en la cultura egipcia en su conjunto. Mentuhotep fue un gobernante competente que se centró en el fortalecimiento de su gobierno, la expansión del comercio y el encargo de varios proyectos de construcción. Mentuhotep construyó un gran templo y un complejo mortuorio (donde fue enterrado) cerca de su querida ciudad de Tebas y murió alrededor de 1957 a. C. Gracias a sus esfuerzos, dejó a Egipto como un país fuerte y rico y se le concedió el honor de ser conocido como el segundo «Menes» de Egipto.

La XI dinastía

Mentuhotep II fue un rey fuerte que centró gran parte de su atención en la reconquista de antiguos territorios que se habían perdido para Egipto desde la caída del Reino Antiguo. También restableció la idea de que los reyes egipcios eran extensiones de los dioses. A menudo llevaba los tocados de Amón-Ra (dios del sol y el aire) y Min (dios de la fertilidad y la cosecha y del ideal masculino egipcio). Estas fueron formas muy efectivas de reforzar su propio poder, ya que el pueblo era menos propenso a cuestionar la autoridad de un dios. Mentuhotep gobernó durante unos cincuenta y un años y pasó el trono a su hijo, Mentuhotep III.

Mentuhotep III gobernó durante algo más de una década y adoptó muchas de las políticas de su padre, que fortalecieron aún más a Egipto. Construyó varias fortalezas en un esfuerzo por proteger a Egipto de las invasiones del este. Cuando Mentuhotep murió, le sucedió Mentuhotep IV.

Gran parte de la información sobre la XI dinastía procede del Canon Real de Turín, que es un manuscrito en papiro del reinado de Ramsés II de la XIX dinastía. Es uno de los registros más detallados de la realeza egipcia. No solo contiene los nombres de los reyes egipcios, sino también las fechas de su reinado. El papiro separa a los reyes en sus correspondientes dinastías. Según la Lista de Turín, a Mentuhotep III le sucedieron siete años sin rey. Hay poca o ninguna evidencia sobre el reinado de Mentuhotep IV, y su nombre no se ha encontrado en varias listas de reyes egipcios. Se han encontrado algunas inscripciones con su nombre, en las que se detalla cómo envió a su visir, Amenemhat, a una cantera para recuperar piedras para un monumento real.

Parece que pudo haber una guerra civil durante este periodo y que Amenemhat salió victorioso, ya que se convirtió en Amenemhat I. No hay un registro claro de cómo Amenemhat se convirtió en rey, pero como no era de la realeza, es fácil inclinarse por la teoría de una guerra civil o un golpe de estado.

Tebas

Tebas se construyó a orillas del río Nilo y estaba situada en el centro del Alto Egipto, al sur del delta. En su apogeo, la ciudad albergaba a unas setenta y cinco mil personas, lo que la convertía en la mayor ciudad del mundo durante su época. Era una ciudad rica que fue la sede del poder real durante muchos años, lo que probablemente atrajo a más habitantes, así como a la élite social. También era una importante ciudad religiosa, ya que era el centro de culto a Amón-Ra. Los reyes de la XI dinastía gobernaron desde Tebas, pero cuando Mentuhotep IV fue sustituido por Amenemhat I, la capital egipcia se trasladó a Ity-tauy. Este movimiento puede haber señalado el deseo de Amenemhat de distanciarse de la dinastía anterior.

Aunque Tebas ya no era la capital del reino, seguía teniendo una gran influencia como centro religioso. Senusert I, un rey de la XII dinastía, construyó un templo dedicado a Amón, lo que demuestra que la ciudad seguía recibiendo mucha atención por parte de la monarquía. Durante el Reino Medio, la ciudad era bastante grande y tenía al menos dos palacios dentro de sus límites. Aunque Tebas gozó de una importante influencia durante el Reino Medio, solo alcanzó su máximo esplendor durante el Reino Nuevo, cuando Amón se convirtió en el dios principal.

Amenemhat I

Aunque no se sabe mucho sobre el ascenso al trono de Amenemhat, está claro que era un líder fuerte y capaz. Bajo su mandato, Egipto floreció e interactuó con otros países. Amenemhat fundó la XII dinastía, que gobernaría Egipto durante los dos siglos siguientes y dio lugar a la cultura diferenciada por la que se conoce el Reino Medio. Es posible que Amenemhat trasladara su capital de Tebas a Ity-tauy para distanciarse de la XI dinastía. Sin embargo, la nueva capital estaba situada cerca de Lisht, que estaba cerca de la antigua capital de Heracleópolis. Ity-tauy se construyó en llanuras fértiles, lo que le habría permitido prosperar. Esto sugiere que Amenemhat trasladó la capital para establecer su dinastía como completamente egipcia en lugar de solo tebana. La nueva capital también se situó en una posición central, lo que le habría permitido gobernar con mayor eficacia y consolidar su poder en el país.

Amenemhat también se aseguró de honrar la antigua capital de Tebas contribuyendo al templo de Amón. Encargó varios proyectos de construcción, incluyendo fortalezas para protegerse de los invasores extranjeros y un enorme complejo piramidal y mortuorio en Lisht. Estos edificios se parecían a las pirámides de Guiza, lo que demuestra que Amenemhat quería asociarse con la gloria de los reyes del Reino Antiguo y sus prósperos reinados.

Hacia el vigésimo año de su reinado, alrededor de 1918 a. C., Amenemhat I nombró a su hijo, Senusert I, como corregente. Senusert realizó varias campañas militares en el sur. Parece que Amenemhat I se enfrentó a disturbios políticos durante el final de su reinado y pudo ser asesinado.

Arte, cultura y gobierno durante el Reino Medio

Durante el Reino Antiguo, el arte se encargaba para honrar a los dioses, y las obras literarias solían reservarse para los «Textos de las Pirámides», las inscripciones y las historias teológicas. Sin embargo, la literatura floreció durante el Reino Medio, y las historias sobre la gente común se hicieron populares. Por ejemplo, la «Historia de Sinuhé» cuenta la historia de un hombre que sirvió a Amenemhat I, pero que huyó para convertirse en beduino tras el asesinato del rey. Vivió entre los beduinos durante años, ya que temía las represalias del heredero de Amenemhat, Senusert, aunque Sinuhé no estuvo implicado en la muerte del rey. Con el tiempo, Sinuhé anhelaba volver a su hogar. Finalmente, recibió el perdón del rey, lo que le permitió vivir sus últimos años entre los suyos.

Otras obras planteaban cuestiones importantes, como si había o no vida después de la muerte. La poesía y la prosa se hicieron populares, y se desarrollaron historias como la «Historia del marinero náufrago». Las esculturas y pinturas se centraron en la representación de escenas cotidianas. Se diseñaron grandes edificios para resaltar el paisaje circundante, como el complejo mortuorio de Mentuhotep II.

Talla de barco del Reino Medio
Infrogación de Nueva Orleans, CC BY 2.0 https://creativecommons.org/licenses/by/2.0 vía Wikimedia Commons;
https://commons.wikimedia.org/wiki/File:Middle_Kingdom_Ancient_Egyptian_boat_artwork_at_New_Orleans_Museum_of_Art.jpg

Durante el Reino Medio, muchos reyes tenían fechas dobles en sus cartuchos, lo que significa que es posible que los reyes permitieran a sus sucesores elegidos gobernar como corregentes en sus últimos años para que no hubiera interrupción cuando el rey muriera. También permitía que el sucesor aprendiera a ser un rey eficaz. Esta teoría no ha sido confirmada, pero parece que bastantes reyes nombraron a sus sucesores durante sus últimos años y luego nombraron a estos sucesores como corregentes. Cuando Mentuhotep II reunificó Egipto, nombró a miembros de su propia familia para ocupar altos cargos en el gobierno y quitó bastante poder a los nomarcas. Los reyes posteriores seguirían este ejemplo, pero muchos de estos reyes mantenían buenas relaciones con sus nomarcas. De hecho, durante el reinado de Senusert II, los nomarcas gozaron de tanta prosperidad como durante el Primer Periodo Intermedio, pero sin que la influencia de la monarquía se viera afectada. Como resultado, los nomarcas fueron ferozmente leales a su rey, lo que contribuyó a la prosperidad de Egipto.

La XII dinastía

Al igual que su padre, Senusert I quiso asociar su reinado con los gobernantes del Reino Antiguo. Nada más subir al trono, comenzó a encargar proyectos de construcción que se asemejaban mucho a los monumentos del Reino Antiguo. También construyó infraestructuras que beneficiaron a todo el reino. Senusert I consiguió aumentar la prosperidad de Egipto y premió a los funcionarios por su lealtad. Frenó el poder de los nomarcas, pero les permitió enriquecerse sin quitarle poder a la monarquía. Como resultado, Senusert pudo fortalecer su propio gobierno sin alienar a los nomarcas. Esta paz entre la monarquía y los nomarcas permitió a Senusert centrarse en el ejército, los proyectos de construcción, la agricultura y el arte.

Parece que Senusert I permitió a su sucesor, Amenemhat II, gobernar como corregente junto a él durante los últimos años de su reinado. No se sabe mucho sobre Amenemhat II, salvo que fue sucedido por Senusert II hacia 1897 a. C. Senusert II tenía una relación extremadamente buena con los nomarcas. Le sucedió Senusert III, que conduciría a Egipto a una de sus épocas doradas.

Senusert III

Los reyes egipcios solían estar asociados a los dioses, pero algunos reyes eran tan grandes que eran adorados directamente como dioses. Senusert III era uno de esos reyes. No solo era adorado como un dios en Egipto y tenía su propio culto que estaba al mismo nivel que los grandes dioses del panteón egipcio, sino que también era adorado en Nubia. Era hijo de Senusert II y tuvo una educación privilegiada que incluía una educación real en Tebas. Senusert III subió al trono hacia 1878 a. C. Uno de sus primeros actos fue reorganizar el gobierno, reduciendo así el número de nomarcas. Extrañamente, parece que hubo poca resistencia a esta reorganización. Es posible que Senusert III diera a los nomarcas privados de sus derechos puestos dentro de su gobierno.

Una vez asegurada su posición, se dedicó a ampliar las fronteras de Egipto y entró en conflicto con Nubia, Siria y Palestina. Senusert III era un líder militar extremadamente capaz, y muchas de sus expediciones terminaron con éxito. En el pasado, los nomarcas tenían ejércitos permanentes a los que el rey podía pedir ayuda, pero Senusert absorbió esos ejércitos en su propia fuerza. Sus acciones también condujeron al desarrollo de la clase media en Egipto. Durante su reinado, el arte se volvió más elaborado y realista. Algunas de las obras de arte más famosas de su reinado fueron sus estatuas, que representaban al rey durante diferentes momentos de su vida.

Senusert III colaboró con el culto de Amón, que históricamente había luchado con la monarquía por el poder. Esta relación pacífica benefició enormemente a Egipto. Pocos reyes estarían a la altura de su perdurable legado. Senusert III murió hacia 1839 a. C. y le sucedió su hijo

Amenemhat III.

Amenemhat III

Amenemhat III tuvo la nada envidiable tarea de estar a la altura del ejemplo de su padre, que era el rey egipcio ideal. Amenemhat no dejó muchos registros de sus victorias militares, lo que significa que probablemente no fue a la guerra tanto como su padre. Es más que probable que heredara un reino pacífico y no sintiera la necesidad de defender su reino. También es posible que no sintiera la misma necesidad de ampliar las fronteras de Egipto como su padre. Amenemhat sí parecía disfrutar iniciando proyectos de construcción, lo que llevó a la construcción de muchos monumentos importantes. Heródoto atribuyó a Amenemhat III la construcción del legendario templo mortuorio conocido como el Laberinto. El antiguo historiador griego afirmó que el templo mortuorio de Amenemhat III en Hawara era uno de los monumentos más impresionantes del mundo antiguo.

Quizás el mayor logro de Amenemhat III fue la creación de un sistema que regulaba el flujo de agua hacia el lago Moeris mediante el drenaje de las marismas que lo rodeaban. Aumentó el trabajo en las minas de turquesa situadas en el Sinaí y utilizó canteras de toda Nubia y Egipto que le proporcionaron los fondos necesarios para sus diversos proyectos de construcción. Puede que Amenemhat III no tuviera el mismo reinado estelar que su padre, pero fue un rey capaz que aumentó la prosperidad de Egipto por derecho propio. Fue sucedido por Amenemhat IV alrededor de 1815 a. C.

Sobekneferu

Amenemhat IV continuó muchas de las políticas de su padre y lanzó muchas de sus propias iniciativas, que incluían proyectos de construcción y campañas militares. Lamentablemente, parece haber tenido un reinado corto y murió sin un heredero varón. Esto habría sido desastroso, ya que los reyes anteriores parecen haber nombrado corregentes en vida, lo que aseguraba una transición de poder sin problemas. Como Amenemhat IV no tenía un heredero viable, no había corregente, y el traspaso de poder no habría sido fácil. A la muerte de Amenemhat IV, el trono pasó a manos de su esposa o de su hermana (o posiblemente de ambas), Sobekneferu, hacia 1807 a. C. No se sabe mucho sobre su reinado, salvo que probablemente no fue la primera reina egipcia que gobernó por derecho propio. Se cree que una reina anterior, Nitocris, gobernó durante un breve periodo durante el Reino Antiguo, pero existen pocos registros de su época.

Estatua de la reina Sobekneferu
_https://commons.wikimedia.org/wiki/File:Statue_of_Sobekneferu_(Berlin_Egyptian_Museum_14475).jpg_

Sea o no Sobekneferu la primera reina de su clase, su reinado fue ciertamente notable. Reinó varios cientos de años antes que Hatshepsut, y siempre gobernó como mujer y nunca se representó como hombre. Encargó varios proyectos de construcción importantes, como la ciudad de Cocodrilópolis, que fundó o reparó. Desgraciadamente, no pudo dar un heredero y murió hacia 1802 a. C., lo que puso fin a la XII dinastía.

El declive del Reino Medio

A la muerte de la reina Sobekneferu, el trono pasó a manos de Sebekhotep I, que inició la XIII dinastía. Aunque la XIII dinastía heredó un país próspero y fuerte, los reyes de esta dinastía no parecían tener el mismo empuje y poder que los reyes de la XII dinastía. Los registros de esta época son escasos y fragmentados, lo que significa que es difícil saber con exactitud qué llevó al declive del Reino Medio. Parece que los reyes de la XIII dinastía eran algo más débiles que los de la XII. Aunque mantuvieron muchas de las mismas políticas, comenzaron a desarrollarse facciones dentro de Egipto. Con el tiempo, los hicsos se convirtieron en una poderosa potencia política que rivalizaba con el poder de Ity-tauy.

Cuando la XIII dinastía decayó en poder, los hicsos pasaron a gobernar Egipto. Mostraron un gran respeto por la cultura egipcia y gobernaron durante el Segundo Periodo Intermedio. En el pasado, el Segundo Periodo Intermedio se había caracterizado como una época sin ley, pero parece que la mayoría de los habitantes de Egipto disfrutaron de una relativa estabilidad. El cambio de poder solo habría afectado a la élite social egipcia.

No se puede negar que el Reino Medio fue una época de gran prosperidad para Egipto, y los logros de la XII dinastía elevaron a Egipto a uno de los estados más poderosos y ricos del mundo. Desgraciadamente, sus sucesores no pudieron mantener ese prestigio y se doblegaron bajo el peso de su impresionante imperio, lo que provocó el ascenso de otra potencia en la región.

Aunque el Segundo Periodo Intermedio no fue probablemente una época de completo caos, ciertamente estuvo muy lejos de las alturas alcanzadas por el Reino Medio. Sin embargo, el Segundo Periodo Intermedio conduciría al Nuevo Reino y a cotas aún mayores para el antiguo Egipto.

Capítulo 3: El Nuevo Reino (1550-1070 a. C.)

El antiguo Egipto disfrutó de muchos periodos dorados durante los cuales se construyeron grandes pirámides y se desarrolló un elaborado arte. Cuando el Reino Medio decayó, una influencia extranjera, los hicsos, consiguieron acumular riqueza y poder político que les permitió hacerse con el control de una parte importante de Egipto. Con el tiempo, la monarquía egipcia recuperó su fuerza y expulsó a los hicsos de Egipto. Una vez que se deshicieron de la potencia extranjera, los egipcios establecieron fronteras que debían impedir las invasiones, pero que se convirtieron en peldaños que ayudaron a los futuros reyes a convertir Egipto en un poderoso imperio.

El reino egipcio más próspero fue el Nuevo Reino. Durante esta época, florecieron la literatura, la arquitectura y el comercio. Egipto se convirtió en una potencia internacional, ya que comerciaba y mantenía correspondencia con las principales potencias mundiales de la época. Se escribía más que nunca, lo que convierte al Nuevo Reino en una de las épocas mejor documentadas de la historia del antiguo Egipto. Esta riqueza de información ha proporcionado a nuestros contemporáneos una visión clara de uno de los períodos más fascinantes de la historia egipcia. El Reino Nuevo dio a conocer figuras legendarias como Akenatón, Hatshepsut, Tutankamón y Ramsés II. También sería el periodo durante el cual los reyes egipcios pasaron a ser conocidos como faraones.

Hicsos

El Reino Medio fue una época de increíble unidad y prosperidad para Egipto, durante la cual la monarquía tenía un firme control de Egipto. Sin embargo, ese poder decayó bajo los reyes de la XIII dinastía, que no pudieron estar a la altura del ejemplo dejado por sus predecesores. Los reyes de la XIII dinastía se esforzaron por mantener Egipto unificado y, como resultado, los hicsos se asentaron en Avaris, que se encontraba en el Bajo Egipto. El Reino de Kush también ganó poder cerca del Alto Egipto, lo que supuso otro problema.

Aunque los hicsos eran extranjeros, su gobierno no era del todo impopular. Los registros posteriores pintarían el Segundo Periodo Intermedio como una época de caos total, pero esto podría haber sido el resultado de la propaganda destinada a destacar el gobierno de los reyes del Nuevo Reino frente al gobierno de los hicsos. Los gobernantes extranjeros parecían tener una relación relativamente pacífica con los gobernantes de Egipto y tuvieron un impacto definitivo en la historia egipcia. Por ejemplo, los hicsos influyeron en la guerra egipcia al introducir los carros y los caballos. También introdujeron el bronce en Egipto, lo que permitió fabricar armas y armaduras más resistentes. Es posible que los hicsos fueran originarios del norte, lo que atrajo la atención de Egipto hacia Oriente Medio e inspiró a los futuros reyes egipcios a expandir su imperio hacia el norte.

Las relaciones entre los hicsos y la monarquía egipcia se agriaron durante el reinado del rey Seqenenra Taa de Egipto. Fue a la guerra contra los hicsos, pero murió en la batalla. Su hijo, Kamose de Tebas, continuó la guerra de su padre y derrotó a los hicsos, pero fue Ahmose I quien expulsó a los hicsos del reino y reunificó Egipto.

Ahmose I

Ahmose I subió al trono hacia el año 1550 a. C. en una época convulsa. Se enfrentó a increíbles dificultades, pero consiguió traer la paz y la estabilidad a Egipto. Los hicsos eran famosos por exigir tributos a los reyes egipcios y por casarse con princesas egipcias, lo que podría indicar su intención de unirse a la monarquía egipcia. Ahmose I utilizó caballos, carros y armas de bronce para destruir a Avaris y expulsar a los hicsos a Palestina y posteriormente a Siria. Una vez expulsados los hicsos del país, Ahmose restableció Tebas como capital de su reino y volvió a conquistar Nubia. Esto le permitió saquear grandes cantidades de oro de Nubia, lo que aumentó la riqueza de Egipto. Ahmose I se dio cuenta de que tenía que tomar medidas firmes para evitar que los hicsos u otros invadieran sus fronteras. Por ello, construyó fortalezas en zonas anteriormente descuidadas y estableció zonas de amortiguación alrededor de las fronteras para proteger a Egipto de las invasiones.

Ambas caras de un hacha ceremonial que perteneció a Ahmose I
Fotografía en color: Heidi Kontkanen (cc-by-sa-2.0 por fotografía original subida a la red)
Fotografía en blanco y negro: Mariette, Auguste (1821-1881) (dominio público), CC BY-SA 2.0
https://creativecommons.org/licenses/by-sa/2.0 vía Wikimedia Commons;
https://commons.wikimedia.org/wiki/File:Ceremonial_axe_of_Ahmose_I_(both_sides).jpg

El pueblo egipcio veneraba a Ahmose I como a un dios, honor que solo estaba reservado a los reyes legendarios. En un esfuerzo por impulsar la economía egipcia, Ahmose reabrió varias minas, generando más comercio para el país. Sus esfuerzos establecieron el Nuevo Reino, que duraría casi cinco siglos y traería cada vez más prosperidad y fama al imperio. Ahmose I también luchó contra los kushitas e impidió que invadieran Egipto, algo que sus predecesores no habían podido hacer. Por primera vez en siglos, Egipto estaba unido y el gobierno central volvía a ser estable. Ahmose I dejó un reino seguro a su hijo, Amenhotep I, y fue venerado junto con Narmer como uno de los grandes unificadores de Egipto.

Hatshepsut

Amenhotep I fue un rey competente que hizo grandes contribuciones al arte y dejó un trono estable a su hijo, Tutmosis I, alrededor del año 1520 a. C. Tutmosis I fue un guerrero como su abuelo, Ahmose I. Expandió el dominio de Egipto sobre Nubia y puso sus miras en más territorio y proyectos de construcción. A su muerte, su heredera designada fue aparentemente su hija legítima, Hatshepsut (según sus inscripciones), pero el trono pasó a manos de su hijo, Tutmosis II, nacido de una reina menor. Los hermanos se casaron, como era tradición en la época. Hatshepsut fue el verdadero poder detrás del trono y se convirtió en una de los reyes más influyentes del Nuevo Reino. Durante los primeros siete años, se la representó como mujer, pero más tarde optó por ser representada como un gobernante masculino.

Estatua de la reina Hatshepsut
Crédito: Metropolitan Museum of Art, CC0, vía Wikimedia Commons;
https://commons.wikimedia.org/wiki/File:Seated_Statue_of_Hatshepsut_MET_Hatshepsut2012.jpg

Su reinado trajo gran prosperidad y estabilidad a Egipto. Fue nombrada esposa del dios Amón, lo que suponía un papel influyente y poderoso en Egipto. Con el tiempo, Tutmosis II murió, dejando a su hijo de una esposa menor, Tutmosis III. Hatshepsut conservó su poder y gobernó como regente. Al mismo tiempo que comenzó a presentarse como hombre, también se declaró faraón. Al igual que sus predecesores, inició campañas militares y proyectos de construcción. También construyó un templo en Deir el-Bahari, que es uno de los más impresionantes de todo Egipto, e hizo una fastuosa campaña en Punt. Hatshepsut encargó más proyectos de construcción que ningún otro monarca egipcio aparte de Ramsés el Grande.

Durante todo el reinado de Hatshepsut, Tutmosis III demostró su valía actuando como uno de sus generales. Alrededor del año 1457 a. C., Tutmosis III fue enviado a someter una rebelión en Qadesh, y fue en esa época cuando Hatshepsut desapareció de la historia. Es posible que muriera de un absceso en un diente. Sea cual sea la verdadera causa de su muerte, Tutmosis III fue nombrado rey y rápidamente comenzó a destruir los registros del reinado de su madrastra. Sus logros fueron borrados y ella siguió siendo un misterio hasta que los historiadores descubrieron pruebas de su existencia en el siglo XIX.

Tutmosis III

No está claro por qué Tutmosis III decidió borrar el nombre de su madrastra de la historia, pero prevalecen algunas teorías. Algunos historiadores creen que Tutmosis III quería restablecer el equilibrio de la gobernación egipcia, ya que Egipto solía estar gobernado por hombres, mientras que otros piensan que Tutmosis III quería evitar que las mujeres fueran demasiado ambiciosas. Gracias a los esfuerzos de su madrastra, Tutmosis III heredó un reino estable, lo que le permitió poner sus miras en la expansión de las fronteras de Egipto. De hecho, Tutmosis III fue responsable de numerosas y exitosas campañas militares que ampliaron las fronteras de Egipto más que nunca.

Tutmosis completó diecisiete campañas militares en dos décadas y dejó amplias inscripciones detallando sus victorias. Dejó tantas inscripciones que es uno de los faraones más conocidos de Egipto. A su muerte, dejó el trono a su hijo Amenhotep II hacia el año 1425 a. C. Amenhotep no tenía tantas ganas de ir a la guerra como su padre y demostró ser un gobernante capaz. Forjó un tratado de paz con los Mitani y otros. Dejó el trono a su hijo, Tutmosis IV, alrededor del año 1400 a. C. Tutmosis imitó a su padre en muchos aspectos y restauró la Gran Esfinge.

Amenhotep III

Amenhotep III ascendió al trono cuando solo tenía doce años, pero había heredado uno de los reinos más ricos del mundo. Nada más ser coronado, se casó con Tiy y la elevó al rango de «Gran Esposa Real», lo que significaba que estaba por encima de cualquier otra mujer de la corte. Demostró ser un hábil diplomático que utilizó su gran riqueza para fomentar las buenas relaciones con las naciones vecinas, normalmente comprando su favor o pagándoles para que hicieran lo que él quería. Amenhotep III era un buen líder militar, y algunas de sus inscripciones detallan sus campañas militares, incluida una campaña a Nubia. Sin embargo, sus mayores intereses residían en el arte, la arquitectura y la religión.

Estatua de Amenhotep III
IGallic, CC BY-SA 4.0 https://creativecommons.org/licenses/by-sa/4.0 vía Wikimedia Commons; https://commons.wikimedia.org/wiki/File:Amenhotep_III.jpg

Encargó más de 250 proyectos de construcción durante su vida, la mayoría de los cuales eran enormes y elaborados. Amenhotep III también concedió a su esposa poderes extraordinarios, permitiéndole gobernar el estado mientras él estaba preocupado. A menudo se los representaba juntos en tallas o estatuas. Sin embargo, mientras el rey seguía creciendo en riqueza, también lo hacía el culto a Amón. Cuando Amenhotep III subió al trono, los sacerdotes de Amón poseían tantas tierras como el faraón. Este vio el peligro que esto suponía y se alió con el dios Atón, pero esto no sirvió para frenar el poder de los sacerdotes. Su hijo, Amenhotep IV (más tarde conocido como Akenatón), tomaría medidas más drásticas. Amenhotep III murió alrededor del año 1353 a. C. después de un reinado extremadamente exitoso.

Akenatón

El reinado de Akenatón comenzó de forma bastante pacífica. Imitó muchas de las políticas de su padre, pero al cabo de unos años sufrió una conversión religiosa y obligó a Egipto a realizar varias reformas. Declaró ilegal la antigua religión y convirtió a Atón en la principal deidad de Egipto. Akenatón trasladó la capital a su nueva ciudad, Ajetatón, y afirmó que Atón era el gobernante supremo del universo. El rey era la encarnación humana de Atón. Es posible que sus esfuerzos reflejaran una sincera devoción a este dios, pero también es posible que quisiera reducir el poder del culto a Amón. Sus reformas obligaron al culto a renunciar a sus enormes riquezas, pero los cambios también provocaron graves consecuencias para el país en su conjunto.

Akenatón descuidó los asuntos exteriores y de Estado, lo que provocó la pérdida de estados vasallos y un colapso general del gobierno local. Su esposa, Nefertiti, asumió muchas de sus obligaciones e intentó gobernar el país en su lugar, mientras él se obsesionaba cada vez más con su religión. La reina Nefertiti era una reina capaz, pero el país sufrió el abandono del rey. Su poder solo llegaba hasta cierto punto, y el tesoro real se agotó rápidamente. Las reformas religiosas provocaron la pérdida de ingresos de muchos artesanos, lo que afectó a la economía. Además, los asuntos exteriores empeoraron a medida que continuaba su reinado. Akenatón murió en 1336 a. C., habiendo deshecho gran parte de los esfuerzos de sus predecesores.

Tutankamón

Unos años más tarde, el joven hijo de Akenatón, Tutankamón, subió al trono. El rey de ocho años (algunas fuentes dicen que de nueve) hizo todo lo posible por deshacer el daño hecho por su padre y rápidamente revirtió las reformas religiosas, restaurando la antigua religión. Reabrió los templos y ayudó a devolver a Egipto parte de su antigua gloria. El pueblo llano había sufrido durante la reforma, y Tutankamón devolvió la estabilidad a sus vidas. Se casó con su esposa y hermanastra, Anjesenamón, en algún momento de su reinado, pero murió antes de poder engendrar herederos. Se cree que murió alrededor del año 1327 a. C.

Estatua de Tutankamón
EditorfromMars, CC BY-SA 4.0 https://creativecommons.org/licenses/by-sa/4.0 vía Wikimedia Commons; https://commons.wikimedia.org/wiki/File:Tutankhamun_Cairo_Museum.jpg

Es posible que Anjesenamón intentara hacerse con el trono y que escribiera al rey Suppiluliuma I de los hititas para pedirle uno de sus hijos en matrimonio. El rey hitita envió a su hijo a casarse con la reina egipcia, pero el príncipe desapareció durante el viaje. El visir de Tutankamón,

Ay, se convirtió en el siguiente faraón. Ay continuó los esfuerzos de Tutankamón por devolver a Egipto su antigua gloria, pero fue el sucesor de Ay, Horemheb, quien logró revertir completamente las reformas religiosas iniciadas por Akenatón. Horemheb también murió sin heredero, dejando el trono a su visir, Paramesu, que se convirtió en el faraón Ramsés I hacia 1292 a. C.

Ramsés I

Ramsés fue el primer rey de la XIX dinastía y probablemente fue un amigo cercano de Horemheb. Los historiadores han teorizado que Ramsés formaba parte de una familia de militares, que fue la forma en que se relacionó con Horemheb. Como Horemheb no tenía herederos, nombró a Ramsés como su heredero, a pesar de que Ramsés era de edad avanzada cuando Horemheb murió. Es posible que Horemheb nombrara a Ramsés, ya que tenía un heredero. Ramsés subió al trono alrededor del año 1292 a. C. y nombró a su hijo, Seti I, como corregente. También es probable que a Ramsés le resultara difícil seguir con sus responsabilidades reales o que quisiera que su hijo aprendiera a ser un rey capaz.

Seti I comenzó inmediatamente las campañas militares y se propuso recuperar las antiguas tierras de Egipto en Siria. Mientras tanto, Ramsés I se ocupó de numerosos proyectos de construcción en Egipto. Ramsés I murió tras un breve reinado, que duró menos de dos años, y dejó el trono a Seti I. Al igual que sus predecesores, Seti dedicó gran parte de su energía a devolver a Egipto su antigua gloria. Seti I encargó varios proyectos de construcción y comenzó a enseñar a su hijo a ser un buen rey. Demostró ser un gobernante capaz. Aunque hizo todo lo posible por devolver a Egipto la prosperidad de la que había gozado con Amenhotep III, sería su hijo, Ramsés II, quien se convertiría en uno de los mayores faraones de la historia de Egipto.

Ramsés II

Ramsés II subió al trono alrededor del año 1279 a. C. y vivió casi cien años. Cuando murió, muchos de sus súbditos no recordaban haber vivido bajo otro gobernante, lo que provocó el pánico del pueblo. Desde muy joven, Ramsés se unió a su padre en las campañas militares y pronto comenzó a dirigir sus propias expediciones militares. Luchó contra los hititas y aseguró las fronteras de Egipto mientras ampliaba las rutas comerciales. Ramsés derrotó a los Pueblos del Mar, aliados de los hititas, y los incorporó a su propio ejército. También construyó la ciudad de Pi-

Ramsés, de la que se dice que rivalizaba con la antigua ciudad de Tebas.

En 1274, luchó en la batalla de Qadesh, que terminó en empate. Sin embargo, el rey afirmó haber ganado la batalla para aumentar su propia reputación. Más tarde, participó en el primer tratado de paz del mundo cuando negoció con los hititas. También fue un gran mecenas de las artes, y muchos historiadores afirman que el arte del antiguo Egipto alcanzó su máximo esplendor durante su gobierno. Ramsés II encargó muchos proyectos de construcción y dejó un gran número de inscripciones. También mandó construir la tumba de Nefertari. Ella era su esposa favorita, que murió a principios de su reinado, y su tumba fue magníficamente construida para reflejar el favor del rey. Ramsés hizo esculpir la imagen de Nefertari junto a él en muchas de sus tallas mucho tiempo después de su muerte, lo que demuestra la profundidad de su devoción por su primera esposa.

Templo de Ramsés II en Abu Simbel

Merlin UK, CC BY-SA 3.0 https://creativecommons.org/licenses/by-sa/3.0 vía Wikimedia Commons; https://commons.wikimedia.org/wiki/File:Temple_of_Ramese_II_at_Abu_Simbel_-_panoramio.jpg

Ramsés II, durante su reinado, reforzó las fronteras, aumentó el comercio y llenó las arcas de Egipto. Sus logros lo convirtieron en uno de los mayores faraones de la historia, y fue profundamente amado y venerado por los antiguos egipcios. Le sucedió su heredero, Merneptah, hacia el año 1213 a. C., que ya era un anciano cuando se convirtió en rey. Merneptah estaba ansioso por demostrar su valía y lanzó varias campañas militares con éxito. Le sucedió durante un breve periodo Amenmeses alrededor del año 1203 a. C., que pudo ser un usurpador, ya que el heredero legítimo se suponía que era Seti II. Hacia el año 1200 a. C., Amenmeses dejó de ser mencionado en los registros. Seti II reinó hasta el 1197 a. C. aproximadamente y le sucedió Merneptah Siptah, que heredó el trono siendo un niño y murió joven. Su madrastra, Tausert, gobernó como regente hasta el año 1190 a. C. hasta que fue sucedida por Sethnajt, que probablemente fue otro usurpador.

Ramsés III

Sethnajt puede haber sido uno de los hijos de Seti II. Estableció la XX dinastía. Le sucedió Ramsés III, que demostró ser un rey capaz y el último gran rey del Reino Nuevo. Comenzó su reinado expulsando a los Pueblos del Mar y fortaleciendo el gobierno del país. Durante su reinado, los libios intentaron invadir el país, pero Ramsés III los derrotó en la batalla y aseguró las fronteras de Egipto, demostrando su capacidad como rey guerrero. También construyó su gran templo mortuorio entre las luchas intermitentes contra los posibles invasores. El comercio y la industria florecieron bajo su reinado, y utilizó muchas de las minas de Egipto para impulsar la economía.

Sin embargo, el reinado de Ramsés III no fue del todo exitoso, ya que sufrió una de las primeras huelgas laborales de la historia. Los trabajadores de uno de sus proyectos de construcción no estaban satisfechos con las condiciones de trabajo y se negaron a trabajar hasta que los problemas fueran solucionados. Ramsés III se enfrentó a una grave inestabilidad política durante su reinado y fue asesinado alrededor del año 1155 a. C.

El declive del Nuevo Reino

Es posible que Akenatón llevara a su país al borde de la decadencia durante su gobierno en un intento de frenar el poder de los sacerdotes de Amón. Cuando sus reformas religiosas fueron revertidas, el culto a Amón fue restaurado, y continuó amasando poder y riqueza a expensas de la corona. Cuando Ramsés III subió al trono, el poder del faraón no era ni de lejos lo que había sido en tiempos de Amenhotep III. A Ramsés III le sucedió su hijo Ramsés IV, y muchos de sus sucesores también se llamaron Ramsés. Sin embargo, no compartieron ninguna similitud con Ramsés el Grande, ya que la monarquía decayó rápidamente durante el reinado de los reyes de la XX dinastía.

Los sacerdotes de Amón quedaron sin control. Esto les permitió dividir efectivamente Egipto en dos y quitarle poder a la monarquía hasta que el gobierno central quedó paralizado. Ramsés I había abandonado Tebas siglos antes, lo que permitió a los sacerdotes tomar el control de la antigua ciudad y extender su influencia. Con el tiempo, el rey pasó a representar a un subordinado de Amón, lo que, por extensión, lo convirtió en un subordinado de los sacerdotes. Pronto, los nubios se hicieron con gran parte del sur de Egipto mientras los sacerdotes gobernaban el Alto Egipto, lo que dio lugar al Tercer Periodo Intermedio. Por desgracia, no habría otro gran reino que sacara a Egipto del caos. El Tercer Periodo Intermedio terminó con la batalla de Pelusio en el año 525 a. C., que condujo a la invasión persa.

Capítulo 4: El fin del antiguo Egipto (1070-330 a. C.)

El Tercer Periodo Intermedio puso fin a la gloria del antiguo Egipto. El Nuevo Reino fue definido por notables gobernantes que fomentaron las relaciones diplomáticas y expandieron las fronteras de Egipto al tiempo que garantizaban su estabilidad. Trajeron una inmensa prosperidad a Egipto y construyeron magníficos monumentos que aún hoy atraen a los turistas. Desgraciadamente, cuando el último gran faraón del Nuevo Reino subió al trono, Egipto era una sombra de lo que había sido y estaba plagado de problemas debido a las reformas religiosas y a los problemas de sucesión.

Cuando la XX dinastía llegó a su fin, también lo hizo el Nuevo Reino. Durante el Tercer Periodo Intermedio, los faraones pasarían a ser casi intrascendentes, ya que el culto a Amón se hizo con el poder en Egipto. Con el paso del tiempo, Egipto se convirtió en un campo de batalla para Nubia y Asiria, ya que estas potencias extranjeras luchaban por la riqueza de Egipto. Al poco tiempo, los persas invadieron Egipto y gobernaron la región durante varias décadas antes de que llegara Alejandro Magno y reclamara el país como propio. Aunque Egipto seguía siendo una región fuerte e influyente, la época de esplendor de los faraones y las pirámides había terminado.

El declive de los faraones

Durante décadas, el culto al poder de Amón había crecido a expensas de la monarquía. Mientras que los faraones del Reino Nuevo solían controlar el culto a Amón, los faraones de la XX dinastía no pudieron hacerlo, lo que tendría consecuencias duraderas para todo Egipto. La XX dinastía terminó con el reinado del faraón Ramsés XI, que murió alrededor del año 1077 a. C. Durante gran parte de la historia de Egipto, los faraones eran considerados extensiones de las divinidades, dioses vivos que ejecutaban la voluntad de los dioses en la Tierra. Este estatus los convertía en todopoderosos, y su autoridad era totalmente aceptada por sus súbditos. Los antiguos egipcios estaban influenciados por su religión y no se atrevían a cuestionar la voluntad de los dioses.

Sin embargo, con el paso del tiempo, los faraones pasaron a ser conocidos como hijos de las deidades, lo que frenó su poder. Los sacerdotes se convirtieron en los intermediarios entre los humanos y los dioses. Esto puso un poder increíble en manos de los sacerdotes, que vivían en los templos y reclamaban grandes cantidades de tierra y riqueza en nombre de los dioses. A la muerte de Ramsés XI, le sucedió Esmendes, un funcionario del Bajo Egipto que inició la XXI dinastía. Esmendes se trasladó de Per-Ramsés a Tanis, mientras que el culto a Amón gobernaba desde Tebas. Una vez más, Egipto estaba dividido, pero no hay pruebas de que esta separación fuera causada por una guerra civil. Parece que la monarquía se encargaba de las tareas administrativas desde Tanis, mientras que los sacerdotes gobernaban en nombre de Amón desde Tebas. Esto habría requerido una notable cooperación, y no parece que las dos partes fueran enemigas.

Culto a Amón

Durante gran parte de la historia de Egipto, Tebas fue considerada el hogar del dios Amón. Durante el Reino Nuevo, Amón se convirtió en la deidad más importante del panteón egipcio y tenía un papel similar al de Zeus en la cultura griega. En algún momento del gobierno de Ahmose I, Amón se fusionó con el dios del sol Ra y se convirtió en Amón-Ra. A medida que Tebas crecía en importancia, también lo hacía Amón, lo que también puede explicar por qué el dios se volvió tan importante para los egipcios. Su templo se encontraba en el complejo de templos de Karnak, construido cerca de Lúxor. Su construcción comenzó durante el gobierno de Senusert I, y se convirtió en una costumbre de los faraones ampliarlo durante su reinado. Esto permitió que Karnak se convirtiera en el mayor edificio religioso del mundo y supuso un gran orgullo para los egipcios.

Complejo de templos de Karnak
Biblioteca de la Universidad de Cornell, CC BY 2.0 https://creativecommons.org/licenses/by/2.0 , vía Wikimedia Commons; https://commons.wikimedia.org/wiki/File:Temple_Complex_at_Karnak.jpg

Como Amón se convirtió en un dios tan importante, su culto también creció en importancia. Se pensaba que los sacerdotes, especialmente los sumos sacerdotes, tenían un vínculo directo con el dios, lo que los hacía extremadamente importantes, ya que habrían tenido contacto con todo tipo de ciudadanos egipcios. A finales del Reino Nuevo, había hasta ochenta mil sacerdotes que vivían y trabajaban en Karnak. El culto a Amón también poseía más tierras y riquezas que el faraón, lo que tenía un impacto definitivo en la influencia del monarca. Durante el Tercer Periodo Intermedio, Amón era efectivamente el rey de Tebas. Los sacerdotes utilizaban oráculos para determinar la voluntad del dios para resolver cuestiones judiciales, domésticas y políticas. En el Tercer Periodo Intermedio, Tebas se había convertido en una teocracia completa, y los sacerdotes se comunicaban regularmente con Amón como si fuera el faraón. Los reyes de Tanis supervisaban lo que el escurridizo dios no podía.

La conquista nubia

Durante los Reinos Medio y Nuevo, los faraones egipcios se abrieron paso en Nubia y conquistaron o exigieron tributos a los nubios. Nubia y Egipto mantuvieron una estrecha relación durante la mayor parte de su historia, ya que ambos dependían del Nilo. Cuando los faraones egipcios conquistaron Nubia durante los periodos del Reino Medio y Nuevo, llevaron a su dios Amón. Durante estos tiempos, los egipcios construyeron numerosos templos a Amón y declararon que Nubia era la residencia meridional de Amón. Esto promovió el culto a Amón y legitimó la reclamación de los egipcios sobre Nubia. Los egipcios estaban interesados en Nubia porque era abundante en recursos naturales, como marfil, ébano, pieles de animales y oro.

La estrecha relación entre ambos países dio lugar a lazos culturales y religiosos que perdurarían durante siglos. Sin embargo, cuando Egipto comenzó a declinar en poder, Nubia utilizó las bases sentadas por los antiguos faraones egipcios como excusa para invadir Egipto. En el año 700 a. C., el rey kushita Piye consiguió anexionar Karnak y pasó a conquistar el resto de Egipto. Afirmó trabajar en nombre de Amón y se convirtió en el primer faraón kushita en el 744 a. C. Como los nubios ya adoraban a Amón, se permitió que su culto continuara con sus funciones y disfrutó de una importante influencia tanto en Egipto como en Nubia. Cuando Piye gobernó Egipto, permitió que los reyes del Bajo Egipto tuvieran una medida de poder. Los reyes kushitas tenían un inmenso respeto por la cultura egipcia, y su gobierno no tuvo un impacto negativo en la cultura egipcia en su conjunto.

Asiria versus Egipto

Durante gran parte de la historia de Egipto, los reyes egipcios habían creado a propósito zonas de amortiguación a lo largo de sus fronteras, lo que evitaba que estas chocaran con enemigos poderosos que pudieran invadir Egipto. Sin embargo, durante el Tercer Periodo Intermedio, muchas de estas zonas de amortiguación fueron derrotadas. Se añadieron al territorio de Egipto, pero también dejaron al estado vulnerable a la invasión extranjera. Hacia el año 926 a. C., el faraón Sheshonq I conquistó Judá. Esto se consideró una gran victoria, pero también puso a Egipto en contacto con los asirios. Al morir el rey kushita Piye, le sucedió su hermano Shabako. Más tarde, Shabitku, el sucesor de Shabako, prestó apoyo a Judá contra el rey asirio Senaquerib. Esto habría sido suficiente para atraer la hostilidad de Asiria.

En el año 671 a. C., Egipto estaba gobernado por Taharqo cuando el rey asirio Asaradón marchó contra Egipto. Invadió el país y tomó como rehén a la familia real. Taharqo pudo escapar a Egipto y fue sucedido por Tanutamani. Tanutamani pudo derrocar temporalmente el dominio asirio, pero fue rápidamente conquistado por el hijo de Asaradón, Asurbanipal, en el año 666 a. C., que dejó en el trono de Egipto a un rey títere, Necao I.

Saqueo de Tebas

Aunque los kushitas mantuvieron un fuerte control sobre Egipto, su influencia fue decayendo gradualmente durante la XXV dinastía. Tanutamani, en su mayor parte, controlaba el Alto Egipto y Nubia. Todavía mantenía Tebas, que era un punto de apoyo increíblemente importante. Sin embargo, en el año 663 a. C., Asurbanipal y Tanutamani se enzarzaron en una guerra que determinaría el resultado del futuro de Egipto. Durante un breve periodo, Tanutamani se impuso y pudo conquistar Menfis, donde mató al rey títere Necao I. Como resultado, Asurbanipal y Psamético (hijo de Necao I) se enfrentaron al rey kushita en una batalla cerca de Menfis. Los kushitas fueron derrotados y Tanutamani se retiró a Nubia, lo que dejó desprotegida la antigua ciudad de Tebas.

Tebas cayó en manos de las fuerzas asirias y fue completamente saqueada. La mayoría de sus riquezas y habitantes fueron llevados a Asiria. Fue una catástrofe estrepitosa que dejó una marca definitiva en la historia y la moral egipcias. El saqueo de Tebas supuso un final decisivo para la XXV dinastía, ya que los reyes kushitas nunca pudieron recuperar las tierras que habían perdido. Tebas fue tan derrotada que, seis años después, se rindió a la flota de Psamético.

Psamético se convirtió en rey de Egipto y fundó la XXVI dinastía, que puso fin al Tercer Periodo Intermedio e inició el Periodo Tardío. El rey hizo que Tebas aceptara a su hija, Nitocris I, como esposa del dios Amón, que era un cargo increíblemente importante en Egipto.

Psamético fue un líder capaz que trajo la paz y la unidad a Egipto. Encargó muchos monumentos, restauró edificios antiguos y fue un fuerte líder militar. Le sucedió Necao II, que creó una armada egipcia formada por mercenarios griegos. A Necao II le sucedió Psamético II en torno al año 595 a. C., quien demostró su valía en las batallas contra Kush y fue famoso por borrar los nombres de los reyes kushitas de los monumentos del sur, llegando incluso a intentar borrar el nombre de su padre de la historia. Las razones de sus acciones aún se desconocen. Le sucedió su hijo, Apries, hacia el año 589 a. C. Apries fue derrocado en un golpe de estado orquestado por el general de su padre, Amosis II.

Amosis II

Apries demostró ser un líder militar sin éxito. Intentó luchar contra los babilonios, pero perdió. Cuando perdió el trono, pidió ayuda a los babilonios y probablemente murió en el campo de batalla cuando se enfrentó al ejército de Amosis II. Es posible que Amosis II fuera el responsable de las victorias de Psamético II en Nubia. Psamético II nunca hizo mucho con sus victorias militares, sino que optó por regresar a Egipto sin establecer firmemente su gobierno. Esto debió de frustrar a Amosis II y puede haber provocado su golpe de estado.

Amosis II fue el faraón más fuerte en siglos y ayudó a devolver a Egipto parte de su antigua gloria. Estimuló la economía y llevó a cabo varias campañas militares con éxito. Bajo su mandato, abundaron los proyectos de construcción, la economía floreció y las fronteras fueron seguras. La industria del arte recibió un gran impulso, lo que no hizo más que aumentar la reputación de Amosis II.

Aunque Amosis II era un rey capaz, falló a Egipto en dos aspectos fundamentales. Su hijo, Psamético III, no estaba en absoluto preparado para los retos de gobernar Egipto cuando subió al trono alrededor del año 526 a. C. Amosis II también pudo ser responsable de la invasión persa. Según el historiador griego Heródoto, el rey persa Cambises II solicitó casarse con una de las hijas de Amosis. Los egipcios eran famosos por negarse a entregar a ninguna de sus mujeres nobles a los extranjeros, y Amosis quería mantener esa tradición sin hacerse un enemigo mortal. En respuesta, envió a una de las hijas de Apries a casarse con Cambises II. La antigua princesa se sintió tan ofendida por las acciones de Amosis que reveló su identidad a Cambises II en cuanto llegó a su destino. Esto enfureció a Cambises II y, según la tradición, juró vengarse de los egipcios.

Bastet y los gatos divinos

Los animales solían ser sagrados para los egipcios, ya que representaban diversos aspectos de los dioses en el panteón egipcio. La gente solía momificar a sus mascotas cuando morían y las cuidaba mucho en vida. Aunque la mayoría de los animales eran muy apreciados, los gatos eran sagrados en Egipto. Eran las mascotas más comunes y su popularidad estaba directamente relacionada con Bastet.

Estatua de la diosa Bastet
Rama, CC BY-SA 3.0 FR https://creativecommons.org/licenses/by-sa/3.0/fr/deed.en , vía Wikimedia Commons; https://commons.wikimedia.org/wiki/File:Bastet-E_3731-IMG_0549-gradient.jpg

La diosa Bastet era inmensamente popular, y a los egipcios les aterraba ofenderla. Bastet era la diosa de los secretos de la mujer, la fertilidad, los gatos, el parto y el hogar. Protegía las casas, las mujeres y los niños de las enfermedades y los espíritus dañinos. Su papel también se extendía al más allá, y era conocida por ser extremadamente vengativa. Al principio, se la asociaba con la diosa Sejmet, la diosa de la guerra que destruía a los enemigos de Ra, ya que había heredado algunas de las cualidades más aterradoras de Sejmet. Bastet llegó a ser tan influyente que la gente creía que ayudaba a corregir las injusticias.

Los egipcios creían que si Bastet era ofendida, desataría plagas devastadoras sobre la humanidad. Una forma de ofender a la diosa era matando a un gato. El castigo por matar a un gato en el antiguo Egipto era la muerte. Según Heródoto, si un edificio se incendiaba, había que salvar primero a los gatos. Y si el gato de una casa moría, debían afeitarse las cejas en señal de respeto para evitar la ira de la diosa.

La batalla de Pelusio

Cuando Cambises II decidió invadir Egipto en el año 525 a. C., quedó claro que necesitaba derrotar a la ciudad de Pelusio para poder acceder al resto del país. El único problema era que Pelusio estaba muy fortificada y probablemente solo caería tras una larga batalla. Cambises II no se dejó intimidar y movilizó sus fuerzas contra la ciudad, pero fue rápidamente rechazado. El rey estaba decidido a conquistar Egipto e ideó un plan creativo. El respeto y el amor de los egipcios por los gatos estaban fuertemente establecidos. Como resultado, Cambises hizo que sus fuerzas capturaran varios animales callejeros, en su mayoría gatos. Su ejército recibió la orden de pintar la imagen de Bastet en sus escudos. Cuando su ejército avanzó por segunda vez sobre Pelusio, soltó a los animales delante de ellos.

Como resultado, los egipcios se vieron obligados a rendirse o a arriesgarse a ofender a Bastet, lo que creían que les acarrearía un gran desastre. Pelusio cayó, y Cambises II marchó por las calles en señal de victoria. Según la leyenda, Cambises lanzó gatos a los egipcios durante esta marcha para burlarse de ellos. A partir de ahí, Cambises II conquistó el resto de Egipto.

El dominio persa

Es poco probable que Cambises II invadiera Egipto por un insulto percibido, pero las acciones de Amosis II pueden haberle proporcionado la excusa que necesitaba para ir a la guerra. Los asirios habían demostrado que los egipcios no estaban equipados para ganar una guerra contra ejércitos extranjeros, y los persas eran cada vez más poderosos y estaban deseosos de expandir su territorio. Las riquezas y culturas de Egipto eran bastante conocidas en el mundo antiguo, por lo que la nación habría sido una tentación irresistible para el rey persa.

Por desgracia para Egipto, Psamético III no estaba preparado para las fuerzas persas invasoras, y Egipto cayó rápidamente ante el ejército persa. Cuando Egipto fue derrotado, Cambises II se llevó a la familia real egipcia y a muchos nobles a su capital en Susa. Al parecer, muchos nobles y gran parte de la familia real fueron ejecutados. A Psamético se le permitió vivir en la corte persa. Fue ejecutado poco después cuando se descubrió que estaba planeando una revuelta contra los persas. Cuando Psamético III murió, el Tercer Periodo Intermedio y la XXVI dinastía terminaron con él.

Los relatos sobre el dominio persa en Egipto varían. Los griegos afirmaban que Cambises era un déspota tirano que quemaba los templos egipcios y no mostraba ningún respeto por la cultura egipcia. Sin embargo, un almirante egipcio, Wedjahor-Resne, contemporáneo de Cambises II, afirmaba que el rey persa respetaba mucho a los egipcios y se esforzaba por mostrar respeto por la cultura de sus nuevos súbditos. Por desgracia para los egipcios, muchos de ellos fueron esclavizados por los persas y obligados a servir en el ejército de Cambises. Los persas consiguieron mantener un control relativamente firme de Egipto hasta el año 331 a. C., cuando llegó Alejandro Magno.

Alejandro Magno en Egipto

Alejandro Magno fue uno de los líderes militares más consumados del mundo. Conquistó muchos territorios y expandió la influencia griega más allá de lo que nunca había llegado. Cuando conquistó Tiro, puso sus ojos en Egipto. Muchas de las ciudades que se encontraban en el camino de Tiro a Egipto se sometieron rápidamente a su dominio en lugar de enfrentarse a la destrucción total. Por desgracia, Alejandro tuvo problemas en Gaza. La fortaleza estaba bien protegida y situada en una gran colina, lo que obligó a Alejandro a emprender un asedio. Se vio obligado a retirarse varias veces, pero su famosa determinación lo empujó a seguir luchando hasta que Gaza cayó. Cuando la fortaleza fue finalmente derrotada, las mujeres y los niños se convirtieron en esclavos, mientras que los hombres fueron ejecutados.

Alejandro fundando Alejandría
https://commons.wikimedia.org/wiki/File:Alexander_the_Great_Founding_Alexandria.jpg

Desde allí, se adentró en Egipto y arrebató a los persas grandes porciones de territorio. Los egipcios acogieron con entusiasmo a Alejandro en su seno y lo coronaron rápidamente rey en Menfis, ya que estaban desesperados por librarse de los persas. Durante el dominio persa, muchos templos egipcios habían sido descuidados. Alejandro se ganó el favor de los egipcios renovando templos, construyendo monumentos, reformando el sistema fiscal y organizando su ejército.

En el año 332 a. C., Alejandro trató de legitimar su gobierno realizando grandes sacrificios a los dioses egipcios y honrando el oráculo de Amón-Ra. Los egipcios lo proclamaron hijo de Amón, y él respondió llamando a Zeus-Amón su verdadero padre. Su imagen se estampó en las monedas y lo mostraba con los cuernos de Amón, que simbolizaban su derecho a gobernar. Construyó la famosa ciudad de Alejandría y dejó una huella duradera en la historia de Egipto. A su muerte, le sucedió Ptolomeo I, que fundó la dinastía ptolemaica.

SEGUNDA SECCIÓN:
Panorama del Egipto moderno (332 a. C. - 2021 d. C.)

Capítulo 5: El periodo grecorromano (332 a. C. - 629 d. C.)

El periodo grecorromano abarcó desde la salida de Alejandro Magno de Egipto hasta la conquista de Egipto por parte de los rashidun hacia el año 639 de la era cristiana. Este periodo estuvo marcado por los grandes avances de la filosofía y la ciencia, así como por los gobernantes griegos y romanos que reinaron en Egipto durante esos años. La cultura y la religión que marcaron la época antigua de Egipto se mezclarían y formarían estrechos lazos con las culturas griega y romana. Durante este periodo, la famosa dinastía ptolemaica de Egipto subió al poder. Los ptolomeos eran una familia macedonia que gobernó Egipto durante siglos, pero conservando su identidad griega. Esto se logró mediante matrimonios mixtos que mantuvieron a los ptolomeos estrictamente griegos.

La última faraona ptolemaica, Cleopatra VII, establecería vínculos inquebrantables con Roma y participaría en una sangrienta guerra civil romana. Por desgracia, las fuerzas de Cleopatra perdieron y Egipto se convirtió en una provincia romana. Egipto sería el granero de Roma hasta que Diocleciano dividió el Imperio romano en dos. Egipto pasó a formar parte del Imperio bizantino. El periodo grecorromano fue uno de los más influyentes de la historia egipcia, griega y romana. Durante esta época, los imperios ascendieron y se hundieron, Alejandría se hizo más prominente y se construyeron importantes monumentos. Algunas de las figuras más famosas de la historia existieron durante esta época y dejaron su huella en la historia. Egipto dejó su herencia antigua firmemente en el pasado, ya que influyó e interactuó con los imperios más poderosos de su tiempo.

Ptolomeo I Sóter

Ptolomeo fue un noble macedonio que pudo ser hermanastro de Alejandro Magno a través del padre de Alejandro, Filipo II. Oficialmente, el padre de Ptolomeo era otro noble llamado Lagos, y aunque Ptolomeo era mayor que Alejandro, ambos se hicieron muy amigos. Ptolomeo actuó como historiador y registró muchas de las hazañas de Alejandro, al tiempo que señalaba su propia participación en varias batallas. También es probable que estuviera al lado de Alejandro en el año 332 a. C. cuando este se encontraba en Egipto. En esa época, Ptolomeo se convirtió en uno de los guardaespaldas personales de Alejandro. Esto es un claro indicio del alto aprecio que Alejandro tenía por Ptolomeo.

Ptolomeo I como faraón egipcio
https://commons.wikimedia.org/wiki/File:Ring_with_engraved_portrait_of_Ptolemy_VI_Philometor_(3rd%E2%80%932nd_century_BCE)_-_2009.jpg

Cuando Alejandro murió en el año 323 a. C., entregó su anillo de sello a su jefe de caballería, Pérdicas, lo que pudo significar la intención de Alejandro de transferirle el poder. Pérdicas decidió mantener el imperio intacto, ya que la esposa de Alejandro, Roxana, estaba embarazada de un posible heredero. Sin embargo, los generales de Alejandro, liderados por Ptolomeo, se repartieron el imperio entre ellos, lo que dio lugar a las guerras de los Diádocos (o guerras de los sucesores). Pérdicas y Ptolomeo se odiaban mutuamente, y este odio culminó con un suceso impactante: el robo del cuerpo de Alejandro Magno. Pérdicas envió el cuerpo de Alejandro para enterrarlo en una tumba en Macedonia, pero Ptolomeo interceptó el cuerpo en el camino e hizo que lo enterraran en una tumba en Alejandría. Pérdicas estaba disgustado e intentó atacar Egipto, pero fracasó tres veces antes de que sus hombres se hartaran de él y lo hicieran ejecutar.

Ptolomeo centró toda su atención en gobernar Egipto, a diferencia de los otros generales que intentaron conquistar todo el territorio que pudieron. Trasladó la capital de Egipto a Alejandría para evitar el poder de los sacerdotes y consiguió estabilizar la economía egipcia. Bajo la dirección de Ptolomeo, Alejandría se convirtió en una ciudad principalmente griega. Para legitimar su gobierno, deificó a Alejandro Magno y declaró que era el heredero de Alejandro. Construyó un enorme museo y una biblioteca en Alejandría, y también inició la construcción del Faro de Alejandría. Ptolomeo I murió en torno al año 282 a. C. y dejó tras de sí la dinastía ptolemaica, firmemente establecida, que reinaría en Egipto durante casi tres siglos.

Alejandría

Alejandría es una ciudad portuaria situada en la costa del mar Mediterráneo, en Egipto, y fue fundada por Alejandro Magno hacia el año 331 a. C. La ciudad se hizo rápidamente popular tras su construcción y atrajo a miles de habitantes. Su influencia creció tras convertirse en la capital de Egipto durante la dinastía ptolemaica. La ciudad albergaba el famoso Faro de Alejandría, que se convirtió en una de las Siete Maravillas del Mundo Antiguo. También se encontraba la Biblioteca de Alejandría, que atrajo a algunos de los eruditos más destacados del mundo. Alejandro pretendía que Alejandría conectara Grecia con Egipto. Aunque Alejandro nunca volvió a Alejandría tras abandonar Egipto, la ciudad cumplió su propósito y se convirtió en un centro de la cultura helenística.

Faro de Alejandría
https://commons.wikimedia.org/wiki/File:Philip_Galle_-_Lighthouse_of_Alexandria_(Pharos_of_Alexandria)_-_1572.jpg

Alejandría se convirtió en el hogar de griegos, egipcios y judíos. La Septuaginta, que era una versión griega del Tanaj (la Biblia hebrea, que incluye la Torá, los Ketuvim y los Nevi'im), se produjo en Alejandría. Ptolomeo I tenía su propia visión de Alejandría y quería convertirla en una comunidad prominente e influyente en el Mediterráneo. Construyó la Biblioteca de Alejandría y un museo, e inició la construcción del Faro de Alejandría. La biblioteca reunía miles de rollos de papiro llenos de conocimientos sobre temas como la historia, la literatura, la ciencia y la filosofía. Eruditos de todo el mundo antiguo, especialmente de Grecia, acudían a la biblioteca. La ciudad reflejaba la gloria de la dinastía ptolemaica, y la familia gobernante apenas salía de la capital.

Influencias helenísticas en Egipto

No es de extrañar que Egipto estuviera profundamente influenciado por la lengua, la religión y la cultura griegas, ya que su dinastía gobernante era orgullosamente griega. Ptolomeo I eligió Egipto como herencia de Alejandro Magno, ya que el país era rico en recursos naturales y estaba en buenas relaciones con los griegos. Pronto, Egipto se vio inundado por residentes griegos. Ptolomeo construyó una nueva ciudad en el Alto Egipto llamada Ptolemaida para albergar a todos los nuevos inmigrantes. La dinastía ptolemaica mostró un gran respeto por la cultura egipcia, pero hizo pocos intentos por sumergirse en las tradiciones egipcias. De hecho, la famosa Cleopatra VII, la última de los faraones, fue la única gobernante ptolemaica que aprendió a hablar egipcio.

Los ptolomeos tuvieron cuidado de no alterar el orden establecido en Egipto y básicamente dejaron en paz la religión egipcia. Permitieron a los sacerdotes egipcios funcionar con normalidad e incluso conservaron su estatus social de élite. Para ganarse el cariño de los egipcios, Ptolomeo I devolvió muchos objetos religiosos que habían sido robados por los persas. También estableció el culto a Alejandro Magno y el culto a Serapis, un dios sanador. El culto a Serapis nunca ganó popularidad y finalmente se desvaneció. Los ptolomeos introdujeron muchos aspectos helenísticos en la cultura egipcia, e hicieron del griego la lengua oficial del gobierno y la economía. Durante la mayor parte de la dinastía ptolemaica, estas influencias egipcias y griegas coexistieron en armonía.

La dinastía ptolemaica

Ptolomeo II Filadelfo sucedió a su padre, Ptolomeo I, en el trono hacia el 282 a. C. y se casó con Arsínoe I, hija del rey tracio Lisímaco. A cambio, Lisímaco se casó con la hermana de Ptolomeo II, Arsínoe II. A la muerte de Lisímaco, Ptolomeo II se casó con Arsínoe II. Luchó en las guerras sirias del 260 al 252 a. C., construyó varios puestos comerciales, completó el Faro de Alejandría y estableció el festival Ptolemaia. Ptolomeo II era conocido como uno de los grandes faraones de Egipto. Desgraciadamente, la dinastía ptolemaica sería conocida por los celos mezquinos, la traición y el incesto, esto último algo que arrastraron de las dinastías egipcias anteriores.

Ptolomeo III sucedió a su padre hacia el año 246 a. C. y se casó con Berenice II. Cuando una de sus hijas, también llamada Berenice, murió, se instituyó el Decreto de Canopo, que convertía a Berenice en diosa y sugería un nuevo calendario que constaba de 365 días en un año con un año bisiesto cada 4 años. Sin embargo, este calendario no se instituyó. Ptolomeo IV llegó al trono alrededor del año 221 a. C. y se casó con su hermana, Arsínoe III. Obtuvo cierto éxito en la cuarta guerra de Siria y construyó el Sema, que estaba destinado a honrar a los ptolomeos y a Alejandro Magno. Ptolomeo IV y Arsínoe III fueron víctimas de un golpe de estado hacia el 205 a. C.

Ptolomeo V heredó el trono de niño, pero se enfrentó a una serie de guerras que provocaron la pérdida de varios territorios egipcios. Ptolomeo VI también heredó el trono siendo un niño y gobernó junto a su madre. Por desgracia, su reinado también estuvo plagado de problemas, ya que luchó contra invasores externos y contra su propio hermano, Ptolomeo VIII. Ptolomeo VI murió en batalla hacia el año 145 a. C. y dejó el trono a Ptolomeo VIII.

Ptolomeo VIII era muy odiado, y estalló una guerra civil que duró del 132 al 124 a. C. A lo largo de la dinastía ptolemaica, la familia real y los habitantes de Alejandría vivieron una relación caótica, que dio lugar a varias rebeliones. A Ptolomeo VIII le sucedió Ptolomeo IX, que fue derrocado por su hermano durante un breve periodo antes de poder recuperar el trono.

Entretanto, Roma empezaba a alzarse como una potencia formidable. Varios faraones ptolemaicos se ganaron la desconfianza de sus ciudadanos al establecer estrechas relaciones con Roma. Egipto se dio cuenta de que era solo cuestión de tiempo que Roma intentara conquistar el rico país. Los siguientes faraones tuvieron relativamente poco impacto. Ptolomeo XIII se convirtió en faraón en el año 51 a. C. y se casó con su hermana, Cleopatra VII. Ptolomeo XIII y su hermana Arsínoe lucharon contra Cleopatra y Julio César, y fueron derrotados en la batalla. Arsínoe fue tomada como prisionera mientras que Ptolomeo XIII se ahogó en la batalla. César sustituyó a Ptolomeo XIII por Ptolomeo XIV, que gobernó junto a Cleopatra hasta que esta supuestamente lo hizo envenenar.

Finalmente, Cleopatra VII subió al trono por derecho propio, convirtiéndose en la última faraona egipcia.

La batalla de Accio

Cuando Cleopatra subió al trono egipcio en el año 51 a. C., empezó a entablar amistad con Roma y con su propio pueblo. Se interesó mucho por la cultura egipcia e incluso aprendió el idioma. Sin embargo, cuando Julio César murió en el 44 a. C., Roma se vio envuelta en una guerra civil que terminó con el Segundo Triunvirato, una coalición formada por los herederos de Julio César: Octavio, Marco Antonio y Lépido. El Triunvirato dividió el imperio en partes manejables. Marco Antonio eligió gobernar la parte oriental del imperio, lo que le puso en contacto directo con Cleopatra. Ambos iniciaron un tempestuoso romance.

Batalla de Accio
https://commons.wikimedia.org/wiki/File:Castro_Battle_of_Actium.jpg

La relación entre el Triunvirato se deterioró y pronto Marco Antonio y Octavio se enzarzaron en una acalorada disputa que culminó en la batalla de Accio en el año 31 a. C. Las dos fuerzas enfrentadas utilizaron sus flotas en la batalla, y aunque Cleopatra proporcionó a Marco Antonio abundantes recursos, este perdió. Marco Antonio y Cleopatra pudieron escapar con algunos de sus barcos. Un año después, Octavio llegó a Egipto para reclamar su premio. Marco Antonio murió en la batalla y Cleopatra se suicidó. El hijo de Cleopatra con César, Cesarión (heredero legítimo de Egipto), fue ejecutado por Octavio, que se convirtió en César Augusto en el 27 a. C. Egipto fue asimilado al Imperio romano.

El Egipto romano

Durante el apogeo del Imperio romano, el Mediterráneo era conocido como el «lago romano». Egipto se convirtió en el granero del imperio. Los cultivos y los alimentos se exportaban fuera de Egipto y se transportaban al resto del Imperio romano. Los recursos de Egipto eran sistemáticamente saqueados para el bien de Roma. En su mayor parte, Roma respetó la cultura egipcia, y se permitió a los egipcios continuar como lo habían hecho bajo la dinastía ptolemaica. Uno de los mayores cambios fue el hecho de que Egipto se sometiera al derecho romano, que tenía prioridad sobre cualquier ley egipcia. Roma mantuvo el control de Egipto a través de un gobernador designado. Una flotilla estaba estacionada en el Nilo y tres legiones aseguraban el control romano en tierra.

La religión egipcia se mantuvo, pero los ciudadanos helenos tuvieron prioridad y pronto formaron las clases de élite. Las grandes ciudades fueron las que más influencia recibieron de la cultura helénica, mientras que los campesinos egipcios y las zonas rurales seguían ajustándose a las antiguas tradiciones y cultura. Bajo el Imperio romano, se permitió a la aristocracia adquirir tierras para sí misma y rápidamente obtuvo el control de enormes propiedades privadas. Los alimentos, las especias y otros artículos de lujo procedentes de Oriente se transportaban por el Nilo hasta Alejandría y luego al resto del imperio. Pronto, Alejandría contaba con una enorme población griega y judía, lo que a veces causaba problemas a los emperadores romanos. Por ejemplo, la población judía intentó quemar el anfiteatro de Alejandría durante el reinado de Nerón. Unas cincuenta mil personas murieron durante la revuelta, y Roma envió dos legiones para hacer frente al problema.

Al principio, Egipto aceptó la ocupación romana, pero en el año 115 d. C., los disturbios habían estallado y se hizo evidente que los egipcios estaban cansados del dominio romano. Durante las siguientes décadas, Egipto sería continuamente un lugar de disturbios y rebeliones contra los romanos hasta que Roma acabó cayendo.

Vespasiano

A la muerte de Nerón, hacia el año 68 de nuestra era, estallaron una serie de guerras civiles en las que los romanos intentaron determinar quién sería su nuevo líder. Cuatro hombres intentaron reclamar el trono romano, lo que dio lugar al «año de los cuatro emperadores». Galba, Otón, Vespasiano y Vitelio intentaron convertirse en el próximo emperador de Roma. Con el tiempo, Vitelio y Vespasiano fueron los únicos contendientes sobre el terreno.

Un busto de Vespasiano

Imperator_Caesar_Vespasianus_Augustus_Vaux.jpg: Obra derivada de Jebulon: Jebulon, CC0, vía Wikimedia Commons; https://commons.wikimedia.org/wiki/File:Imperator_Caesar_Vespasianus_Augustus_Vaux_1.jpg

Vespasiano era de origen relativamente humilde; su padre era un caballero y antiguo recaudador de impuestos. Con el tiempo, Vespasiano se incorporó al Senado romano y disfrutó de una exitosa carrera militar que lo llevó a ser pretor en el año 39. Se aseguró de mantener buenas relaciones con los siguientes emperadores romanos, incluidos Claudio y Nerón. Durante la lucha por el poder para determinar el próximo emperador de Roma, Vespasiano se abstuvo de luchar, ya que no esperaba ganar a Galba. Sin embargo, cuando Galba fue asesinado, Vespasiano surgió como aspirante al trono. Otón fue derrotado y se suicidó. Vespasiano viajó a Alejandría con la esperanza de sabotear las líneas de suministro de Vitelio. Durante ese tiempo, los aliados de Vespasiano consiguieron derrotar a Vitelio, que fue asesinado en Roma. Vespasiano quedó como claro vencedor y fue declarado emperador de Roma estando aún en Alejandría.

Tan pronto como Vespasiano fue emperador, comenzó a buscar formas de estabilizar el imperio tras el desastroso gobierno de Nerón y las posteriores guerras civiles. Aumentó los ingresos de Roma (aunque su política financiera fue inmensamente impopular y causó descontento en Egipto) y estabilizó el ejército. Murió hacia el año 79 tras una larga y exitosa carrera.

Diocleciano

En el año 284, los días de emperadores romanos notables, como Vespasiano y Augusto, habían terminado. El Imperio romano era una sombra de lo que fue y se enfrentaba a graves rebeliones y disturbios. Todo esto cambió cuando Diocleciano subió al trono. Diocleciano nació en la provincia de los Balcanes hacia el año 245. Se alistó en el ejército y rápidamente alcanzó la fama. Sirvió a las órdenes del emperador Caro como uno de los guardaespaldas del emperador. A la muerte de Caro, dejó el trono a su hijo Numeriano, que probablemente fue asesinado por su suegro, Arrio Apro. Diocleciano vengó la muerte del emperador y se convirtió en emperador romano en noviembre de 284.

Diocleciano se dio cuenta de que Roma se había vuelto demasiado grande para gobernar con eficacia y dividió el imperio en dos. Nombró a su yerno, Maximiano, como César del Imperio romano de Occidente mientras él supervisaba el de Oriente. Diocleciano consiguió grandes victorias en Oriente contra Persia y a lo largo del río Danubio. Abdicó del trono junto con Maximiano en 305 y se retiró a su enorme palacio en la actual Croacia. Por desgracia, el Imperio romano sufrió más problemas en las décadas siguientes. El Imperio romano de Occidente cayó en 476, mientras que el Imperio romano de Oriente continuó. La mitad oriental del imperio también se conoce como el Imperio bizantino.

El Imperio bizantino

Diocleciano fue el último emperador romano que visitó personalmente Egipto. Cuando el Imperio romano se dividió en dos partes, Occidente dejó de tener un efecto importante en Egipto. En el año 330 se formó Constantinopla, lo que restó parte de la influencia de Alejandría. Sin embargo, Constantinopla seguía necesitando el grano de Egipto, y este pronto se convirtió en una parte políticamente importante del Imperio romano de Oriente. Con el tiempo, el Imperio bizantino se convirtió en un estado cristiano. Las influencias grecorromanas se fueron desvaneciendo a medida que las influencias «orientales» se iban imponiendo. Sin embargo, Alejandría siguió siendo una ciudad influyente dominada por la violencia religiosa.

En el siglo V, Egipto estaba controlado por varias iglesias cristianas importantes. El cristianismo ganó rápidamente popularidad, ya que atraía tanto a los ricos como a los pobres. Las iglesias y los monasterios proporcionaban edificios comunales, como cisternas de agua, panaderías, talleres, establos, cocinas y otros recursos que permitían a las comunidades ser prósperas y autosuficientes. Sin embargo, las iglesias estaban dominadas por patriarcas rivales que luchaban entre sí por el poder. La religión se volvió complicada y política, lo que puede haber contribuido a la caída del cristianismo durante la invasión árabe en el siglo VII. Mientras que el islam atrajo a muchos seguidores en la región, el cristianismo permaneció en Egipto durante los siglos siguientes.

La filosofía en Egipto

Durante muchos siglos, los griegos consideraron a Egipto como un lugar de filosofía y conocimiento. Muchos eruditos y filósofos griegos se sintieron atraídos por Egipto, y por Alejandría en particular, cuando los ptolomeos tomaron el control del país. Según la leyenda, Pitágoras viajó a Egipto para adquirir más conocimientos, ya que los egipcios eran conocidos por sus actividades filosóficas. A Pitágoras se le atribuye el haber llevado la filosofía a los griegos, al menos según el famoso erudito griego Isócrates. Platón creía que los egipcios inventaron la aritmética, las letras y los números. Sócrates también tenía en alta estima a los egipcios y afirmaba que Solón viajó a Egipto para perfeccionar sus propios conocimientos.

Sin duda, Egipto tenía uno de los sistemas políticos más antiguos del mundo, y Aristóteles afirmaba que Egipto era la tierra original de la sabiduría. Durante el periodo grecorromano, Egipto mantuvo su reputación como tierra de sabiduría, y Alejandría se convirtió en el hogar de eruditos de todo el mundo. Estos eruditos trabajaban en la Biblioteca de Alejandría y contribuían a su contenido. Desgraciadamente, la biblioteca fue descuidada durante el dominio romano y destruida por una serie de incendios, lo que provocó la pérdida de inmensos conocimientos. Aunque Alejandría siguió siendo un centro intelectual, su influencia decayó con el paso del tiempo.

Capítulo 6: El Egipto medieval (650-1520 d. C.)

La historia del antiguo Egipto está llena de relatos de poderosos faraones que hicieron de su imperio una brillante potencia mundial. Desgraciadamente, los faraones fueron incapaces de mantener su poder, lo que permitió que Egipto fuera gobernado por varias dinastías extranjeras. Cuando Alejandro Magno llegó a Egipto, la época de las pirámides y los poderosos faraones autónomos había terminado. En los siglos siguientes, Egipto pasaría de los griegos a los romanos antes de acabar formando parte del Imperio bizantino.

Sin embargo, Egipto pronto dejó de pertenecer al Imperio bizantino cuando fue conquistado por la dinastía sasánida. Con el tiempo, Egipto experimentó otra gran convulsión cuando fue conquistado por el califato islámico Rashidun. Este periodo dio inicio a la época medieval, marcada por los reyes islámicos extranjeros que gobernaron Egipto. La era medieval fue una época de grandes cambios, avances y descubrimientos para Egipto, pero también hubo periodos de guerra y devastación.

El Egipto sasánida

Durante años, Egipto fue una provincia dependiente del Imperio bizantino; sin embargo, el imperio conoció tiempos difíciles cuando Mauricio subió al trono hacia el año 582. El reinado de Mauricio fue difícil y estuvo plagado de guerras. En aquella época, Persia estaba gobernada por la dinastía sasánida; este imperio también se conoce como Imperio neopersa. Aunque Mauricio fue un exitoso comandante militar, llevó a sus tropas demasiado lejos y fue derrocado por Focas y ejecutado en 602. Este acontecimiento provocó un gran malestar en el Imperio bizantino. El sah persa de la época, Cosroes II, aprovechó esta oportunidad y comenzó a conquistar las tierras bizantinas, incluyendo el norte de Mesopotamia, Palestina y Siria. En el año 618, Cosroes II invadió Egipto y conquistó Alejandría.

Tras la caída de Alejandría, el resto de Egipto fue conquistado por los persas, y en 621, Egipto se había convertido en una provincia persa. La invasión inicial de Egipto provocó graves daños y pérdidas, pero una vez que los persas tuvieron el control, comenzaron a reconstruir partes del país. Aunque Egipto había pasado a formar parte de un imperio diferente, los sasánidas utilizaban muchas de las mismas políticas administrativas que el Imperio bizantino. Algunas familias iraníes incluso se establecieron en el país, lo que significa que las dos civilizaciones pudieron coexistir pacíficamente.

El general Sharvaraz gobernó Egipto en nombre del sah persa. Unos años más tarde, Heraclio, el emperador bizantino, derrotó a los persas, que abandonaron Egipto en el año 629. Aunque el Imperio bizantino pudo recuperar Egipto, el imperio se había debilitado por la pérdida de sus territorios clave y lucharía por mantener muchas de sus provincias.

La conquista musulmana de Egipto

El Imperio bizantino consiguió mantener Egipto durante otra década antes de que este fuera invadido de nuevo. En el año 639, el califato Rashidun dirigió una fuerza sobre la frontera egipcia. El ejército estaba formado por soldados romanos y persas que se habían convertido al islam. El ejército rashidun sitió Pelusio, lo cual duró unos dos meses. Mientras tanto, al ejército invasor se le habían unido muchos beduinos del Sinaí, lo que aumentó su número. Muchas ciudades egipcias fueron conquistadas o se rindieron ante las fuerzas invasoras. Los bizantinos y los musulmanes se enfrentaron en la batalla de Heliópolis, donde el ejército bizantino fue derrotado con contundencia. En 641, las fuerzas rashidun se dirigieron a Alejandría. Las fuerzas bizantinas consiguieron retrasar el avance de los musulmanes, pero los invasores no tardaron en llegar a Alejandría.

El Imperio bizantino envió un enorme ejército para defender la ciudad, lo que provocó el asedio de Alejandría en 641. La ciudad no era una fácil de conquistar, y el ejército bizantino había instalado catapultas en las murallas de la ciudad para protegerla de los invasores. Fue un asedio difícil, pero los musulmanes derrotaron al ejército bizantino y Alejandría se rindió. Cuando los musulmanes entraron en Alejandría, se encontraron con una magnífica ciudad que contaba con palacios, lugares de esparcimiento y enormes cantidades de riqueza. Egipto era muy rico y su pérdida tuvo graves consecuencias para el Imperio bizantino. El Mediterráneo había sido conocido como el «lago romano», pero ahora se estaba dividiendo lentamente entre el Imperio bizantino y el califato musulmán. Aunque los musulmanes habían conquistado el Imperio persa, los bizantinos pudieron resistir la invasión gracias a las extensas fortificaciones de Constantinopla.

El califato Rashidun

El profeta Mahoma fue el líder musulmán más influyente que dio el ejemplo de liderazgo islámico y dejó un gran número de Ansar. Entre sus funciones estaba la de garantizar que los califas prestaran atención al Corán y a la Sunna. Los Rashidun fueron los cuatro primeros líderes (califas) de la comunidad musulmana. Como califas, los Rashidun eran responsables de dirigir las oraciones en la mezquita, pronunciar sermones y comandar el ejército. Los Rashidun ampliaron las fronteras del Estado Islámico a Irak, Palestina, Irán, Armenia, Siria y Egipto. También instituyeron el calendario islámico y reforzaron la comunidad islámica mediante los estudios religiosos. Durante el califato de los Rashidun, el Estado Islámico conquistó grandes porciones de territorio, que con el tiempo se volvieron difíciles de controlar. Estaba claro que tendrían que aplicar políticas administrativas más prácticas, ya que la teocracia no era suficiente para gobernar las distintas regiones.

Territorios del califato Rashidun

Mohammad adil en Wikipedia en inglés, CC BY-SA 3.0 <u>https://creativecommons.org/licenses/by-sa/3.0/</u>, vía Wikimedia Commons;
<u>https://commons.wikimedia.org/wiki/File:Mohammad_adil_rais-rashidun_empire-at-its_peak.PNG</u>

El primer califa Rashidun fue Abu Bakr, que utilizó el título de «Khalifat rasul Allah», que finalmente se acortó a *khalifa* y se convirtió en califa. Abu Bakr fue sucedido por Umar, quien creó un comité que se encargaría de elegir a su sucesor en el año 644. El comité eligió a Uthmán ibn Affan para ser el siguiente califa, pero su reinado estuvo marcado por acusaciones de nepotismo, ya que se permitió a su tribu, los Banu Omeya, obtener una influencia significativa. Uthmán eligió a miembros de su familia para gobernar los territorios conquistados. Uthmán fue asesinado en 656 por rebeldes egipcios, y el califato se ofreció a Ali ibn Abi Talib.

Alí fue asesinado en 661, y su hijo, Hasan, fue nombrado califa, pero fue desafiado por Muawiya, que finalmente se convirtió en califa en lugar de Hasan. El califato Rashidun terminó con Alí y los territorios islámicos pasaron a estar bajo el control del califato omeya de Muawiya. Bajo los omeyas, el papel de califa pasó a ser el mismo que el de un rey secular.

La vida en el primer Egipto islámico

Cuando las fuerzas musulmanas invadieron Egipto, establecieron un centro cerca de Babilonia llamado Fustat, que se convirtió en la sede del gobernador y en un centro administrativo. Poco después de completarse la invasión, Egipto se dividió de nuevo en Alto y Bajo Egipto, ya que así era más fácil controlar el territorio. Sin embargo, el califa Uthmán pronto reunió a Egipto bajo un solo gobernador que debía residir en Fustat. El gobernador se encargaría de cuidar de Egipto, y se le permitió nombrar hombres para controlar el Alto y el Bajo Egipto.

Obra de arte de Fustat
https://commons.wikimedia.org/wiki/File:Seated_drinker,_from_a_bath_complex_in_Fustat.jpg

Los musulmanes contaban con una fuerte fuerza militar formada en su mayoría por colonos y soldados árabes. Rápidamente se formó una clase de élite compuesta por hombres que gozaba de importantes privilegios. Se mantuvieron muchos de los antiguos sistemas de administración, incluida la fiscalidad, lo que habría facilitado la transición de poder. Muchos egipcios siguieron siendo cristianos y se les permitió practicar su religión libremente. Siempre que proporcionaran tributo al ejército, estaban exentos del servicio militar. En aquella época, las conversiones al islam eran todavía algo raro.

El califato abasí

La dinastía omeya fue derrocada por la dinastía abasí en el año 750. Durante la dinastía omeya, los musulmanes no árabes, o *mawali*, eran considerados de clase baja, lo que provocaba muchas fricciones. Cuando los abasíes tomaron el poder, favorecieron mucho a los mawali y acusaron a los califas omeyas de ser inmorales e incapaces de gobernar. Los abasíes acogieron a los persas en su corte y trasladaron su capital de Damasco a Bagdad, lo que les valió la aprobación de sus partidarios mawali. Los abasíes eran descendientes del tío de Mahoma, Abbas ibn Abd al-Muttalib, que se ganó el apoyo de los musulmanes chiíes. (El islam se dividió en dos facciones, los suníes y los chiíes, tras la crisis de sucesión que se produjo tras la muerte de Mahoma). Sin embargo, una vez que los abasíes empezaron a gobernar, volvieron a cambiar su lealtad a los musulmanes suníes.

La dinastía abasí gobernó durante más de trescientos años y logró impresionantes hazañas, como el fortalecimiento del dominio islámico, que luego condujo a la Edad de Oro del islam. Este periodo es conocido como una época de grandes avances científicos, económicos y culturales en la cultura islámica. Durante la dinastía abasí, el cargo de visir y los emires locales elegidos (título de un alto cargo dentro de la comunidad musulmana) dieron a ciertos hombres una influencia increíble. Con el tiempo, los califas se convirtieron en cargos ceremoniales mientras los visires ejercían un mayor poder. Esto condujo al declive del califato abasí. En la década de 860, Egipto fundó el emirato tuluní, dirigido por Ahmad ibn Tulun. Este emirato gobernaba por separado del califato. Los tuluníes consiguieron controlar gran parte de Egipto, Palestina y el Hiyaz (región del oeste de Arabia Saudí).

En 909, el chií Ubayd Allah al-Mahdi Billah se declaró califa, lo que dio inicio a un nuevo califato en el norte de África. Este nuevo califato fue gobernado por la dinastía fatimí, descendiente de una de las hijas de Mahoma.

El califato fatimí

La dinastía fatimí rechazó a la dinastía abasí por considerarla usurpadora, ya que estaba controlada por musulmanes suníes que querían hacerse con el control de todo el califato islámico. Sin embargo, los fatimíes solo pudieron asegurar el norte de África y parte de Oriente Medio. Mientras que otros califas se habían contentado con reconocer a los abasíes y solo querían controlar regiones concretas, los fatimíes estaban decididos a crear un califato completamente nuevo. Los fatimíes se establecieron en la costa de Túnez, donde intentaron conquistar Egipto. Les llevó varias décadas, pero finalmente lograron su objetivo en el año 969. Los fatimíes lograron conquistar el valle del Nilo. Desde allí, tomaron el Sinaí, Palestina y el sur de Siria. Los fatimíes basaron su imperio en Egipto y nunca vacilaron en su objetivo de convertirse en el único califato islámico.

En su apogeo, la dinastía fatimí controlaba Sicilia, el norte de África, parte de la costa del mar Rojo, Palestina, Siria, Yemen, La Meca y Medina. El control de las ciudades sagradas era extremadamente importante, ya que añadía un increíble prestigio religioso al reinado de un gobernante musulmán. Durante el gobierno fatimí, el derrocamiento del califato abasí fue quizá la misión más importante, y los gobernantes chiíes enviaron misioneros y agentes a los territorios abasíes para conseguir apoyo y conversos. En 1057, los fatimíes se habían expandido hacia el este y casi consiguieron hacerse con el control de Bagdad. Sin embargo, los fatimíes acabaron fracasando en su misión final, ya que la rama suní del islam era reacia a adoptar las doctrinas chiíes. En el siglo XII habían comenzado las Cruzadas, que obligaron a suníes y chiíes a luchar contra los cristianos invasores.

Egipto durante el califato fatimí

Cuando los fatimíes conquistaron Egipto, construyeron la ciudad de El Cairo, que debía ser la residencia real del califa fatimí. Fustat siguió siendo la capital administrativa de Egipto hasta 1169. Egipto prosperó bajo el gobierno fatimí, ya que la dinastía desarrolló las rutas comerciales e impulsó la economía. Pronto, las rutas comerciales de Egipto se extendieron a lo largo del mar Mediterráneo y el océano Índico y llegaron hasta China. Los fatimíes practicaban la tolerancia religiosa, permitiendo que cristianos y judíos vivieran pacíficamente en Egipto.

También daban más importancia a la capacidad que al nepotismo, lo que significaba que cualquiera podía ascender rápidamente en el gobierno si tenía las habilidades necesarias.

Los fatimíes mantenían un enorme ejército de mamelucos (esclavos), lo que permitió a los mamelucos convertirse en una clase de élite de caballeros y guerreros. Algunos mamelucos llegaron a ser sultanes y se les permitió ocupar puestos de poder. Además de la economía, los califas fatimíes también fomentaron las actividades intelectuales y construyeron sofisticadas bibliotecas. Promovieron la libertad de pensamiento, lo que permitió a los eruditos expresar sus pensamientos y opiniones sin temor a la persecución. Una vez más, Egipto se convirtió en un centro de conocimiento, filosofía y literatura. Los eruditos venían de todo el mundo para beneficiarse de este intercambio de conocimientos y elogiaban las grandes bibliotecas de Egipto. Los califas fatimíes fueron mecenas de muchos eruditos y los nombraron en puestos destacados de su corte. Por desgracia, la dinastía fatimí decayó durante el siglo XI, lo que permitió a Saladino invadir Egipto en 1171.

Saladino fue el fundador de la dinastía ayubí, lo que supuso la devolución de las tierras fatimíes al califato abasí.

La peste negra en Egipto

Antes de profundizar en Saladino y en la situación política de Egipto, echemos un vistazo a un importante acontecimiento ocurrido durante la época medieval. La peste negra fue una pandemia de peste bubónica que tuvo lugar entre 1346 y 1353 y que causó entre 75 y 200 millones de muertes en Eurasia y el norte de África. Es probable que la peste negra comenzara en Asia Central, pero la primera evidencia de la pandemia se localizó en Crimea en 1347. Desde allí, la peste fue transportada por las pulgas que infestaban las ratas de los barcos comerciales, lo que permitió que la peste se transportara por todo el mundo conocido. Se extendió por la cuenca mediterránea hasta África, Asia occidental y Europa. Una vez que la gente se contagiaba de la peste, esta se propagaba rápidamente, lo que hacía que la peste se extendiera a zonas a las que no podían llegar los barcos comerciales. Los expertos han sostenido que la peste negra hizo que la población mundial pasara de unos 475 millones a unos 350 o 375 millones.

La pandemia causó la muerte de millones de personas, lo que tuvo un efecto duradero en muchas civilizaciones. Como muchas zonas experimentaron una grave despoblación, la peste provocó cambios sociales, religiosos y económicos. La peste negra llegó a Alejandría hacia 1347, cuando un barco mercante infectado que transportaba esclavos llegó desde Constantinopla. Al año siguiente, la peste había llegado a El Cairo, que era la mayor ciudad de la cuenca mediterránea, así como el centro cultural de la comunidad islámica. Según algunas estimaciones, la peste diezmó cerca del 40% de la población egipcia. Antes de la peste, El Cairo tenía unos 600.000 habitantes, y la peste negra mató a un tercio de la población de la ciudad. Aunque la ciudad contaba con un hospital en funcionamiento, la gravedad de la peste y el gran número de infectados desbordaron los recursos de la ciudad. Se dice que el Nilo se atascó de cadáveres porque los sepultureros y los practicantes de ritos funerarios no podían atender la demanda.

Los efectos devastadores de la peste negra fueron diferentes según la ubicación geográfica. Los centros urbanos abarrotados fueron las zonas más afectadas, pero eso no significa que las ciudades rurales estuvieran exentas de la tragedia.

El sultanato mameluco

Los mamelucos eran soldados esclavos que formaban una clase combatiente de élite en Egipto y posteriormente en el Imperio otomano. Primero sirvieron a los califas abasíes y solían ser turcos no musulmanes que habían sido capturados en regiones al norte del mar Negro, la actual Rusia. Estos soldados se convirtieron al islam y se les encomendó la tarea de proteger y servir a los califas, aunque con el tiempo llegaron a ser muy poderosos, especialmente en Egipto. Los mamelucos se entrenaban como soldados de caballería y tenían un código de conducta llamado *furusiyya*, que fomentaba valores como el valor y la generosidad. Todos los mamelucos recibían un extenso entrenamiento, lo que garantizaba que las fuerzas mamelucas estuvieran siempre listas para luchar.

Cuando Saladino conquistó gran parte de Oriente Próximo, fundó la poderosa dinastía ayubí. A su muerte, sus herederos se disputaron el control de su vasto imperio. Cada uno de sus herederos empleó grandes séquitos de fuerzas mamelucas con la esperanza de hacerse con el imperio. El hermano de Saladino, Al-Adil, consiguió finalmente hacerse con todo el imperio tras derrotar a sus hermanos y sobrinos, y añadir sus séquitos mamelucos a los suyos. Los ayubíes continuaron con esta práctica hasta que se vieron completamente rodeados por los mamelucos, que acabaron convirtiéndose en una parte esencial de la corte ayubí.

En 1250, el sultán egipcio Turanshah murió, por lo que su esposa, Shajar al-Durr, tomó el poder con el apoyo de los mamelucos. Sin embargo, necesitaba una contraparte masculina, así que se casó con un comandante mameluco llamado Aibek durante la séptima cruzada. Aibek fue asesinado más tarde, y un mameluco llamado Qutuz tomó el poder y formó el sultanato mameluco, que gobernaría Egipto hasta aproximadamente 1517, cuando fue derrotado por el Imperio otomano.

La guerra otomano-mameluca

En 1453, Constantinopla cayó en manos del Imperio otomano, lo que pondría en contacto a los otomanos con los mamelucos. Ambas potencias lucharon por el monopolio del lucrativo comercio de especias. Los otomanos conquistaron muchas regiones de Oriente Medio, incluidas las ciudades santas islámicas, y tenían sus ojos puestos en Egipto.

Los mamelucos respondieron reclutando a personas de las zonas rurales para que se unieran a su ejército, pero esto provocó una escasez de alimentos y suministros necesarios, ya que no había suficientes personas para mantener el trabajo en las granjas. Esta escasez provocó una hambruna que debilitó gravemente a Egipto. Los otomanos y los mamelucos acabaron entrando en guerra en 1516, y aunque ambos ejércitos tenían más o menos los mismos efectivos, los otomanos tenían una clara ventaja. Solo una pequeña parte del ejército mameluco estaba formada por soldados entrenados y luchaban con armas anticuadas, como arcos y flechas. Los otomanos tenían un ejército curtido en la batalla y equipado con armas modernas como el arcabuz. Los mamelucos eran increíblemente orgullosos y optaron por confiar en los métodos tradicionales, lo que provocó su caída. Los otomanos ganaron la guerra en 1517 y se hicieron con el control de Egipto. A pesar de su derrota, a los mamelucos se les permitió continuar como una clase de esclavos-soldados, pero nunca recuperaron el poder y el estatus que disfrutaron durante el sultanato mameluco.

Los otomanos colocaron un gobernador en Egipto, que fue protegido por una fuerza altamente entrenada de soldados otomanos. Gracias a su victoria en Egipto, los otomanos pudieron lanzar ataques contra otros reinos africanos, ampliando aún más sus fronteras. Gracias a sus victorias militares, los otomanos tenían el control de las ciudades santas islámicas, lo que convirtió a los gobernantes otomanos en califas de todo el mundo musulmán, incluido Egipto. Mantendrían esa distinción hasta el siglo XX.

Capítulo 7: El primer Egipto moderno (1520-1914)

La historia medieval de Egipto estuvo repleta de guerras, plagas mortales y gobiernos siempre cambiantes que tuvieron un poderoso efecto en el país y en su gente. Durante ese tiempo, la religión nacional cambió varias veces, ya que los egipcios pasaron de una religión pagana tradicional al cristianismo y luego al islam. Además de afectar a la población egipcia, estos cambios religiosos también tuvieron un efecto en las políticas legales, económicas y administrativas. El periodo medieval comenzó con la invasión sasánida y terminó con la invasión otomana, que convirtió a Egipto en parte del Imperio otomano. Este cambio de gobierno condujo al inicio del período moderno temprano de Egipto, que duraría hasta la Primera Guerra Mundial.

Aunque el período moderno temprano fue varios siglos más corto que el período medieval, no fue menos emocionante. Durante el periodo moderno temprano, Egipto tuvo que adaptarse a la vida bajo el dominio de los otomanos, lo que contribuyó al declive de la economía y la cultura egipcias. Egipto también sobreviviría a una terrible hambruna, a gobernantes tanto débiles como poderosos, a una invasión francesa, a la llegada de los británicos y a la agitación económica provocada por la intromisión de fuerzas extranjeras en los asuntos egipcios. Todos estos acontecimientos contribuyeron a dar forma a la cultura egipcia cuando el país dejó atrás la época medieval e inició su camino hacia la modernidad.

El Imperio otomano

Cuando los otomanos se apoderaron de Egipto, el país volvió a convertirse en una provincia. Los otomanos gobernaban desde Constantinopla y utilizaban Egipto como granero y fuente de ingresos, que obtenían a través de los impuestos. Desgraciadamente, Egipto había empezado a decaer bajo el gobierno de los mamelucos, y la invasión otomana no ayudó mucho a la posición económica de Egipto. Como resultado del declive económico, la cultura egipcia se vio afectada y comenzó un declive constante. Sin embargo, los otomanos no fueron los únicos responsables de estos cambios, ya que instituyeron varias políticas para asegurarse de beneficiarse de la prosperidad de Egipto. Sin embargo, la élite egipcia a menudo no colaboraba con el gobierno, lo que habría repercutido en los intentos de los otomanos por reactivar la economía.

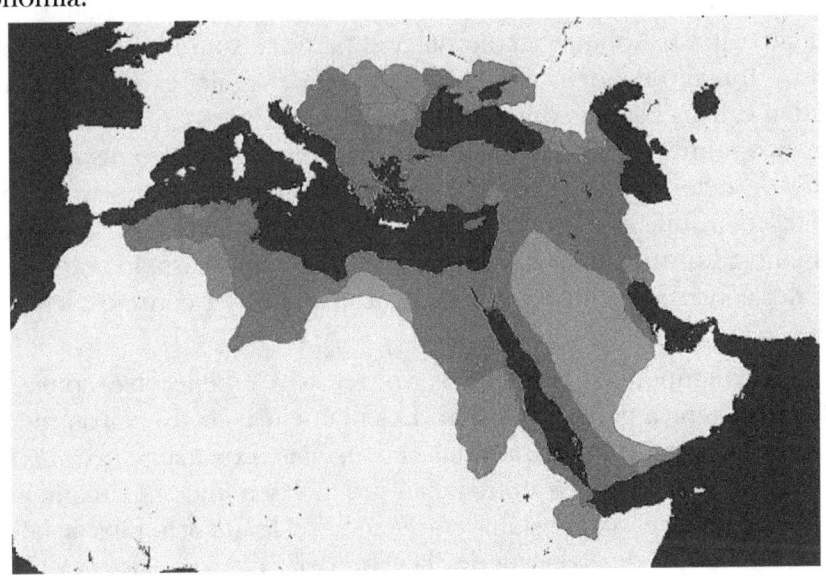

Mapa del Imperio otomano en su apogeo
Dodobondo, CC BY-SA 4.0 https://creativecommons.org/licenses/by-sa/4.0 vía Wikimedia Commons; https://commons.wikimedia.org/wiki/File:Ottoman-Empire-peak-1590-map.jpg

Los otomanos se apresuraron a establecer su autoridad en Egipto y, en 1525, Solimán el Magnífico nombró a un gran visir, Ibrahim Pachá, encargado de gobernar Egipto en nombre de su monarca. Ibrahim nombró a un virrey y a un consejo de asesores que contaría con el apoyo de un importante ejército. Los otomanos también separaron Egipto en cuatro provincias manejables, que serían asignadas a inspectores que supervisarían la administración y los impuestos. El gobierno egipcio estaba controlado por funcionarios de Constantinopla, pero con el tiempo, los mamelucos pudieron obtener puestos dentro del gobierno.

Una vez que los otomanos establecieron su autoridad en Egipto, pusieron sus miras en la expansión de sus fronteras hacia el sur. Egipto era la base perfecta para sus nuevas invasiones, y pronto los otomanos pudieron controlar Nubia. También lucharon contra los portugueses por el control del mar Rojo. Establecieron una colonia en Mitsiwa (la actual Eritrea) y conquistaron Yemen y Adén. El Imperio otomano era principalmente musulmán y utilizaba su religión como base de muchas funciones de gobierno.

La élite mameluca

Los mamelucos fueron durante mucho tiempo una clase importante en Egipto. Al principio eran simplemente una clase guerrera esclava, pero con el tiempo se convirtieron en una de las clases más importantes de la sociedad egipcia. Aunque perdieron gran parte de su poder tras perder la guerra otomano-mameluca, se les permitió seguir existiendo en la sociedad egipcia bajo el control del Imperio otomano. Con el tiempo, los otomanos nombraron mamelucos para que actuaran como inspectores o *kashifs* de determinadas provincias egipcias. El ejército egipcio también contaba con un gran número de mamelucos llamados mamelucos circasianos. Los mamelucos lograron abrirse camino hasta los cargos más altos del gobierno y, finalmente, formaron parte del consejo asesor del virrey.

Con el tiempo, los mamelucos volvieron a establecerse como una poderosa potencia política y militar. Los mamelucos conservaron muchas de sus antiguas prácticas para fortalecer sus filas. Los mamelucos de élite compraban esclavos y los entrenaban según las tradiciones mamelucas. Una vez que el esclavo estaba entrenado, se lo incorporaba a la casa mameluca antes de concederle la libertad. En el siglo XVII, los mamelucos de élite ejercían de beys. Un bey solía ser el gobernador de una provincia (o un cargo igualmente importante). Los beys recibían salarios del Imperio otomano. Aunque los mamelucos seguían pagando tributo a los otomanos y eran supervisados por el virrey, eran esencialmente la clase más poderosa de Egipto. En el siglo XVIII se creó el título de shaykh al-balad, que significaba jefe de la ciudad. Este título se otorgaba al bey más fuerte. Con el tiempo, dos emires, Ali Bey y Abu al-Dahab, lograron establecer un poder independiente. En 1786, los otomanos intentaron conquistar a los mamelucos, pero se vieron obligados a retirar su ejército un año después. Los mamelucos establecieron una coalición de dos gobernantes (Murad Bey e Ibrahim Bey), que gobernaron Egipto hasta 1798.

La cultura egipcia durante el Imperio otomano

Egipto experimentó un auge cultural durante el gobierno de los mamelucos y la dinastía fatimí. Los individuos importantes de esos poderes gobernantes tenían la costumbre de apoyar a los eruditos. Esto dio lugar a una oleada de historiadores que documentaron los acontecimientos y dejaron diligentes registros de los periodos de tiempo en los que vivieron. Sin embargo, durante el Imperio otomano, los otomanos no dieron tanta importancia a la educación, el conocimiento y la cultura. El periodo mameluco, en particular, produjo un gran número de historiadores importantes, mientras que solo surgió un historiador egipcio significativo durante el reinado de los otomanos.

Egipto había sido cuna de eruditos internacionales y había sido un centro intelectual, pero bajo el Imperio otomano, el país perdió esa influencia y prestigio. La decadencia de la cultura egipcia durante este periodo queda patente en la falta de edificios públicos dignos de mención que construyeron los otomanos. La basílica bizantina se convirtió en un modelo popular para las mezquitas. Y apenas se produjeron avances en la arquitectura egipcia, ya que los arquitectos se encargaron de recrear réplicas o imitar las prácticas constructivas de Constantinopla. Durante el Imperio otomano, Egipto seguía siendo un país principalmente musulmán, pero a los cristianos y a los judíos se les permitía practicar su religión siempre que pagaran tributo a los otomanos. Sin embargo, este trato varió a lo largo de la historia del imperio.

La hambruna de 1784

Durante la mayor parte de su historia, Egipto dependió del Nilo para obtener agua y riego. El Nilo era la fuente de la vida, y sus inundaciones y ciclos de agua regulares fertilizaban el suelo y permitían a los agricultores cosechar una gran cantidad de alimentos. Por desgracia, esta dependencia también significaba que si el Nilo no se inundaba o si se veía afectado por una sequía, todo el país sufría. En 1783, el Nilo no subió como se suponía, lo que significó que muchas granjas no tuvieron suficiente agua para sus campos y cultivos. También faltaron semillas, por lo que los agricultores se retrasaron en su trabajo. Las mismas condiciones persistieron al año siguiente, lo que sumió a Egipto en una grave hambruna. Los expertos estiman que la hambruna hizo que la población de Egipto disminuyera en una sexta parte. Fue la peor catástrofe que afectó a Egipto desde la peste negra de unos siglos antes.

Como la hambruna se produjo mientras el Imperio otomano gobernaba Egipto, se considera una de las formas en que los otomanos fallaron a Egipto, ya que murieron muchos egipcios. Un estudio realizado en los últimos años por Rutgers y financiado por la Fundación Nacional de la Ciencia y la Administración Nacional de la Aeronáutica y del Espacio (NASA) demostró que la erupción de un volcán islandés pudo ser responsable del bajo caudal del Nilo durante 1783. Dado que la economía egipcia dependía en gran medida del Nilo, el cambio en su caudal tuvo consecuencias desastrosas para la economía.

La invasión francesa

En los siglos XVII y XVIII, Francia investigó periódicamente la posibilidad de ocupar Egipto. Sin embargo, cuando Napoleón Bonaparte se embarcó hacia Egipto en 1798, pensaba específicamente en utilizarlo para asestar un golpe a Gran Bretaña. Si lograba su objetivo, podría frenar las rutas comerciales de Gran Bretaña y estar en mejor posición para negociar un tratado de paz con los británicos. Los franceses también estaban estudiando la posibilidad de ayudar a Egipto a recuperar su antiguo esplendor, lo que tendría consecuencias positivas para Francia, ya que se beneficiaría enormemente de la riqueza potencial de Egipto. Cuando las fuerzas de Napoleón partieron hacia Egipto, se les unieron científicos a los que se les encargó la elaboración de un informe sobre el estado y los recursos de Egipto.

El primer desafío al que se enfrentó la flota fue la flota británica del Mediterráneo, comandada por Horatio Nelson. Como Francia y Gran Bretaña estaban en guerra, si la flota francesa era sorprendida, tendría que sobrevivir a una batalla naval, lo que debilitaría sus posibilidades de ocupar Egipto. Napoleón pudo navegar con su flota hasta las costas egipcias sin atraer la atención de la armada británica y desembarcó en la bahía de Abu Qir, el 1 de julio. Al día siguiente, los franceses tomaron Alejandría. Napoleón emitió una proclama en árabe, asegurando a los egipcios que planeaba derrocar a los mamelucos. También prometió que no tenía problemas con el islam ni con los otomanos. Cuando Napoleón se dirigió a sus hombres, les prometió darles tierras en Egipto, pero les advirtió que no debían faltar al respeto a los musulmanes, ya que vivirían entre ellos. Los egipcios se mostraron escépticos ante las promesas de Napoleón, y la invasión francesa pronto se encontraría con serios problemas.

Napoleón en Egipto

En cuanto Napoleón conquistó Alejandría, movilizó su ejército y marchó hacia El Cairo. Sin embargo, los mamelucos no estaban dispuestos a rendirse tan fácilmente, y Murad Bey dirigió un ejército contra Napoleón en Shubra Khit el 13 de julio. Napoleón ganó la batalla, y los ejércitos se volvieron a encontrar en la batalla de las Pirámides el 21 de julio. Los franceses fueron atacados por los mamelucos, que controlaban un ejército de unos seis mil hombres. Napoleón derrotó a los mamelucos y tomó El Cairo el 25 de julio. Murad Bey se vio obligado a huir al Alto Egipto, mientras que Ibrahim Bey se retiró a Siria.

Napoleón en Egipto

https://commons.wikimedia.org/wiki/File:Napoleon_in_Egypt_by_Jean-Leon_Gerome,_French,_1867-1868,_oil_on_wood_panel_-_Princeton_University_Art_Museum_-_DSC07051.jpg

Mientras Napoleón experimentaba grandes victorias en tierra, la armada británica estaba cerca de Egipto y llegaría a finales de mes. Napoleón no perdió el tiempo en El Cairo y nombró una serie de consejos para asesorarle mientras tomaba el control del gobierno egipcio. Por primera vez en siglos, Egipto volvió a introducirse en Occidente; había estado bajo la protección de los mamelucos y los otomanos, que se centraban sobre todo en Oriente. Los franceses consiguieron abrir Egipto a Europa. También consiguieron debilitar a la fuerza gobernante mameluca, que nunca volvería a alcanzar su antigua gloria.

Durante la ocupación, los eruditos franceses descubrieron la piedra de Rosetta, que tenía grabados en tres idiomas y ayudó a los eruditos a descifrar los jeroglíficos. Fue un descubrimiento asombroso que constituiría la base de la egiptología y expondría la cultura antigua de Egipto al mundo moderno.

La primera parte de la campaña egipcia de Napoleón fue un éxito, lo que puede haber reforzado la moral francesa. Sin embargo, los franceses y los británicos pronto se enfrentarían en una batalla naval culminante que cambiaría las tornas en contra de Napoleón y le haría regresar a Francia al año siguiente.

La batalla del Nilo

Cuando los británicos descubrieron que Napoleón planeaba ocupar Egipto, enviaron a Horatio Nelson a explorar las operaciones de Napoleón en Tolón. Sin embargo, cuando Nelson llegó, descubrió que el puerto estaba vacío y que Napoleón ya se había marchado. Nelson adivinó correctamente lo que Napoleón quería hacer y se dirigió a Alejandría, que también estaba vacía. La armada británica había llegado demasiado pronto. Nelson navegó hacia Sicilia. Cuando volvió a Egipto en agosto, encontró a la flota francesa en la bahía de Abu Qir. La flota francesa estaba al mando del almirante François-Paul Brueys d'Aigailliers.

Batalla del Nilo
https://commons.wikimedia.org/wiki/File:Loutherbourg_-_battle_of_the_nile.jpg

Nelson aprovechó su oportunidad y ordenó a las fuerzas británicas que atacaran a la flota francesa de inmediato. Durante la noche, Napoleón sufrió una herida en la cabeza y el buque insignia francés, *L'Orient*, fue destruido por los británicos. Brueys estaba a bordo en ese momento y murió junto con la mayoría de los marineros a bordo. La flota francesa quedó casi completamente destruida; solo un puñado de barcos pudo escapar. Fue un golpe devastador para el ejército de Napoleón, y fue el principio del fin de la ocupación francesa.

Pronto se hizo evidente el descontento de los egipcios con el dominio francés, ya que Napoleón tuvo que hacer frente a un levantamiento en El Cairo en octubre de 1798. El sultán otomano, Selim III, declaró la guerra a Francia en septiembre. En agosto de 1799, Napoleón abandonó Egipto y regresó a Francia, dejando a Jean-Baptiste Kléber al mando. Los franceses se verán obligados a rendirse en 1801 cuando las fuerzas británicas desembarquen en Abu Qir. Además, los otomanos avanzaron hacia Egipto desde Siria y el ejército británico-indio desembarcó en la costa del mar Rojo.

Mehmet Alí de Egipto

Una vez que los franceses abandonaron Egipto, los otomanos estaban decididos a recuperar Egipto. Las fuerzas británicas abandonaron Egipto en 1803, pero los otomanos aún tenían que luchar contra las facciones mamelucas restantes que querían reafirmar su poder. Por ello, los otomanos contaron con una fuerza de combate albanesa, que ayudó a los otomanos a recuperar Egipto y a nombrar un virrey que protegiera los intereses otomanos. Sin embargo, los albaneses tenían sus propios planes y se rebelaron contra los otomanos. Su líder se convirtió en el nuevo virrey, pero fue rápidamente asesinado, lo que llevó al nombramiento de su sucesor, Mehmet Alí, que derrocó a los mamelucos y a los otomanos.

Mehmet Alí fue nombrado virrey por el sultán otomano en un esfuerzo por acabar con las revueltas que estallaron en El Cairo en 1805. El nuevo virrey demostró ser un líder militar competente que ganó varias batallas importantes. En 1807, los británicos intentaron ocupar Egipto en un esfuerzo por ganar una posición estratégica sobre el ejército de Napoleón. Sin embargo, Mehmet Alí derrotó su expedición y los británicos se vieron obligados a retirarse. Dado que el Imperio otomano se enfrentaba a graves dificultades, se le permitió separarse del imperio, declararse líder de Egipto y conquistar vastas extensiones de tierras que antes habían sido controladas por los otomanos. Posteriormente, amplió los territorios de Egipto hasta el centro de Arabia y el norte de Sudán, lo que le permitió aprovechar una lucrativa ruta de comercio de esclavos. Por desgracia, el Imperio árabe de Mehmet Alí se desmoronó durante su vida, pero siguió gobernando Egipto.

Como líder de Egipto, modernizó el ejército egipcio, impulsó la economía, fomentó la educación y fundó varias instituciones educativas. Envió a varios egipcios a universidades francesas, lo que separó a Egipto de la cultura otomana. Mehmet Alí también introdujo la vacunación de los niños, los trabajos forzados y las conscripciones militares. Convirtió a Egipto en un estado coercitivo. Los egipcios no estaban contentos bajo el gobierno de Mehmet Alí, y se produjeron varias revueltas de campesinos, que fueron rápidamente sometidas. En 1848, Mehmet Alí se había vuelto senil y su hijo, Ibrahim, tomó el control de Egipto. Ibrahim gobernó durante unos meses antes de su muerte y fue sucedido por su hijo, Abbas I. Mehmet Alí murió en 1849.

Mehmet Alí
https://commons.wikimedia.org/wiki/File:ModernEgypt,_Muhammad_Ali_by_Auguste_Couder,_BAP_17996.jpg

El Jedivato de Egipto

Cuando los franceses fueron expulsados de Egipto y Mehmet Alí fundó su dinastía, Egipto se convirtió en el Jedivato de Egipto. Era un estado autónomo al que se le permitía actuar de forma independiente, pero que debía pagar tributo al Imperio otomano. Aunque Mehmet Alí consiguió gobernar Egipto con eficacia durante varias décadas, sus sucesores tuvieron dificultades para hacer lo mismo. En 1863, Ismail subió al trono y estaba decidido a modernizar Egipto. Por desgracia, sus elevados objetivos y su extravagancia provocaron la bancarrota, lo que dio lugar a la injerencia europea en la economía y el desarrollo de Egipto. Ismail consiguió recibir el título de jedive, que esencialmente lo convertía en un soberano independiente del Imperio otomano, pero este privilegio le obligaba a pagar más tributos a los otomanos.

Ismail quedó cada vez más bajo control europeo y, durante algunos años, Egipto fue gobernado conjuntamente por franceses y británicos. En 1879, Ismail fue obligado a abandonar su cargo y su hijo, Tewfik, fue proclamado jedive. Sin embargo, unos años más tarde, un oficial llamado Ahmed Orabi se enteró del descontento entre el ejército y las clases bajas. Rápidamente creó una revuelta contra los europeos y los turcos. El gobierno fue incapaz de detener a Orabi, y rápidamente ascendió dentro del gobierno y se convirtió en miembro del gabinete. Esto no fue suficiente para él, y pronto estallaron revueltas generalizadas.

En 1882, británicos y franceses llevaron sus flotas a Alejandría para reprimir la grave rebelión y proteger los intereses europeos, pero los franceses se retiraron. Los británicos se quedaron, reprimiendo la revuelta e instalando sus tropas en Egipto. Debía ser una medida temporal, pero los británicos permanecerían en Egipto hasta 1956. Orabi fue derrotado y obligado a exiliarse, y se permitió al jedive volver a gobernar. Al principio, el gobierno británico no estableció un control político formal en Egipto porque sabía que causaría problemas con los otomanos y otras naciones europeas. Sin embargo, los británicos afirmaban proteger sus intereses en Egipto, lo que requería su presencia militar en el país.

Aunque los británicos nunca establecieron su presencia política formal en Egipto, seguían teniendo un poder significativo en el país. Por ejemplo, cuando Tewfik y su gobierno sometieron a juicio a Orabi y sus conspiradores, los rebeldes fueron condenados a muerte en un principio. Sin embargo, los británicos intervinieron y conmutaron las sentencias de los rebeldes por el exilio. Tewfik formó su propio gabinete, con Riaz Pashá como miembro principal. Sin embargo, tras la injerencia británica, Riaz renunció, y el jedive trabajó con el embajador británico en Estambul para reorganizar el gobierno egipcio. Durante su etapa como jedive, Tewfik opuso poca resistencia a la injerencia británica. Sin embargo, cuando murió, le sucedió su hijo, Abbas II, en 1892. No era tan complaciente como su padre y plantearía serios problemas a los británicos.

Capítulo 8: El Egipto moderno tardío (1890-2013)

Una vez que los británicos ocuparon Egipto, empezaron a interferir en la política egipcia, ya que habían invertido mucho en la economía egipcia y querían asegurarse de que su inversión estuviera protegida. Desgraciadamente, su injerencia a menudo no coincidía con los intereses de Egipto, lo que provocó conflictos y enemistades. Aunque muchos de los sucesores de Mehmet Alí colaboraron con los británicos, esa cooperación terminó bajo el gobierno de Abbas II. Casi tan pronto como los británicos terminaron de tratar con Abbas II, otra amenaza se cernió en el horizonte. Cuando Gran Bretaña declaró la guerra al Imperio otomano durante la Primera Guerra Mundial, Egipto se convirtió en una base de operaciones, y sufriría mucho durante los años de guerra.

Poco después de la Primera Guerra Mundial, Egipto surgió como un reino independiente antes de transformarse en una república. Por fin libre del liderazgo extranjero, el gobierno egipcio pasó por varias transformaciones al surgir nuevos grupos políticos que competían por el dominio. Entre ellos estaban el Wafd y los Hermanos Musulmanes, que tendrían un gran impacto en la política egipcia moderna. En los últimos años, Egipto también ha sufrido acontecimientos agitados que han moldeado su gobierno, su pueblo y su cultura. Puede que este nuevo periodo de la historia egipcia no tenga el prestigio del antiguo Egipto, pero sigue siendo fascinante.

Abbas II

Cuando Abbas II heredó el cargo de jedive de su padre en 1892, había un creciente resentimiento por la influencia británica en Egipto. A diferencia de su padre, Abbas no estaba dispuesto a someterse al dominio británico y casi inmediatamente demostró que no apreciaba la injerencia británica en su gobierno. Esto le valió el apoyo de los nacionalistas egipcios, y Abbas nombró un primer ministro que compartía sus opiniones. Abbas también proporcionó apoyo al *Al-Mu'ayyad*, que era un periódico antibritánico. Tras sus fuertes críticas a los británicos, lord Cromer, cónsul general británico en Egipto, decidió que la influencia del jedive estaba creciendo demasiado.

Sin embargo, en 1906, los nacionalistas egipcios declararon que querían un gobierno constitucional, pero Abbas denegó su petición. Al año siguiente, se creó el Partido Nacional, dirigido por Mustafā Kāmil. Para entonces, lord Cromer había sido sustituido por lord Kitchener como cónsul general, y tomó medidas más serias para frenar la independencia de Abbas. También asestó un golpe al Partido Nacional exiliando o encarcelando a todos sus líderes.

Corte del sah Abbas II
*Crédito: Sorosh Tavakoli de Estocolmo, Sverige, CC BY 2.0
https://creativecommons.org/licenses/by/2.0 vía Wikimedia Commons;
https://commons.wikimedia.org/wiki/File:Shah_Abbas_II.jpg*

Abbas no estaba dispuesto a rendirse. Esperó su momento. Su oportunidad se presentó cuando estalló la Primera Guerra Mundial, cuando los británicos se preparaban para entrar en la contienda. Abbas instó a sus partidarios, los egipcios y los sudaneses, a luchar contra la ocupación británica. El plan de Abbas era unirse a las Potencias Centrales (la coalición del Imperio alemán, el Imperio otomano y Austria-Hungría, que estaba en guerra con Francia, Gran Bretaña y Rusia). Sin embargo, el llamamiento de Abbas fracasó y fue depuesto en 1914. Fue sustituido por su tío, Hussein Kamel, que se convirtió en el primer sultán del protectorado británico. Abbas II pasó el resto de su vida en el exilio.

Primera Guerra Mundial

En noviembre de 1914, Gran Bretaña declaró la guerra al Imperio otomano. Como el jedive de Egipto era aliado de los otomanos, fue depuesto y se formó un protectorado británico. Aunque Egipto no participó formalmente en la guerra, se convirtió en un campamento base británico, y más de un millón de egipcios fueron reclutados. Según fuentes de la época, los egipcios sufrieron mucho en la guerra porque no se les proporcionaron los suministros adecuados, como tiendas de campaña, alimentos y recursos médicos. Peor aún, el reclutamiento forzoso tuvo graves consecuencias económicas que provocaron una recesión y pobreza en Egipto. Durante la guerra, los soldados fueron tratados peor que los animales, y muchos de ellos murieron por enfermedades extranjeras y heridas.

Los egipcios no estaban acostumbrados a las condiciones de Francia y murieron de cólera o de frío. Cuando los soldados regresaron, fueron recompensados con pocas compensaciones, y los egipcios discapacitados no recibieron apoyo. Además, trajeron consigo enfermedades extranjeras, como el cólera. El sistema médico egipcio no estaba equipado para la avalancha de víctimas.

Debido a su posición estratégica, Gran Bretaña estacionó tropas en Egipto e hizo varias fortificaciones en las ciudades egipcias, como un cañón gigante en Alejandría. Los residentes se vieron obligados a permanecer en casa durante ciertas horas debido a las incursiones. Los edificios públicos se convirtieron en hospitales, mientras que las tropas británicas, indias y australianas fueron enviadas a Egipto durante sus descansos. Para apoyar los esfuerzos de guerra, los egipcios se vieron obligados a pagar tributos a los británicos, lo que aumentó la presión financiera de Egipto. Si los egipcios no pagaban los tributos, se les aplicaba la ley marcial. Los británicos también acabaron con el dominio otomano en Egipto, y cuando el Imperio otomano cayó, sus tierras se dividieron entre Gran Bretaña y Francia.

Mientras el mundo entero se veía afectado por la Primera Guerra Mundial, Gran Bretaña se aprovechó de Egipto obligando a sus ciudadanos a alistarse en el ejército y utilizando sus recursos en beneficio propio. Todo esto condujo a una revolución generalizada en Egipto en 1919 y a la eventual independencia del país.

El Wafd

A medida que avanzaba la Primera Guerra Mundial, los egipcios estaban cada vez más descontentos con el dominio británico. Tan pronto como terminó la guerra, Egipto intentó reclamar la independencia total de Gran Bretaña. Durante esta época, una delegación de egipcios notables creó el Partido Wafd, que era un partido político liberal nacionalista. El Partido Wafd estaba dirigido por Saad Zaghloul, que era un líder inmensamente popular y carismático. Durante los siguientes años, el Wafd estaría íntimamente involucrado en la política egipcia, pero no se le permitió convertirse en un partido formal hasta 1924.

Foto del Partido Wafd
https://commons.wikimedia.org/wiki/File:Blue_Shirts_(Wafd_party).jpg

El partido estaba estrictamente organizado según una jerarquía, con el consejo ejecutivo en la cima. También tenían organizadores que trabajaban en las ciudades y pueblos para crear apoyo a su causa. El Wafd estaba formado principalmente por egipcios urbanos que pertenecían a las clases alta y media, pero rápidamente se hicieron querer por la mayoría de los egipcios que anhelaban liberarse de los británicos. Aunque Saad Zaghloul era el presidente del partido, también había varias mujeres destacadas entre sus filas. La esposa de Zaghloul, Safiya, se convirtió en una voz importante en la lucha por los derechos de la mujer, junto con Huda Sha'arawi. Desgraciadamente, el Wafd se enfrentó a serios desafíos por parte de los británicos y la monarquía egipcia, que intentaron socavar la influencia del Wafd.

Saad Zaghloul

Saad Zaghloul nació en una familia de campesinos del delta del río Nilo. Su familia ganó suficiente dinero para enviarlo a la Universidad de Al-Azhar en El Cairo, y más tarde asistió a la Facultad de Derecho de Egipto. Más tarde se casó con Safiya, la hija del primer ministro egipcio, Mustafa Pasha Fahmi. Safiya, al igual que su marido, participó activamente en la política y se convirtió en una influyente revolucionaria y feminista. En 1906, Zaghloul pasó a dirigir el Ministerio de Educación. En esta época, el nacionalismo egipcio estaba en auge y Zaghloul ayudó a crear Hizb al-Umma, el Partido del Pueblo.

Saad Zaghloul
https://commons.wikimedia.org/wiki/File:ModernEgypt,_Saad_Zaghloul,_BAP_14781.jpg

Durante el tiempo que Zaghloul estuvo en el gobierno, trabajó con los ocupantes británicos, lo que no le hizo ganar ningún favor con los nacionalistas. Sin embargo, en 1913, fue elegido para la Asamblea Legislativa, con lo que comenzó a criticar al gobierno y la participación británica. Cuando Egipto se convirtió en un protectorado británico, los egipcios sufrieron debido al reclutamiento, la ley marcial y la inflación. Estaba claro que los británicos planeaban convertir Egipto en una colonia, y los egipcios estaban furiosos. Durante la Primera Guerra Mundial, Zaghloul se dedicó a formar varios grupos de activistas en todo el país.

El 13 de noviembre de 1918, Zaghloul dirigió al Wafd para convocar al alto comisionado británico (el representante británico en Egipto), sir Reginald Wingate. Declararon su intención de liderar a los egipcios y exigieron que el protectorado fuera sustituido por un tratado de alianza. El Wafd quería negociar este tratado directamente con el gobierno británico, pero sus peticiones fueron denegadas. Esto provocó revueltas generalizadas en Egipto, conocidas como la Revolución de 1919. En 1919, los líderes del Wafd fueron arrestados y exiliados, lo que enfureció aún más a la población egipcia.

Wingate fue sustituido inmediatamente por el general Edmund Allenby, que liberó a los líderes del Wafd. Zaghloul representó entonces a Egipto en la Conferencia de Paz de París y, aunque sus intentos no tuvieron éxito, se convirtió en un héroe nacional. Durante los años siguientes, Zaghloul se hizo cada vez más popular. Los británicos permitieron una nueva constitución en 1923 (Egipto pudo convertirse en una monarquía constitucional), y en 1924, el Wafd ganó las elecciones generales, convirtiendo a Zaghloul en el nuevo primer ministro de Egipto. Zaghloul era inmensamente popular, pero esta popularidad se debía solo en parte a su carisma. Su origen humilde le hizo ganarse el cariño de la población egipcia y se convirtió en el catalizador de un movimiento que le sobreviviría.

El reino egipcio

Tras la Revolución de 1919, Gran Bretaña se dio cuenta de que su protectorado estaba fracasando y que era necesario tomar nuevas medidas. En 1922 se negoció la Declaración Unilateral de Independencia de Egipto y se estableció el Reino de Egipto. Sin embargo, esta independencia fue solo nominal, ya que se permitió a los británicos tener cierta participación en la política egipcia, y las tropas británicas permanecieron en Egipto. El reino fue dirigido por el rey Fuad I y más tarde por su hijo, Faruq I.

Durante los últimos años de Zaghloul, este aceptó formar un gobierno de coalición con lord Lloyd, el alto comisionado británico. Cuando Zaghloul murió en 1927, Mustafā al-Nahhās se convirtió en el presidente del Wafd. En 1936, firmó el tratado anglo-egipcio, que permitía a los británicos mantener sus tropas a lo largo del canal de Suez. El tratado también permitía a los británicos mantener el control de Sudán. Como el fascismo radical estaba en auge en la década de 1930, el Wafd creó los Camisas Azules, un grupo juvenil militante.

Los efectos de la Segunda Guerra Mundial

Egipto se vio obligado a apoyar a Gran Bretaña durante la Segunda Guerra Mundial, pero pocos egipcios esperaban que Gran Bretaña ganara. Durante la guerra, Italia se alineó con la Alemania nazi y declaró la guerra a Gran Bretaña y Francia en junio de 1940. Egipto se mantuvo neutral, pero debido al tratado anglo-egipcio de 1936, los británicos podían ocupar el canal de Suez si se veía amenazado. No pasó mucho tiempo antes de que Italia comenzara a lanzar incursiones sobre Egipto desde la colonia italiana de Libia. Los italianos intentaron llegar al canal de Suez, pero fueron detenidos por los británicos antes de que pudieran alcanzar su objetivo.

En 1942, Alemania estuvo a punto de invadir Egipto, lo que hizo que Gran Bretaña interfiriera en el gobierno egipcio. En el Incidente del 4 de febrero, el rey Faruq se vio obligado a nombrar a al-Nahhās primer ministro. Aunque esto pudo parecer una victoria para el Wafd, ya que habían conseguido ganar las elecciones en marzo de 1942, quedó claro que el Wafd ya no era el campeón del nacionalismo egipcio desde que Nahhās cooperó con los británicos.

La Segunda Guerra Mundial desestabilizó completamente a Egipto. A medida que el Wafd declinaba, otros partidos políticos luchaban por el dominio y pedían una revisión del tratado de 1936. Los egipcios querían que los británicos retiraran sus tropas del canal de Suez y pusieran fin al control británico de Sudán. Los extremistas ganaron popularidad, y grupos como los Hermanos Musulmanes cometieron actividades violentas y apoyaron los disturbios. Todo ello condujo a una revolución que comenzó en 1952. La revolución, liderada por Gamal Abdel Nasser, incluyó un golpe militar que puso fin repentinamente a la monarquía constitucional de Egipto. La revolución condujo a una época de profundos cambios políticos y sociales en Egipto. El 18 de junio de 1953, Egipto se convirtió en una república, con Mohamed Naguib como primer presidente.

Los Hermanos Musulmanes

Los Hermanos Musulmanes son el grupo político islámico más antiguo de Egipto, y no se les permite actuar como partido político en algunos países. El grupo fue fundado en 1928 en Egipto por Hassan al-

Banna. El grupo se creó porque su fundador soñaba con formar un sistema de gobierno islámico que se basara firmemente en las leyes y los principios islámicos. Hassan al-Banna pensó que podría alcanzar este sueño ofreciendo diversos servicios sociales al pueblo. Con el tiempo, los Hermanos Musulmanes se propusieron reformar todos los gobiernos existentes en el mundo árabe.

Durante su historia, la Hermandad Musulmana ha sido acusada de cometer actos de violencia y terrorismo. Al principio, la Hermandad Musulmana se centró en predicar el islam, crear hospitales, impulsar la economía y enseñar a los analfabetos. Dado que se fundó durante una época en la que había un malestar generalizado debido a la ocupación británica, era solo cuestión de tiempo para que la Hermandad Musulmana entrara en la arena política.

La Hermandad Musulmana cooperó con los Oficiales Libres (que era un grupo de oficiales nacionalistas revolucionarios de las Fuerzas Armadas egipcias) al principio, pero cuando hubo diferencias de opiniones entre los grupos, dejaron de trabajar juntos. En la década de 1950, hubo un intento de asesinato contra Gamal Abdel Nasser. Esto llevó al encarcelamiento de Sayyid Qutb, que era un miembro destacado de los Hermanos Musulmanes. Mientras estaba en prisión, defendió las ventajas de una lucha armada contra el régimen egipcio. Finalmente, fue ejecutado, pero sus escritos siguieron siendo utilizados por los grupos islamistas para defender la lucha armada. Los Hermanos Musulmanes aceptaron abandonar la violencia en la década de 1970 y, en 1995, adoptaron la democracia. Con el tiempo, los Hermanos Musulmanes se extendieron a otros países árabes e influyeron en varios grupos islámicos.

El régimen de Nasser

Gamal Abdel Nasser nació en 1918 y participó en protestas antibritánicas durante su juventud. Tras estudiar derecho durante unos meses, ingresó en la Real Academia Militar y se graduó en 1938 como subteniente. Durante la Segunda Guerra Mundial, ayudó a formar una organización secreta llamada Oficiales Libres. En 1952, los Oficiales Libres, dirigidos por Nasser, dieron un golpe de estado que depuso al rey Faruq. Mohamed Naguib se convirtió en el primer ministro egipcio en 1953, pero Nasser apartó a Naguib del poder en 1954 y se convirtió en el nuevo primer ministro.

Nasser demostró ser un líder popular y eficaz. En 1956, su nueva constitución y presidencia fueron confirmadas por los votantes egipcios.

Nasser hizo entonces un acuerdo de armas con la URSS, lo que provocó que los británicos se negaran a pagar el proyecto de la Alta Presa de Nasser que se construiría a través del Nilo en Asuán, Egipto.

En respuesta, Nasser nacionalizó el canal de Suez, que era técnicamente propiedad de Francia e Inglaterra. En octubre de 1956, Israel, Francia y Gran Bretaña atacaron Egipto. Las fuerzas extranjeras lograron ocupar el canal de Suez, pero fueron presionadas a retirarse por las Naciones Unidas y los soviéticos. En 1957, el canal de Suez estaba completamente bajo control egipcio. En 1970, se completó la Alta Presa de Asuán, que supuso un gran impulso para la economía egipcia. Nasser era muy respetado en todo el mundo, y su política independiente lo convirtió en un líder muy querido entre los egipcios. Dos meses después de la finalización de la Gran Presa de Asuán, Nasser murió de un ataque al corazón y fue sucedido por Anwar el-Sadat. El régimen de Nasser puso fin a 2.300 años de dominio extranjero e introdujo una nueva era en la historia de Egipto.

Anwar Sadat

Anwar el-Sadat nació en 1918 y se graduó en la Academia Militar de El Cairo en 1938. Durante la Segunda Guerra Mundial fue detenido por los británicos por conspirar para derrocarlos. Consiguió escapar en 1950 y se unió a los Oficiales Libres, ayudando a Nasser a derrocar la monarquía. Durante el régimen de Nasser, Sadat ocupó varios cargos en el gobierno hasta llegar a ser el vicepresidente de Nasser. A la muerte de Nasser, se convirtió en presidente de Egipto en septiembre de 1970.

Anwar Sadat
Aboadel2020, CC BY-SA 4.0 https://creativecommons.org/licenses/by-sa/4.0 vía Wikimedia Commons; https://commons.wikimedia.org/wiki/File:Anwar_Sadat.jpg

Aunque al principio Sadat mantuvo algunas de las políticas de Nasser, pronto empezó a desmarcarse del legado de este. Instituyó un programa de reformas económicas que incluía la atracción de inversiones extranjeras. Sus esfuerzos no tuvieron mucho éxito; condujeron a la inflación, la distribución desigual de la riqueza y los disturbios por alimentos en 1977. Es famoso por haber puesto fin a la asociación de Egipto con los soviéticos. En 1973, entró en la guerra árabe-israelí y recuperó algunos territorios en Israel. Sin embargo, Sadat pronto empezó a trabajar por la paz en Oriente Medio y realizó una histórica visita a Israel. Sadat también comenzó a negociar la paz con el primer ministro de Israel, Menájem Beguín, lo que dio lugar a los acuerdos de Camp David, un tratado de paz preliminar entre los dos países. Esta acción también les valió a Sadat y a Beguín el Premio Nobel de la Paz en 1978. En 1979, Sadat consiguió un tratado de paz entre Israel y Egipto.

Desgraciadamente, no todo el mundo apoyó el tratado de paz, lo que provocó la oposición dentro del gobierno de Sadat. La economía también empeoró, lo que provocó el descontento de la población. En septiembre de 1981, Sadat contraatacó encarcelando a 1.500 de sus oponentes de todos los ámbitos. Al mes siguiente, fue asesinado por la Yihad Islámica Egipcia, un grupo islamista militante. A Sadat le sucedió Hosni Mubarak en 1981, que sería presidente durante tres décadas.

La crisis egipcia

El 25 de enero de 2011, los jóvenes egipcios se sintieron obligados a protestar contra el régimen de Hosni Mubarak en El Cairo. Las multitudes se reunieron en la plaza Tahrir para protestar por el aumento de la pobreza y el desempleo. Las protestas duraron dieciocho días y rápidamente se convirtieron en una revolución. Egipto cayó en la violencia, la represión y el déficit político. El objetivo de las protestas era derrocar a Hosni Mubarak. Aunque Mubarak fue destituido durante la revolución, las cosas empeoraron rápidamente cuando los partidos políticos lucharon contra los Hermanos Musulmanes por el dominio. Cientos de manifestantes fueron asesinados durante la revolución, lo que no hizo sino aumentar la frustración y el malestar.

En junio de 2012, Mohamed Morsi ganó las elecciones democráticas de Egipto y se convirtió en primer ministro. Sin embargo, los disturbios en Egipto estaban lejos de terminar. La presidencia de Morsi estuvo marcada por problemas diplomáticos, económicos y de seguridad, así como por la escasez de energía. En 2013, Abdel Fattah al-Sisi encabezó un golpe de Estado que derrocó a Morsi, permitiéndole convertirse en presidente de Egipto.

TERCERA SECCIÓN:
La sociedad egipcia a través de los tiempos

Capítulo 9: La sociedad y su estructura

Egipto sufrió muchos cambios durante su larga historia. La región pasó de ser tribus dispersas y separadas a un imperio altamente organizado con un intrincado sistema religioso. Durante el antiguo Egipto, la sociedad tenía una estructura piramidal, con el faraón y los dioses en la cima y los esclavos formando la amplia base de la sociedad egipcia. Cuando los egipcios quedaron bajo dominio extranjero, se vieron sometidos a las tradiciones, culturas y estructuras sociales de otros países. Con la difusión del cristianismo, la sociedad egipcia sufrió más cambios, ya que las clases sacerdotales paganas fueron sustituidas por monjes.

Aunque los cristianos coptos ortodoxos permanecieron en Egipto, la gran mayoría de la población acabó adoptando el islam, lo que cambió de nuevo la estructura social tradicional. Con el paso de los años, la sociedad egipcia se adaptó y formó una identidad propia que se diferenciaba de la de otros reinos islámicos, especialmente cuando los mamelucos tomaron el poder. Estos cambios afectaron a todo, desde las leyes hasta la vestimenta.

La sociedad del antiguo Egipto

El valor más importante de la antigua sociedad egipcia era ma'at, que significaba armonía y equilibrio. Si no se preservaba el ma'at, se creía que la sociedad se hundiría en el caos. Una forma de preservar el ma'at era mantener el equilibrio social, por lo que los periodos intermedios se consideraban periodos de anarquía y caos. El orden social se rompió durante los distintos periodos intermedios de Egipto, lo que hizo que los estudiosos e historiadores describieran estas épocas como tiempos oscuros. La jerarquía social del antiguo Egipto tenía forma de pirámide con el rey en la cima. Debajo del rey se situaban su visir y sus cortesanos, seguidos de los escribas y los sacerdotes. A continuación estaban los nomarcas (o gobernadores regionales). Después de los nomarcas venían los generales, luego los artistas y los supervisores de las obras. En la parte inferior estaban los campesinos y los esclavos.

Pirámide de la sociedad egipcia

Reptail82, CC BY-SA 4.0 https://creativecommons.org/licenses/by-sa/4.0 vía Wikimedia Commons; https://commons.wikimedia.org/wiki/File:Govt12e.gif

En el antiguo Egipto, los dioses reinaban de forma suprema, y el pueblo creía que los dioses los habían creado y colocado en un hogar perfecto. Creían que los dioses designaban a un gobernante cuya principal responsabilidad era representar la voluntad de los dioses ante el pueblo y preservar el importantísimo ma'at. Si el faraón era capaz de cumplir con sus obligaciones, entonces todo funcionaría como debía. Dado que el orden social estaba tan íntimamente ligado a la religión, la movilidad social no era una opción. La gente no podía ascender fácilmente de rango o cambiar de clase, ya que esto alteraría el orden natural de las cosas.

Como el faraón tenía tantas obligaciones, se creó el cargo de visir para ayudarle. El visir se encargaba de muchas de las tareas prácticas de la administración, como la delegación de funciones, la supervisión de los gobernadores y los militares, la recaudación de impuestos y el control de los proyectos de construcción del gobernante. Los campesinos constituían la gran mayoría de la población, aunque la clase esclava era parte integrante de la sociedad egipcia. Los esclavos solían ser delincuentes, personas que no podían pagar sus deudas o prisioneros de guerra.

Legislación del antiguo Egipto

La tradición era extremadamente importante en la cultura egipcia, y los antiguos egipcios promovían la estricta obediencia al orden natural de las cosas, incluyendo el sistema legal. Los egipcios habían desarrollado su propio sistema legal ya en el periodo predinástico, que se extendió aproximadamente desde el 6000 al 3150 a. C. A medida que Egipto se desarrollaba, también lo hacían sus leyes. Una vez más, la ma'at entraba en juego, ya que la mayor parte del sistema legal egipcio giraba en torno a la preservación de la ma'at. Los egipcios creían que la gente necesitaba ayuda para mantenerse en el camino marcado por los dioses. Si alguien desobedecía esas leyes, era castigado severamente, ya que todo el mundo entendía que respetar las leyes era lo mejor para todos. Por desgracia, esto significaba que los egipcios solían creer que la gente era culpable a menos que se pudiera demostrar lo contrario. Si una persona era acusada de cometer un delito, probablemente sería castigada, aunque había casos aislados de indulgencia.

Aunque no se han encontrado códigos legales oficiales en Egipto, está claro que los egipcios seguían un sistema legal porque ya existían precedentes legales en la época de la Dinastía Temprana (3150-2613 a. C.). Parece que las leyes eran aplicadas por agentes de policía encargados de mantener la paz. Si se atrapaba a un delincuente, este se enfrentaba al sistema judicial. Los antiguos egipcios creían que sus leyes eran transmitidas por los dioses en el momento de la creación, lo que convertía al rey en el jefe del sistema judicial. El visir solía tener voz y voto en los asuntos judiciales, pero podía ser desautorizado por el rey. Los visires solían nombrar a los magistrados y se les podía obligar a intervenir en los tribunales locales, pero estos casos eran poco frecuentes. Los nomarcas también se encargaban de garantizar que se impartiera justicia en sus distritos. Hay indicios de que los sacerdotes actuaban como jueces en ciertos casos, ya que el pueblo creía que podía consultar con los dioses para recibir un juicio certero.

El adulterio era una ofensa grave, y tanto los maridos como las esposas podían llevar a sus cónyuges a los tribunales si se descubrían sus infidelidades. Las familias eran extremadamente importantes para mantener el ma'at y el equilibrio social. Una mujer culpable de infidelidad podía divorciarse, sufrir la amputación de la nariz o morir quemada. Mientras que un hombre podía recibir hasta mil golpes, no se enfrentaba a la pena de muerte. El sistema judicial se basaba en gran medida en los testimonios de los testigos, por lo que los falsos testigos recibían penas increíblemente duras. Sin embargo, en la mayoría de los casos, la desgracia pública era una perspectiva lo suficientemente terrible como para que la mayoría de la gente tendiera a obedecer las leyes. Los antiguos egipcios dependían en gran medida de sus comunidades, por lo que la humillación pública o el ostracismo habrían sido un destino terrible para cualquier familia.

La vida cotidiana en el Antiguo Egipto

Todo el mundo tenía su lugar designado en el antiguo Egipto, y la gente estaba generalmente orgullosa de su trabajo. Creían que cumplían su papel dentro del orden natural y que contribuían a mantener intacto el equilibrio de las cosas. Se cree que los antiguos artesanos y obreros ofrecían su tiempo y sus habilidades a un proyecto de construcción del rey. Durante años se creyó que las pirámides se habían completado con mano de obra esclava, y aunque ciertamente los esclavos ayudaron a construir los monumentos, los proyectos públicos del rey eran una fuente de orgullo nacional, que atraía a los hombres libres a ofrecer también sus servicios.

La familia constituía la base de la sociedad egipcia, y se hacían ofrendas a los difuntos en las tumbas. Si una familia no tenía tiempo para presentar las ofrendas por sí misma, podía contratar a sacerdotes para que las hicieran en su nombre.

Los antiguos egipcios eran extremadamente limpios y se tomaban el tiempo necesario para arreglarse. Los campesinos tejían la linaza para obtener un lino fino. Los campesinos y los trabajadores llevaban prendas largas atadas con una faja a la cintura, así como faldas cortas. Los hombres ricos llevaban camisas hasta la rodilla y faldas con joyas, además de maquillaje. Muchos egipcios iban descalzos, pero muchos también llevaban sandalias de papiro. Las mujeres de la clase trabajadora llevaban vestidos largos y envolventes, mientras que las mujeres ricas podían llevar elaborados adornos con sus vestidos. Las joyas solían consistir en cuentas, brazaletes, pulseras, collares y pendientes.

La vida cotidiana en el Egipto ptolemaico

Cuando los ptolomeos gobernaban Egipto, el país ya había recibido la influencia de la cultura y la religión helenísticas. La estructura piramidal de la sociedad se había disuelto, y la mayoría de los cargos importantes del gobierno estaban en manos de griegos o descendientes de griegos. Los ptolomeos mantuvieron la religión egipcia, pero el país era cada vez más diverso. Los egipcios podían seguir sus propias tradiciones y leyes, pero los griegos se regían según las leyes griegas, lo que significaba que la vida en Egipto difería según el linaje de cada persona.

Cuando Alejandro Magno conquistó Egipto, lo convirtió en parte de su imperio de diversidad étnica. Esto significó que Egipto se abrió a diferentes culturas, con muchas personas que se trasladaron a Egipto y trajeron sus culturas con ellos. Ciudades como Alejandría se convirtieron en crisoles cosmopolitas de culturas, religiones y teorías intelectuales. Aunque se permitió que la religión egipcia continuara, los griegos trajeron nuevas prácticas de culto y pronto se mezclaron las religiones egipcia y griega.

Los ptolomeos poseían la mayor parte de las tierras de Egipto, y los agricultores estaban sometidos al control del gobierno, lo que permitió a los ptolomeos enriquecerse. Aunque los impuestos aumentaron y la vigilancia se incrementó, el gobierno patrocinó proyectos de riego que ayudaron a impulsar la economía. Egipto participó en el comercio con muchos países extranjeros, y las ciudades portuarias tuvieron acceso a exóticos productos de lujo. Dado que los griegos valoraban la educación, las mujeres ricas fueron educadas y se les permitió participar en ciertos ritos religiosos. Por desgracia, la fertilidad y la producción de grano de Egipto lo convirtieron en un premio irresistible para el Imperio romano, y pronto la sociedad egipcia volvió a cambiar.

Influencias romanas en la sociedad egipcia

Aunque los ptolomeos se mantuvieron al margen de los egipcios, estos permanecieron en Egipto durante su gobierno. Sin embargo, cuando Egipto se convirtió en un estado romano, el emperador romano se alió con los faraones, pero gobernó desde Roma. El primer emperador romano, Augusto, nombró a un gobernador que controlaba la región y rendía cuentas al emperador. Egipto se convirtió en el hogar de las legiones romanas hasta que Augusto estuvo seguro de que los egipcios no se rebelarían. Los romanos cambiaron las leyes en Egipto para que se ajustaran a las leyes romanas, y los negocios se llevaban a cabo según los procedimientos romanos. La administración local también cambió al sistema romano y dictó que los terratenientes eran responsables de llevar a cabo los servicios públicos y debían cuidar sus tierras.

Una vez más, se reservaron privilegios especiales para los ciudadanos griegos y romanos. Como granero de Roma, Egipto tenía que abastecerla de grano y sus recursos naturales se utilizaban para el bien del Imperio romano. Sin embargo, parece que los egipcios también influyeron en los romanos, ya que la arquitectura romana presentaba similitudes con los estilos egipcios. Los egipcios también estuvieron expuestos a nuevas ideas, ya que Alejandría atrajo a muchos eruditos notables. Mientras tanto, la vida cotidiana en las zonas rurales seguía siendo la misma, aunque se esperaba que los ricos contribuyeran a la sociedad, y todo el mundo se regía según las leyes romanas.

Estructura social bizantina

Cuando el Imperio romano se dividió en dos secciones distintas, Egipto cayó bajo el Imperio bizantino, que pronto desarrolló una identidad propia que lo distinguía del Imperio romano de Occidente. La sociedad bizantina estaba controlada por la familia real y la élite rica. Sin embargo, a diferencia del antiguo Egipto, la movilidad social era mucho más frecuente, ya que la gente podía ascender gracias a las guerras, el favor imperial, la propiedad de tierras o los matrimonios mixtos. La gente común probablemente adoptaba la profesión de sus padres, pero los individuos ambiciosos podían esperar de forma realista avanzar en su posición social.

El Imperio bizantino también era asombrosamente diverso, y sus ciudades se volvieron increíblemente cosmopolitas. Alejandría pudo volver a ganar influencia y fue la puerta de entrada de comerciantes, refugiados, mercenarios, peregrinos y viajeros. La sociedad bizantina seguía estando algo estratificada y constaba de dos clases principales: los privilegiados (*honestiores*) y los humildes (*humiliores*), que básicamente significaban los ricos y todos los demás. Los esclavos tenían su propia clase social, pero esta era inferior a todas las demás. Esta división social significaba que había una clara diferencia en el nivel de vida. Los ricos tenían más que suficiente para sobrevivir y seguir viviendo lujosamente, mientras que los pobres luchaban por ganarse la vida. Sin embargo, la clase acomodada ya no dependía de la sangre o la descendencia, ya que las dinastías cambiaban rápidamente. Una familia podía caer en desgracia con la misma rapidez con la que había ascendido.

La sociedad cristiana

Durante la época bizantina, el cristianismo fue ampliamente aceptado y la mayoría de la población se convirtió a él. El clero formaba su propia clase y desempeñaba un papel muy importante en la sociedad. La Iglesia de Oriente estaba dirigida por el patriarca de Constantinopla. Sin embargo, los emperadores bizantinos también tenían cierto control sobre la iglesia. El emperador podía nombrar o destituir a los patriarcas según su criterio. Por debajo del patriarca había obispos locales, que se encargaban de las regiones más pequeñas y rendían cuentas a Constantinopla.

Vitral en una iglesia copta de Egipto

someone10x, CC BY 2.0 https://creativecommons.org/licenses/by/2.0 vía Wikimedia Commons; https://commons.wikimedia.org/wiki/File:Coptic_church_in_Egypt_(9198216449).jpg

A los sacerdotes se les permitía casarse, pero una vez que se convertían en obispo, debían separarse de sus esposas para concentrarse en su nombramiento. La esposa debía entonces retirarse a un monasterio. A las mujeres se les permitía hacerse monjas y dedicar su vida a Cristo. Las monjas debían cuidar de los pobres y los enfermos. Los monasterios eran edificios comunales que solían atender las necesidades de la comunidad.

Sociedad islámica

A medida que Egipto se convertía en una sociedad cada vez más islámica, las normas y costumbres del país volvieron a cambiar. Durante los califatos árabes, las regiones debían rendir cuentas a la capital del imperio, y los árabes gozaban de una posición privilegiada en la jerarquía social. Sin embargo, con el tiempo, el poder de los califatos disminuyó y las regiones más pequeñas se separaron bajo califatos opuestos. En Egipto, el estatus de una persona dependía de su clase social, género, estatus legal, religión y etnia. Aunque se permitía la coexistencia de otras religiones entre los musulmanes, al menos en su mayor parte, el trato a los no musulmanes variaba enormemente. Los no musulmanes debían someterse a la ley islámica y pagar un impuesto especial llamado yizia, que les permitía formar parte de una clase protegida llamada dhimmi. Por desgracia, los dhimmi no gozaban de los mismos privilegios sociales y legales que los musulmanes.

Durante el califato omeya, los no árabes eran conocidos como mawali y no gozaban de los mismos privilegios que los árabes. Con el tiempo, los persas y otros no árabes se incorporaron al estado abasí, lo que permitió a los mawali avanzar socialmente. La sociedad islámica estaba dominada por las leyes y tradiciones islámicas, pero esto también dependía de si una persona formaba parte de la rama suní o chií del islam. Por lo general, se permitía a las mujeres participar en la agricultura y desarrollar habilidades artesanales, pero se las relegaba más a menudo a funciones relacionadas con las tareas domésticas, la preparación de alimentos, la partería y la medicina. Sin embargo, había diferentes reglas que las mujeres debían cumplir según su religión o su estatus socioeconómico. A las mujeres se les permitía conservar la independencia financiera y legal, algo inusual en otras sociedades medievales. También se permitía a las mujeres invertir dinero, administrar su patrimonio, comerciar, divorciarse o ser incluidas en la herencia (aunque a menudo heredaban menos que sus parientes masculinos).

La mayoría de las culturas dictaban que la familia estaba dirigida por un patriarca. Sin embargo, algunas sociedades, como la mameluca, permitían más libertad a la gente y las mujeres tenían más independencia. Durante esta época, la sociedad egipcia se dividía en la élite urbana, los comerciantes, los terratenientes, el pueblo llano (incluidos agricultores y artesanos) y los esclavos. Cuando los mamelucos tomaron el poder, se convirtieron en la clase social dominante.

Estructura social otomana

El Imperio otomano era increíblemente grande y estaba compuesto por diferentes culturas, lo que significa que su estructura social tenía que ser compleja para dar cabida a la diversidad. Los otomanos musulmanes tenían generalmente más influencia que los cristianos y los judíos. Los otomanos también utilizaban el sistema de millet, que significaba que las personas de cada fe eran juzgadas según sus leyes. Esto significaba que había leyes diferentes para judíos, cristianos y musulmanes. Los no musulmanes estaban obligados a pagar impuestos más altos, y los cristianos pagaban un impuesto de sangre (se les quitaba a sus hijos primogénitos, que se convertían al islam, y se los obligaba a servir en el ejército otomano).

Los puestos sociales más altos los ocupaban personas del gobierno del sultán, que incluían la casa del sultán, el ejército, los burócratas, los escribas, los jueces, los abogados y los maestros. Los turcos constituían la mayor parte de esta clase y podían ascender dentro del gobierno con más facilidad que otros. Mientras tanto, la gran mayoría de la población eran trabajadores, entre los que se encontraban agricultores y artesanos. La conversión no se promovió de forma generalizada; los musulmanes pagaban menos impuestos, y esto habría provocado un desastre para el Imperio otomano si todo el mundo se hubiera hecho musulmán.

En Egipto, El Cairo se convirtió en una ciudad provincial más, lo que le quitó la influencia que los mamelucos le habían prodigado durante su reinado. Sin embargo, los mamelucos siguieron siendo una clase social poderosa. Por desgracia para Egipto, los otomanos obligaron a los europeos a cambiar sus rutas comerciales, lo que supuso que Egipto quedara aislado del resto del mundo. Su cultura y sociedad permanecieron prácticamente inalteradas durante décadas.

La vida durante la ocupación británica

Cuando los franceses invadieron Egipto, interrumpieron un periodo de prolongado estancamiento de la cultura egipcia. Volvieron a abrir

Egipto al resto del mundo, pero eso no siempre ayudó a los egipcios. Se vieron obligados a vivir varias guerras violentas, así como la injerencia británica en su política. Los soldados británicos y franceses fueron destinados a Egipto, mientras que los diplomáticos y funcionarios europeos se trasladaron a Egipto, donde recibieron un trato especial.

Como resultado de la injerencia europea, el gobierno y la economía egipcios se desestabilizaron, lo que tuvo consecuencias desastrosas para los egipcios de a pie. Mientras los extranjeros gozaban de privilegios especiales, los egipcios recibían ayuda y apoyo de los países europeos, como Gran Bretaña y Francia, lo que permitía a los europeos inmiscuirse en los asuntos egipcios con el pretexto de proteger sus intereses financieros. Durante el siglo XX, Egipto se cansó de la injerencia europea y un feroz nacionalismo invadió la nación. Esto condujo a disturbios, levantamientos y revoluciones, que desestabilizaron aún más el país y la sociedad. Durante la ocupación británica, los egipcios tuvieron que enfrentarse a la ley marcial, al aumento de los impuestos, a la inflación y al reclutamiento militar forzoso. Con el tiempo, Egipto consiguió su independencia y la sociedad egipcia pudo desarrollarse de forma natural.

Capítulo 10: El Nilo y su papel clave

El Nilo es el río más largo de África y fluye a través de varios países directamente hacia el mar Mediterráneo. Es la principal fuente de agua para Egipto, Sudán y Sudán del Sur, lo que lo convierte en un río de vital importancia que también sostiene las economías de esos países.

 Históricamente, se creía que el río Nilo era el más largo del mundo, pero los investigadores descubrieron que el río Amazonas es ligeramente más largo. El Nilo se compone de dos grandes afluentes: el Nilo Blanco y el Nilo Azul. El Nilo Blanco fluye desde el lago Victoria en Uganda, mientras que el Nilo Azul nace en Etiopía. La parte norte del río fluye a través del río Sudán directamente hacia Egipto, donde forma un gran delta, donde se construyó El Cairo. Desde allí, desemboca en el mar Mediterráneo, donde se construyó Alejandría.

 Gracias a sus inundaciones anuales, las llanuras que rodean al Nilo son increíblemente fértiles, lo que permitió a varias civilizaciones establecer sus hogares en sus orillas. El río era de vital importancia para los antiguos egipcios, y esa importancia se refleja en su religión. Durante miles de años, el Nilo desempeñó un papel fundamental en la economía y la vida cotidiana de Egipto. Más tarde, la búsqueda de la fuente del Nilo sería un misterio perdurable que atormentó a científicos y exploradores. Debido a su impacto en su entorno, el Nilo tiene una historia fascinante que contar.

Fundación de la civilización egipcia

Hace miles de años, el norte de África tenía un clima muy diferente. La región solía experimentar muchas más precipitaciones. Sin embargo, con el tiempo, los exuberantes humedales se secaron y se convirtieron en desiertos, lo que obligó a las antiguas civilizaciones a trasladarse a zonas más húmedas. Por suerte, muchas de ellas no tuvieron que desplazarse demasiado, ya que el Nilo fluía directamente a través del desierto y creaba fértiles llanuras perfectas para la agricultura. Cuando los primeros habitantes llegaron a las orillas del Nilo, descubrieron que había mucha comida. También se dieron cuenta de que había un periodo de seis meses en el que el río subía y luego retrocedía, dejando una capa de limo. Este limo era perfecto para la agricultura, y pronto, varias culturas vivieron en las orillas del Nilo y cultivaron.

Una vez que esas primeras culturas descubrieron el riego, la agricultura se convirtió en una práctica habitual y en la base de muchas culturas. El Nilo proporcionaba una fuente regular de alimentos, y la gente cultivaba cosechas como el trigo, el algodón y las judías. Como la gente ya no tenía que desplazarse para encontrar comida, pudo establecer asentamientos permanentes que acabaron convirtiéndose en ciudades, lo que dio lugar a los reinos egipcios. Sin embargo, el Nilo no siempre fue regular, lo que llevó a la gente a creer que los dioses tenían algo que ver con las inundaciones anuales. Los antiguos egipcios creían que el Nilo era un regalo de los dioses, y gran parte de su cultura estaba estructurada en torno al Nilo. Por ejemplo, su calendario se centraba en el Nilo, ya que su año comenzaba con el primer mes de inundación. Para complacer a los dioses y garantizar la regularidad de las inundaciones, los egipcios desarrollaron una intrincada estructura religiosa que incluía ofrendas y festivales.

Además de la agricultura, el Nilo también permitió a los egipcios desarrollar habilidades como la fabricación de barcos, lo que posteriormente los llevó a utilizar el Nilo como fuente de transporte y comercio.

Geografía

El Nilo tiene una longitud de unos 6.700 kilómetros y fluye hacia el norte desde el centro-este de África hasta el Mediterráneo. Está compuesto por afluentes que se alimentan de ríos más pequeños, y su caudal depende de la llegada de la estación de las lluvias. El Nilo Azul, uno de los afluentes más importantes, nace en el lago Tana, en Etiopía, donde recorre unas 870 millas (unos 1.400 kilómetros) hasta confluir con el Nilo Blanco en Jartum (Sudán). La temporada de lluvias en Etiopía suele tener lugar en verano, lo que hace que las aguas fluyan con fuerza y provoquen la erosión y arrastren limos muy fértiles. Sin embargo, durante la estación seca, el caudal es extremadamente lento y, en algunos lugares, el río se seca por completo.

Hay partes de la cuenca del Nilo en varios países africanos, como Tanzania, Ruanda, Burundi, la República Democrática del Congo, Uganda, Kenia, Sudán del Sur, Etiopía, Sudán y Egipto. Los antiguos egipcios utilizaron el Nilo para dar sentido al mundo que los rodeaba y dividieron su región en dos zonas importantes. La primera era Kemet, la tierra fértil del valle del Nilo y los oasis circundantes. La segunda parte era el Deshret, que eran tierras desérticas que no contaban con suficientes recursos para mantener a la gente y, por lo tanto, se relacionaba con la muerte y el desorden.

Flora y fauna

Dado que el Nilo atraviesa una extensión de tierra tan larga, hay diferentes regiones, y cada una tiene un entorno único. Las tierras que rodean el Nilo en Egipto fueron cuidadosamente cultivadas durante miles de años y proporcionaron cosechas regulares de trigo, lino, algodón, papiro y cebada. Estos cultivos básicos proporcionaban suficiente grano para alimentar a los egipcios y permitirles comerciar con otros países. Los egipcios también podían cultivar lentejas, guisantes, sandías, puerros y especias, como el comino y el cilantro.

El Nilo albergaba muchas especies diferentes de animales. Si los egipcios no querían ser agricultores, podían confiar en que el Nilo les proporcionara suficiente pescado para ganarse la vida. Los pescadores podían capturar la perca del Nilo, el bolti, el siluro, el pez tigre o el pez hocico de elefante. El cocodrilo del Nilo, la tortuga de caparazón blando y el hipopótamo también eran avistamientos habituales para los antiguos egipcios. El Nilo alberga lagartos monitores y una treintena de especies de serpientes, entre ellas el infame áspid que puede haber participado en el suicidio de Cleopatra. En las zonas menos regadas, la flora y la fauna son más escasas, y las zonas desérticas alrededor del Nilo tienen menos formas de vida. En algunas zonas hay árboles de escaso follaje, con algo de hierba y pasto.

Riego y agricultura

Todos los años, las lluvias permitían que el agua del Nilo surgiera hacia Egipto. Al fluir, transportaba tierra rica y nutritiva desde el Cuerno de África, que era tan oscura que a menudo parecía negra. Una vez que el agua llegaba, los agricultores egipcios podían comenzar su temporada de cultivo. Los historiadores creen que los egipcios fueron de los primeros agricultores que aprendieron a regar sus tierras, aunque lo hicieron mediante un proceso de ensayo y error. Cuando el Nilo se desbordaba, cubría la tierra con agua, lo que destruía las casas y los campos. Aunque la crecida aportaba nutrientes que daban vida, los egipcios pronto se dieron cuenta de que debían encontrar una forma de controlarla. Esto llevó a los antiguos egipcios a cavar canales y cuencas, lo que habría sido un proceso largo.

Cuando los antiguos egipcios desarrollaron el riego, formaron un sistema llamado riego por cuencas. Los agricultores cavaban redes de tierra para crear cuencas. A partir de ahí, construían canales que canalizaban las aguas del Nilo hacia las cuencas, donde el agua se alojaba y se filtraba en el suelo. Una vez que el agua se evaporaba, la tierra estaba lista para ser plantada.

Para controlar el nivel del agua del Nilo, los antiguos egipcios utilizaban nilómetros, que eran columnas básicas con marcas. Los nilómetros podían ayudar a los egipcios a determinar si se enfrentaban a una inundación inusual. Tanto el exceso como la falta de agua serían desastrosos. En la década de 1950, Gamal Abdel Nasser inició el proyecto de construcción de la gran Presa de Asuán, que se completó en la década de 1970. La presa de Asuán aumentó la cantidad de energía hidroeléctrica que se podía generar a partir del Nilo y reguló las crecidas del mismo. Esto permitió mejorar las prácticas agrícolas que beneficiaron a los agricultores y a la economía de Egipto.

Transporte y comercio

Además de desarrollar la agricultura y el riego, los antiguos egipcios también descubrieron que podían utilizar el Nilo para el transporte. Con el tiempo, los egipcios fueron capaces de crear barcos de madera con velas y remos que podían recorrer grandes distancias. Las embarcaciones más pequeñas estaban hechas de cañas de papiro con armazón de madera. Estas embarcaciones más pequeñas servían para viajar o pescar a pequeña escala. Ya en el Reino Antiguo, los egipcios transportaban ganado, pescado, pan, madera y verduras, que llevaban a diferentes partes del reino o a otros reinos para comerciar. Los barcos se convirtieron rápidamente en una parte integral de la cultura egipcia. Los reyes y los funcionarios importantes solían ser enterrados con sus embarcaciones, que estaban perfectamente construidas y podían ser utilizadas en el Nilo.

Antiguo mosaico del Nilo

Ad Meskens, CC BY-SA 3.0 https://creativecommons.org/licenses/by-sa/3.0 vía Wikimedia Commons; https://commons.wikimedia.org/wiki/File:Sousse_mosaic_Nile_landscape.JPG

Como Egipto tenía acceso a ricos recursos agrícolas, los egipcios podían comerciar con sus productos con otros países. Esto no solo hizo que el reino se enriqueciera, sino que también permitió establecer relaciones diplomáticas pacíficas con sus vecinos. Gracias al Nilo, las mercancías podían transportarse rápidamente a través de Egipto. Este también ocupaba una posición geográfica ventajosa que lo conectaba con las rutas comerciales internacionales. El imperio estaba conectado a las rutas comerciales del Mediterráneo gracias a Alejandría, así como a las rutas comerciales con Oriente debido a su posición en el mar Rojo. El comercio era una parte inestimable de la economía egipcia, y las rutas comerciales de Egipto se desarrollaron rápidamente gracias a las extensas aguas del Nilo.

Economía

La agricultura era una parte importante de la economía egipcia. Debido al clima cálido de Egipto durante todo el año y a las inundaciones regulares del Nilo, los egipcios podían producir a veces hasta tres cosechas en un año. Producían muchos más alimentos de los que necesitaban, mientras que los países vecinos de Oriente Medio se enfrentaban a menudo a sequías y hambrunas, lo que significaba que necesitaban urgentemente el grano y los cultivos que Egipto podía proporcionar. Los antiguos egipcios tenían acceso al lino, el papiro, la piedra y el oro, que podían utilizar para fabricar telas, edificios, joyas y papel. A medida que los artesanos desarrollaban sus oficios, podían crear hermosas obras de arte, como iconos y tallas, que también podían comercializarse por considerables cantidades de dinero. Además de los cultivos, el Nilo proporcionaba suficiente agua y tierras de pastoreo para animales como el ganado vacuno y las ovejas. Los bueyes se utilizaban para arar los campos y permitían a los agricultores obtener rendimientos aún más rápidos. Además del trabajo, los animales también producían carne y leche.

El papiro era otra parte crucial de la economía egipcia. La planta crecía abundantemente en las orillas del Nilo y podía utilizarse para fabricar barcos, cestas y papel. Los egipcios fueron la primera cultura en descubrir cómo fabricar papel, y este se convirtió rápidamente en el principal producto de exportación de Egipto, lo que hizo que los egipcios ocultaran el proceso de fabricación de papel para poder controlar el comercio del mismo. Egipto también producía grandes cantidades de oro, madera, hierro, plata y especias. Esto condujo al desarrollo de armas y trabajos de metal de calidad superior. La realeza egipcia se aseguró de beneficiarse de los impuestos sobre las cosechas y las propiedades. Los impuestos podían pagarse con grano, animales o mano de obra, mientras que los comerciantes debían pagar impuestos adicionales. Esto enriquecía al faraón y al gobierno, permitiéndoles construir edificios públicos y apoyar al país en tiempos de crisis. Los faraones también eran responsables de abrir nuevas vías de comercio, lo que habría impulsado aún más la economía.

Nilus

Los griegos estaban fascinados por Egipto y pensaban que era una tierra misteriosa llena de sabiduría. Con el tiempo, las dos culturas se fusionaron y recibieron una gran influencia mutua cuando Alejandro Magno conquistó Egipto. Los griegos sabían que el Nilo era la fuente de la vida en Egipto y, al igual que los egipcios, atribuían su abundancia a los dioses. Sin embargo, los griegos no compartían las mismas creencias que los egipcios y desarrollaron su propio dios del Nilo, llamado Nilus. De hecho, la palabra moderna «Nilo» procede del griego «Nelios» (otra forma de escribir Nilus), que significa río. Los antiguos egipcios llamaban al Nilo «Ar», que significa negro. Es como si los egipcios dieran al río el nombre de la arena oscura que era responsable de sus nutritivos cultivos.

Nilus era un dios griego menor que no tuvo mucho impacto en la mitología griega. Según los griegos, Nilo era hijo de los titanes Océano y Tetis. Océano era hijo de Gea y Caos, y se casó con su hermana. Juntos, los titanes tuvieron muchos hijos llamados Oceánidos y Potamoi, que eran los dioses y diosas de los mares, ríos y manantiales. Según la mitología griega, los titanes tuvieron tantos hijos que produjeron en exceso y provocaron inundaciones. En respuesta, los titanes se divorciaron para evitar que se inundara toda la Tierra con agua. Nilus tuvo varios hijos propios, como Menfis, Europa y Tebe, entre otros.

Hapi y Jnum

El Nilo estaba estrechamente asociado a la antigua religión egipcia, y la mayoría de los dioses y diosas estaban relacionados con el Nilo de una forma u otra. Sin embargo, según los antiguos egipcios, había dos dioses principales que eran responsables de los dones del Nilo: Hapi y Jnum. Jnum era el dios de la fertilidad, y normalmente estaba relacionado con la procreación y el agua. Se lo representaba como un hombre con cabeza de carnero y a menudo tenía cuernos largos y retorcidos. Los antiguos egipcios creían que Jnum creaba a los humanos a partir del barro. Esta creencia debía ser aceptada por los antiguos egipcios, ya que se podían encontrar grandes cantidades de arcilla a lo largo de las orillas del río. El dios tenía varios cultos, incluido uno en Heruer (el centro principal de su culto). Durante el Reino Nuevo, se lo asociaba con la isla de Elefantina y se lo consideraba el señor de la primera catarata del río Nilo. A menudo se lo asociaba con las diosas Satis y Anuket.

Se creía que Hapi era la personificación de la crecida anual del Nilo. También se lo asociaba con la fertilidad y ejercía una gran influencia en el antiguo Egipto. Hapi era una figura algo andrógina, con un cuerpo grande, un enorme vientre y pechos caídos, lo que representaba la increíble fertilidad del dios. También se representaba al dios con una barba postiza y un taparrabos, que eran las prendas que solían llevar los trabajadores. A veces se representaba a Hapi como un hipopótamo. Aunque Hapi estaba estrechamente asociado con el Nilo, no se lo consideraba el dios del Nilo, sino el dios de las inundaciones del Nilo. Se lo solía representar como un padre bondadoso, y sus sacerdotes llevaban a cabo rituales que debían asegurar el flujo constante del Nilo. Los sacerdotes de Hapi también se encargaban del nilómetro oficial, que controlaban cuidadosamente.

El Nilo y la religión egipcia

Además de Jnum y Hapi, la antigua religión egipcia estaba íntimamente relacionada con el Nilo. De hecho, el principio de ma'at, que regía la religión egipcia y la vida cotidiana, puede haber estado influenciado por el río. El Nilo subía constantemente a mediados de julio y luego bajaba en algún momento de septiembre, lo que puede haber transmitido a los egipcios la importancia de la armonía y el equilibrio. Si el Nilo no subía o bajaba a tiempo, tendría consecuencias desastrosas para los egipcios. Por ello, los egipcios eran muy conscientes de lo que podía ocurrir si las fuerzas del mundo se desequilibraban, y se preocupaban mucho de que el orden de las cosas se mantuviera en equilibrio.

Los egipcios creían que los dioses eran responsables de la subida y bajada del Nilo y que los dioses habían regalado el Nilo a su pueblo. La mayoría de los dioses de la mitología egipcia tenían algo que ver con el Nilo. A veces, los dioses estaban directamente implicados en los procesos del Nilo o eran influenciados por el Nilo de alguna manera. Por ejemplo, en el mito de Seth y Osiris, Seth se deshizo del cuerpo de su hermano arrojándolo al Nilo. En algunos mitos, Osiris o Isis fueron los responsables de ayudar a los egipcios a descubrir la agricultura y el riego. El Nilo era conocido como el «Padre de la Vida» y era una extensión de Hapi, que era el responsable de dar vida a la tierra. También se lo conocía como la «Madre de todos los hombres», ya que la diosa Ma'at (la manifestación divina de los conceptos de armonía y verdad) estaba estrechamente asociada al Nilo.

La búsqueda de la fuente del Nilo

Cuando los europeos empezaron a explorar África, descubrieron rápidamente la importancia y la magnitud del río Nilo. Esto les dejó con una pregunta candente: ¿cuál era la fuente del Nilo? En 1856, la Royal Geographical Society organizó una expedición. John Hanning Speke y el capitán Richard Burton fueron dos consumados exploradores que se unieron a la búsqueda. En 1858, descubrieron el lago Tanganica, pero Burton se vio obligado a regresar por enfermedad. Speke siguió adelante y descubrió el lago Victoria, del que afirmó correctamente que era la fuente del Nilo. Burton no estaba de acuerdo y pensaba que la fuente del Nilo era el lago Tanganica. Los dos hombres seguirían discutiendo sobre el asunto hasta la muerte de Speke en 1864.

Aunque se considera que el lago Victoria es la fuente del Nilo, se descubrió que el lago se alimenta de varios afluentes, lo que dificultó la localización de la «verdadera» fuente del Nilo. En 2006, unos exploradores afirmaron haber encontrado la parte más remota del Nilo en la selva de Nyungwe, cerca del lago Kivu.

Heródoto, el antiguo historiador griego, escribió una vez que Egipto era el regalo del Nilo. Está claro que si no fuera por el Nilo, los antiguos egipcios no habrían establecido su hogar permanente en el valle del Nilo. La cara de la historia habría sido muy diferente. A medida que los investigadores profundizan en el impacto del río Nilo en la historia de Egipto, queda claro que si no existiera el Nilo, no habría existido Egipto, o al menos no el Egipto que hemos llegado a conocer.

Capítulo 11: El desarrollo de la religión

La religión siempre ha desempeñado un papel importante en la cultura egipcia. Desde su historia más temprana, se desarrolló un intrincado sistema de culto en torno a un panteón de dioses que representaban todo, desde el equilibrio hasta el caos. Los antiguos egipcios utilizaban la religión para relacionarse con el mundo que les rodeaba y atribuían todo a los dioses, tanto lo bueno como lo malo. Creían que si se mantenían en la armonía natural respetando la estricta jerarquía social, contribuyendo a la sociedad y rindiendo un culto aceptable a los dioses, se podían evitar los desastres. Cuando se producía un desastre, los egipcios creían que era porque se había perdido el equilibrio natural.

Cuando Egipto pasó a estar bajo dominio extranjero, sus nuevos líderes trajeron consigo sus religiones. La mayoría de los imperios extranjeros permitieron a los egipcios seguir practicando su religión tradicional y tuvieron poco impacto en el sistema de creencias egipcio. Cuando los griegos se apoderaron de Egipto, trajeron consigo elementos de su propia religión, lo que llevó a la formación de nuevos cultos. Sin embargo, cuando el monoteísmo se extendió por la región, la antigua religión politeísta empezó a perder popularidad. El cristianismo se extendió por la región y los nuevos conversos rechazaron por completo la antigua religión. Durante años, la Iglesia ortodoxa gobernó Egipto, pero acabó cediendo a la expansión del islam, que sigue siendo la religión nacional de Egipto en la actualidad.

La religión del antiguo Egipto

Los antiguos egipcios creían que toda la vida era sagrada y que la naturaleza estaba controlada por las deidades. Su panteón incluía dioses mayores y menores, así como algunos humanos que habían sido deificados antes o después de su muerte. Para evitar el desastre, los egipcios creían que eran responsables de enfadar o apaciguar a los dioses, lo que significaba que la religión estaba implicada en todos los aspectos de la vida, especialmente en el gobierno. El faraón era el jefe de la religión y el puente entre los humanos y los dioses. Por ello, los antiguos egipcios gastaban enormes cantidades de dinero en rituales, templos y ofrendas. Mientras estaba vivo, el faraón era visto como el hijo de Ra, una representación del dios Horus. Una vez muerto, el faraón era deificado y se asociaba con Ra y Osiris.

Los antiguos egipcios también creían en la *heka* (magia), que podía influir en sus vidas o hacer que ocurrieran cosas. El ma'at también era una parte vital de la religión, y la gente creía que el ma'at podía renovarse. Se creía que la crecida anual del Nilo renovaba el ma'at en el universo, ya que se hacía eco de la creación del universo. Los rituales y las ceremonias sagradas eran una parte importante de la vida egipcia, e incluso había ceremonias relacionadas con los nombres y los nacimientos. Los dioses podían subir y bajar con el tiempo, ya que sus cultos podían ganar o perder popularidad. En algunos casos, los dioses más antiguos eran sustituidos por otros nuevos, que adquirían los poderes o el significado del antiguo dios al que habían reemplazado.

Panteón egipcio

La religión desempeñaba un papel tan importante en la antigua cultura egipcia que los egipcios adoraban a más de dos mil dioses y diosas. Sin embargo, solo unos pocos de esos dioses desempeñaban papeles importantes en la vida cotidiana y en la mitología egipcia. Algunos dioses llegaron a ser extremadamente importantes y se convirtieron en deidades estatales, mientras que otros se limitaban a representar ciertas regiones o a desempeñar un papel específico en la mitología. Por ejemplo, Seshat era la diosa de las medidas específicas y de las palabras escritas. Cada dios tenía su propio nombre y una personalidad específica. Eran muy individualistas y se representaban con diferentes ropas, objetos o animales. Algunos dioses cambiaron con el tiempo para adoptar nuevas personalidades o adoptaron un significado diferente. Por ejemplo, la diosa Neit era una diosa de la guerra que con el tiempo se convirtió en una diosa madre protectora que resolvía las disputas de los dioses.

Estatua de Horus, Isis y Osiris
Museo Metropolitano de Arte, CC0, vía Wikimedia Commons;
https://commons.wikimedia.org/wiki/File:Isis,_Osiris_and_Horus_triad_MET_23.6.11_001.jpg

Algunos de los dioses más importantes eran Isis, Osiris, Horus, Amón, Ra, Hathor, Neit, Sejmet, Bastet, Thot, Anubis, Seth y Ptah. Isis, Osiris y Horus eran representados con frecuencia en tallas, y su mito dictaba la base de la autoridad faraónica y de la vida posterior egipcia. Hathor era una diosa fuertemente asociada al entretenimiento; era la diosa de la danza, la embriaguez y la música. También era el reflejo del río Nilo y originalmente era conocida como Sejmet, una diosa destructiva que también estaba asociada a Bastet.

Amón o Amón-Ra era otro fascinante dios egipcio. Al principio era un dios menor, pero en el Reino Nuevo era adorado casi exclusivamente en todo Egipto y llegó a ser conocido como el más poderoso de los dioses. Su sacerdocio era extremadamente influyente. Algunas mujeres de la realeza eran designadas como «Esposa del dios Amón», lo cual era una posición tan poderosa que la hacía casi tan poderosa como el faraón. A veces, los egipcios adoptaban otros dioses, como Anat, la diosa de la fertilidad, la sexualidad y la guerra. Anat fue adorada originalmente en Siria y Canaán, pero finalmente fue adorada en Egipto y se convirtió en la consorte de Seth.

La vida después de la muerte

La muerte era una parte importante de la vida egipcia, ya que los egipcios creían que sus almas vivían después de la muerte. Esta creencia hacía que los egipcios construyeran elaboradas tumbas, elaboraran objetos funerarios (que se llevaban con el difunto a la otra vida) y ofrecieran ofrendas a los muertos. Según la mitología egipcia, todos los seres humanos poseían ka, o esencia vital, que abandonaba el cuerpo tras la muerte. Para sobrevivir en la otra vida, el ka tenía que consumir la esencia vital de las ofrendas de comida que dejaban los familiares. Los ritos funerarios se llevaban a cabo para liberar la personalidad de una persona y que esta pudiera reunirse con su ka. La momificación era también una parte importante de la religión, ya que se creía que el cuerpo de una persona debía mantenerse intacto para poder ser transportado al más allá.

Juicio de los muertos ante Osiris
https://commons.wikimedia.org/wiki/File:The_judgement_of_the_dead_in_the_presence_of_Osiris.jpg

Una vez que el corazón de una persona era pesado en la balanza frente a Osiris, se le permitía pasar a la otra vida o ser devorado por el devorador de almas, Ammit. Si una persona pasaba a la otra vida, era recibida por un barquero divino que la llevaba a través del «lago de los Lirios» al «campo de Juncos». El campo de Juncos era el paraíso egipcio, donde todo era como en la Tierra, excepto la enfermedad, la muerte y la decepción. Sin embargo, una persona tenía que pasar el juicio de Osiris viviendo una buena vida para poder entrar en el campo de Juncos. Una diosa menor conocida como Amentit recibía a las almas muertas cuando llegaban al más allá y les proporcionaba comida y bebida. Hathor también desempeñaba un papel en el más allá, ya que guiaba a los muertos al paraíso.

Los cultos de Alejandro y Serapis

Cuando Ptolomeo I comenzó a gobernar Egipto, se dio cuenta de que una forma de unir a griegos y egipcios era a través de la religión. Como resultado, creó los cultos de Alejandro y Serapis. El culto a Alejandro rendía culto al recientemente fallecido Alejandro Magno, al que se consideraba un poderoso conquistador y héroe. Los egipcios sentían un inmenso cariño por Alejandro, lo que facilitó que su culto ganara popularidad. Ptolomeo I construyó una magnífica tumba para Alejandro Magno y nombró a un sacerdote para que realizara los ritos religiosos en la tumba. Este sacerdote se convirtió en el más importante de Egipto, y la tumba de Alejandro se convirtió en un influyente lugar de peregrinación. Con el tiempo, los ptolomeos se asociaron al culto, y los ptolomeos fallecidos se convirtieron también en dioses. Esto aumentó su prestigio y estableció firmemente su posición sobre los egipcios.

Por su parte, Serapis era una mezcla de dioses egipcios y griegos, concretamente Osiris, Apis y Zeus. Esta selección pretendía representar a la diversa población de Egipto. Serapis tenía poderes similares a los de Osiris y Apis, lo que le otorgaba ciertas habilidades de transformación, y tenía la misma autoridad que Zeus, que era visto como el rey de los dioses griegos. El culto a Serapis no era muy popular en Egipto, pero pronto se extendió a Roma y Grecia.

El judaísmo en Egipto

Algunos de los primeros indicios del judaísmo en Egipto se remontan al año 650 a. C. Alrededor del año 597 a. C., un gran número de judíos se refugió en Egipto cuando su gobernador fue asesinado. Durante la época ptolemaica, un gran número de judíos emigró a Egipto y se estableció en Alejandría. En el siglo III, los judíos vivían en varias ciudades y aldeas egipcias, permitiéndoles existir pacíficamente en Egipto mientras abrían negocios y participaban en el comercio. Los ptolomeos asignaron a los judíos una sección de la ciudad, ya que acabaron constituyendo un gran número de la población de Alejandría. Esto permitió a los judíos mantener sus prácticas religiosas libres de influencias paganas. En Alejandría, los judíos gozaban de libertad política y convivían con otros grupos religiosos.

En la Alejandría helenística, la comunidad judía pudo traducir el Antiguo Testamento al griego, lo que llegó a conocerse como la Septuaginta. Sin embargo, cuando el cristianismo ganó popularidad en Alejandría durante la época bizantina, los judíos fueron expulsados de la ciudad hacia el año 415 de la era cristiana por San Cirilo. Según los historiadores contemporáneos, los judíos se vieron obligados a abandonar la ciudad tras una serie de controversias y una supuesta masacre dirigida por judíos. Durante la época medieval, los judíos podían convivir con los cristianos y los musulmanes, aunque hubo varios periodos de persecución.

La difusión del cristianismo

El cristianismo comenzó a extenderse en Egipto en el siglo I de nuestra era y se convirtió rápidamente en una religión popular, ya que atraía a personas de todas las clases sociales. Provocó el rápido declive de la religión pagana tradicional, que había existido durante unos tres mil años. En el siglo IV, el cristianismo era la religión más importante de Egipto y, en el siglo V, se había establecido la Iglesia copta. Tradicionalmente, la difusión del cristianismo en Egipto se atribuye a San Marcos, pero es posible que le ayudara el misionero Apolos. La Iglesia copta tuvo un impacto definitivo en la cultura y el arte egipcios. Aunque Egipto había sido conquistado por otras potencias extranjeras, esos imperios no tuvieron mucho impacto en la cultura egipcia, pero el cristianismo fue abrazado por los egipcios, cambiando muchos aspectos de la vida egipcia.

Egipto también desempeñó un papel importante en la difusión mundial del cristianismo. Egipto tenía una población diversa y recibía visitantes de todo el mundo gracias a su comunidad intelectual. Los obispos de Egipto desempeñaron un papel destacado en el desarrollo de la doctrina cristiana, y pronto, la religión se vio influenciada por las creencias y prácticas egipcias. Los monasterios sustituyeron a los templos y a los sacerdotes como punto central de la vida cotidiana egipcia. Sin embargo, los cristianos no siempre fueron dejados en paz. Los romanos permitían que las tierras conquistadas mantuvieran sus religiones siempre y cuando reconocieran al emperador romano como uno de sus dioses, cosa que los cristianos se negaban a hacer. Esto a menudo los ponía en conflicto con el Imperio romano, ya que su negativa a adorar al emperador romano era vista como un acto de desafío. Durante los primeros años del cristianismo, la mayor parte del mundo conocido estaba más familiarizado con el politeísmo, lo que dificultaba la comprensión del concepto de devoción exclusiva a un gobernante supremo.

La persecución de los cristianos por parte de Diocleciano

Diocleciano fue el emperador romano que gobernó del 286 al 305 de la era cristiana. Esperaba llegar a un acuerdo con los cristianos y declaró que era hijo de Júpiter (el rey de los dioses romanos) y que era el apóstol de Júpiter en la Tierra. Esta historia fue probablemente inventada en un esfuerzo por alinearse con las creencias cristianas, especialmente con respecto a la importancia del hijo de Dios, Jesucristo. Sin embargo, los cristianos se negaron a aceptar el nuevo estatus de Diocleciano y rechazaron su compromiso. Aunque Diocleciano era un gobernante hábil, era egoísta y se tomó esta negativa como un insulto. Como resultado, Diocleciano comenzó a perseguir a los cristianos en todo el Imperio romano.

La Iglesia egipcia llamó a esta época de persecución la Era de los Mártires debido al número de cristianos que fueron brutalmente martirizados y asesinados. Miles fueron torturados por las legiones romanas antes de ser asesinados, y las iglesias fueron destruidas, saqueadas y quemadas hasta los cimientos. Diocleciano esperaba que estos nuevos actos forzaran la extinción del cristianismo. En cambio, la persecución no hizo más que reforzar el celo de los cristianos, y un mayor número de ellos comenzó a convertirse a la religión. Los primeros cristianos fueron obligados a entrar en los templos romanos, donde debían adorar las estatuas de los dioses romanos.

A pesar de la amenaza de graves castigos, los cristianos se aferraron a sus creencias. Al principio, esto sorprendió a Diocleciano, pero finalmente, su desafío lo enfureció, lo que llevó a más atrocidades. Fue una época sangrienta y violenta para los romanos, pero finalmente, el apoyo a la persecución disminuyó. Cuando Diocleciano se retiró en el 305 d. C., su persecución también terminó. A los cristianos se les permitió adorar en paz, ya que Diocleciano fue el último emperador romano que persiguió severamente a los cristianos. En el año 306, Constantino se convirtió en emperador del Imperio bizantino y se convirtió al cristianismo. Con el tiempo, el cristianismo se convirtió en la religión nacional bizantina.

La propagación del islam

Tras la muerte del profeta Mahoma, se crearon los califatos. Rápidamente empezaron a conquistar territorios y llevaron el mensaje de su religión con ellos, lo que hizo que el islam se extendiera a los territorios recién adquiridos. Tan pronto como las zonas se convertían, al ejército se unían nuevos reclutas que apoyaban con celo la causa. El islam pudo extenderse rápidamente porque su ejército no dejaba de crecer y, finalmente, el imperio islámico llegó a tener una cantidad significativa de territorio. La época de mayor expansión tuvo lugar durante el califato Rashidun, alrededor del año 632 de la era cristiana. Durante el califato Rashidun, Egipto fue conquistado y puesto bajo la autoridad del califato, que gobernó sobre Egipto durante cientos de años.

El califato Rashidun basó su gobierno en los principios islámicos y trajo consigo la economía y el comercio musulmán. Fueron los responsables de iniciar la Edad de Oro islámica y de introducir una nueva era de guerra con pólvora. En el siglo VII, muchos egipcios se habían convertido al islam, sustituyendo al cristianismo como religión estatal. El mundo islámico era diverso y dio lugar a la creación de centros de cultura y ciencia. El comercio también se disparó, ya que el mundo musulmán comerciaba con recursos y desarrollaba relaciones diplomáticas basadas en su religión. Varias dinastías se alzaron con el dominio, pero el enorme califato gobernante pronto fue sustituido por califatos regionales más pequeños, como el califato fatimí de Egipto. Este cambio tuvo enormes consecuencias para Egipto, ya que los antiguos califas gobernantes pertenecían a la rama suní del islam, mientras que los fatimíes pertenecían a la rama chií del islam.

El islam durante el califato fatimí

Las ramas chií y suní del islam comparten muchas similitudes; por ejemplo, todas aceptan la importancia del Corán, ambas se basan en los hadices y aceptan los cinco pilares del islam. Sin embargo, sus principales diferencias se centran en la cuestión de la autoridad religiosa, y su división se produjo poco después de la muerte del profeta Mahoma. Cuando el profeta murió, hubo serias dudas sobre quién sería su sucesor. Algunos preferían a su primo, Alí, y posteriormente formaron la rama chií del islam. Mientras tanto, los suníes siguieron al amigo más cercano del profeta, Abu Bakr. Los suníes basan su culto en el ejemplo del profeta Mahoma, mientras que los chiíes se centran en los sucesores de Mahoma en forma de imanes (instructores religiosos), que se consideran designados por la divinidad.

Los fatimíes eran firmemente musulmanes chiíes y estaban decididos a acabar con el califato abasí, ya que esperaban convertirse en los gobernantes del mundo musulmán. Esto les permitiría imponer su sistema de creencias a los demás musulmanes y resolver finalmente la cuestión de la sucesión del profeta Mahoma. A pesar de este objetivo, los fatimíes son conocidos por ser notablemente tolerantes con todas las religiones. Permitieron que los cristianos, los judíos y los musulmanes suníes avanzaran dentro del gobierno y valoraron ciertos derechos de las mujeres. Los fatimíes utilizaron Egipto como base y promovieron la erudición religiosa y la economía egipcia. Su gobierno fue una época de iluminación y progreso cultural en Egipto. Sin embargo, muchas de sus políticas fueron revertidas por Saladino cuando conquistó la región.

La religión egipcia moderna

La religión del estado egipcio sigue siendo el islam, y el país sigue firmemente arraigado en el mundo musulmán. La población está formada principalmente por musulmanes suníes que siguen la escuela de pensamiento malikí. Sin embargo, el Estado también cuenta con musulmanes chiíes, cristianos y judíos, que en conjunto representan alrededor del 10% de la población. Egipto sigue siendo un país diverso con una amplia gama de opiniones islámicas. Hay informes esporádicos de intolerancia religiosa, pero esto es así en la mayoría de los países.

Capítulo 12: Lengua, arte y arquitectura

En cuanto la civilización egipcia se desarrolló, su cultura creció junto con su población. Los habitantes encontraron formas de dar sentido al mundo que les rodeaba, lo que influyó en todo, desde sus creencias hasta su arquitectura. La cultura del antiguo Egipto era tan fuerte que todavía vemos ecos de ella miles de años después. Si observamos el fascinante arte, la arquitectura y la literatura que dejaron los antiguos egipcios, podemos obtener una perspectiva única de sus vidas. Miles de artefactos fueron dejados en tumbas selladas, lo que proporciona a los investigadores una amplia evidencia de cómo era la cultura egipcia antes de que fuera influenciada por los conquistadores extranjeros.

Cuando poderosos imperios invadieron y se apoderaron de Egipto, dejaron su huella en la cultura egipcia. Mientras que algunos gobernantes extranjeros permitieron que la cultura egipcia se estancase, otros se interesaron por la tierra de los faraones e hicieron valiosas contribuciones a la lengua y el arte de Egipto.

Jeroglíficos

Los primeros indicios de escritura jeroglífica se remontan al año 3100 a. C., justo cuando Egipto desarrolló su singular estructura social piramidal. Aunque la escritura utiliza imágenes, estas no siempre significan lo que representan. Los jeroglíficos representan ciertos sonidos de la antigua lengua egipcia, al igual que los caracteres de los alfabetos modernos. Los jeroglíficos se utilizaron por primera vez en las tumbas reales para dejar constancia de la vida y los actos del rey. Con el tiempo, otros egipcios empezaron a utilizarlos, pero los jeroglíficos siguieron siendo la escritura principal de las tumbas y monumentos reales. Aunque los jeroglíficos están íntimamente asociados a la cultura egipcia, la mayoría de los egipcios no los utilizaban ni entendían su significado. Como los jeroglíficos eran difíciles de crear, los egipcios desarrollaron la escritura hierática, que era un tipo de escritura cursiva. Más tarde, se desarrolló la escritura demótica para los documentos ordinarios.

Jeroglíficos egipcios
Hosni bin Park, CC BY-SA 4.0 https://creativecommons.org/licenses/by-sa/4.0 vía Wikimedia Commons; https://commons.wikimedia.org/wiki/File:Egyptian_hieroglyphics.jpg

En el antiguo Egipto, los jeroglíficos no eran comunes entre las clases bajas, por lo que solo los sacerdotes podían leerlos. En su lugar, se enseñaba a la gente común el demótico. Con el tiempo, los jeroglíficos desaparecieron cuando los faraones fueron sustituidos por gobernantes extranjeros. Los ptolomeos hicieron del griego la lengua oficial de la corte y, en el año 384 de la era cristiana, el emperador romano prohibió la religión pagana egipcia, lo que provocó la desaparición de los jeroglíficos. La piedra de Rosetta permitió a los historiadores descifrar los jeroglíficos, pero sigue siendo una tarea complicada. El sistema verbal egipcio nunca llegó a escribirse del todo y los jeroglíficos contienen muchas peculiaridades, lo que dificulta su traducción. La traducción de los jeroglíficos también puede ser subjetiva, lo que ha provocado mucha confusión en la comunidad académica.

Tumbas del antiguo Egipto

Los egipcios se preocupaban mucho por preservar sus cuerpos después de la muerte y por asegurarse de que tuvieran una buena transición del mundo de los vivos a la otra vida. Por ello, los primeros reyes de Egipto comenzaron a construir elaboradas tumbas, que estaban llenas de todo lo que consideraban necesario en la otra vida. Las primeras tumbas se llamaban mastabas. Estas tumbas solían tener inscripciones con el nombre del rey. Las mastabas estaban excavadas en afloramientos rocosos y contaban con ladrillos cocidos al sol y tablas de madera. Es posible que cuando un rey moría, se sacrificara a un gran número de sirvientes para que pudieran servir al rey en su vida posterior. Esta práctica queda demostrada por el gran número de tumbas con mujeres y enanos que se han encontrado alrededor de las mastabas. Las tumbas reales también estaban llenas de cerámica, muebles y diversas ofrendas que se enterraban con el rey para que pudiera mantener su lujoso estilo de vida en la otra vida.

Con el tiempo, las tumbas y los monumentos reales se volvieron más elaborados, lo que llevó a la construcción de grandes pirámides. Sin embargo, el saqueo de tumbas se hizo frecuente, lo que suponía una grave preocupación para la familia real. Si sus tumbas eran saqueadas, se quedarían en el más allá sin todas sus riquezas. Por ello, los miembros de la realeza del Reino Nuevo eligieron un nuevo y remoto emplazamiento para sus tumbas, que se conoció como el Valle de los Reyes.

Las pirámides de Guiza

Los gobernantes egipcios tenían buenas razones para preocuparse por su vida después de la muerte. Creían que serían dioses y gobernantes en la próxima vida, lo que significaba que debían preparar sus tumbas con todo lo que necesitarían para ser buenos líderes. Por ello, la construcción de las tumbas reales era un asunto de importancia nacional. El faraón Jufu fue el primer rey que construyó su pirámide en Guiza, iniciando el proyecto hacia el año 2550 a. C. La pirámide es un magnífico edificio formado por unos 2,3 millones de bloques de piedra y se eleva a unos 481 pies (147 metros). La pirámide de Jufu es también la más grande. Jefrén, el sucesor de Jufu, siguió el ejemplo de su padre y construyó también su pirámide en Guiza. Es posible que también fuera el responsable de la Esfinge, que vigila el gran complejo. Finalmente, la última pirámide de Guiza fue construida por Menkaura hacia el año 2490 a. C. Aunque la pirámide de Menkaura no es tan grande como las otras, tiene un intrincado complejo mortuorio.

Las pirámides de Guiza
Walkerssk, CC0, vía Wikimedia Commons;
https://commons.wikimedia.org/wiki/File:Pyramids_in_Giza_-_Egypt.jpg

Las pirámides estaban destinadas a ser algo más que tumbas y se construyeron sobre un enorme complejo que incluía templos y palacios. Como las pirámides eran un asunto de importancia nacional, los egipcios de a pie contribuyeron a los proyectos. Los historiadores han encontrado pruebas de una ciudad temporal que demuestra que los trabajadores de las pirámides estaban generalmente contentos y bien alimentados. También parece que los trabajadores cualificados se ofrecían para formar parte de los proyectos de los faraones.

El templo de Saqqara

El complejo de templos de Saqqara puede ser uno de los yacimientos arqueológicos más famosos e importantes de Egipto. Saqqara está al sur de El Cairo y está marcada por la Pirámide Escalonada, que fue construida por Zoser durante el Reino Antiguo. La Pirámide Escalonada es también el complejo de edificios de piedra más antiguo conocido de la historia. Hay otras pirámides y tumbas importantes en el lugar, que tiene unos ocho kilómetros de longitud. Los historiadores han encontrado miles de artefactos en el yacimiento, que les proporcionan una visión inestimable de la antigua vida egipcia. La necrópolis también ha revelado «mega tumbas», que contenían cientos de ataúdes, momias y gatos momificados. En Saqqara también se han descubierto objetos funerarios, como máscaras de retrato, gemas y obras de arte.

El yacimiento cuenta con un gran número de cavernas subterráneas, que se utilizaban para los enterramientos, pero que han sido saqueadas con el paso del tiempo. Saqqara atrajo por primera vez la atención de los investigadores hacia 1850, cuando fue descubierta por Auguste Mariette, un egiptólogo francés. Según su informe, el yacimiento había sido saqueado, ya que encontró envoltorios de momias tirados en la arena. Fue el primero en señalar la importancia de la calle bordeada de esfinges que conducía al Serapeum, un importante templo de Saqqara. El templo era también el lugar de enterramiento de los toros del culto de Apis, que representaban a los dioses Osiris y Ptah. Durante tres mil años, Saqqara sirvió como lugar de importantes entierros no reales y ceremonias religiosas. Se convirtió en Patrimonio de la Humanidad de la UNESCO en 1979.

La Gran Esfinge en Guiza

La Gran Esfinge es uno de los monumentos más famosos y reconocibles de Egipto. Las esfinges eran criaturas mitológicas con cuerpo de león y cabeza de humano. La Gran Esfinge fue tallada en piedra caliza y tiene una altura de unos 20 metros y una longitud de 73 metros. La cara de la Esfinge parece representar al faraón Jefrén, pero su nariz se rompió en algún momento entre los siglos III y X de nuestra era. A pesar del misterio de lo que ocurrió con su nariz, la Gran Esfinge es conocida como la escultura monumental más antigua de Egipto y es, sin duda, una pieza única de arquitectura que ha perdurado durante miles de años.

La Gran Esfinge

Hamerani, CC BY-SA 4.0 https://creativecommons.org/licenses/by-sa/4.0 vía Wikimedia Commons; https://commons.wikimedia.org/wiki/File:Great_Sphinx_of_Giza_(2).jpg

La construcción de la Gran Esfinge ha sido fuente de fascinación y misterio durante cientos de años. Parece ser que la Esfinge se hizo con las mismas piedras que se utilizaron para construir las pirámides y puede proceder de la misma cantera. Algunos historiadores han sugerido que la cabeza se talló primero en una gran roca que ya había sido moldeada por el viento. El cuerpo de la Esfinge se hizo con las mismas piedras que se utilizaron para construir el templo que se encuentra frente a ella. Extrañamente, el templo nunca se completó y no hay pruebas de que haya existido un culto a la esfinge en Egipto. Es posible que Jefrén construyera la Gran Esfinge para proteger el complejo de Saqqara, que era un lugar importante en el antiguo Egipto.

Fortalezas

Egipto era una región extremadamente fértil y rentable, por lo que atrajo la atención de los países vecinos que habrían visto el valor de invadir el país y añadir sus riquezas a su propia nación. Por ello, los faraones de Egipto tenían que estar constantemente en guardia. Para mantener su nación a salvo, los faraones construyeron fortalezas, puestos fronterizos y murallas para proteger las zonas vulnerables a los ataques. La mayoría de los faraones se concentraban en la defensa de los territorios que ya tenían, lo que significa que durante la mayor parte de la historia de Egipto, este no tuvo un ejército permanente. Los antiguos egipcios dedicaron mucho tiempo y esfuerzo a la construcción y el mantenimiento de fortalezas fronterizas que los mantuvieran a salvo de la amenaza de invasión.

Una de las fortalezas más importantes se construyó entre la Segunda y la Primera Catarata del Nilo y se llamaba Buhen. Sirvió como puesto de avanzada egipcio ya en torno al año 2770 a. C. y se convirtió en una importante fortaleza durante el Reino Nuevo. El complejo estaba formado por enormes murallas exteriores, templos interiores y bastiones, características habituales de las antiguas fortalezas egipcias. Buhen estaba hecha de rocas y ladrillos, y se construyó a lo largo del río y de una ladera rocosa. Para evitar que los invasores la escalaran, se talló en la roca un foso empinado. Hatshepsut construyó un templo en la parte sur de Buhen, y los faraones posteriores renovaron el lugar o añadieron sus propios santuarios.

Ramsés II, o Ramsés el Grande, también era conocido por construir extensamente, y construyó varias fortalezas a lo largo de la costa noroeste de Egipto.

Templos y tumbas del Reino Nuevo

El Reino Nuevo fue conocido como la edad de oro de Egipto. A medida que Egipto ganaba más influencia y riqueza gracias a sus conquistas extranjeras, los faraones pudieron construir a una escala mucho mayor y más grande que antes. Hatshepsut, en particular, era conocida por construir estructuras increíbles que no se parecían a nada que se hubiera construido antes en Egipto. El Templo de Hatshepsut era el templo mortuorio de la reina y presenta una impresionante estructura con columnas que es anterior al Partenón. Se construyó en la pared de un acantilado y alberga una serie de terrazas que en su día estuvieron llenas de jardines cultivados.

Ramsés II fue otro gran constructor. Construyó la tumba de Nefertari en el Valle de los Reyes, así como el Ramesseum. La tumba de Nefertari cuenta con impresionantes pinturas murales, y el Ramesseum presenta enormes tallas que representan lo más destacado del reinado del rey.

Templo de Lúxor
© Vyacheslav Argenberg http://www.vascoplanet.com , CC BY 4.0
https://creativecommons.org/licenses/by/4.0 vía Wikimedia Commons;
https://commons.wikimedia.org/wiki/File:Luxor_Temple,_Luxor,_Egypt.jpg

Entre los templos importantes del Nuevo Reino se encuentra el de Lúxor. Este complejo se construyó cerca de la antigua ciudad de Tebas y contaba con seis enormes templos. Los templos contienen muchos ejemplos de ilusionismo y simbolismo, que eran frecuentes en la arquitectura del antiguo Egipto. Por ejemplo, se construyeron dos obeliscos para enfatizar un camino y dar la ilusión de que son de la misma altura, aunque no lo sean. Los templos de Karnak son otro importante lugar de la antigüedad. En ellos se rendía culto al dios Amón, cuyo sacerdocio ejercía una increíble influencia en Egipto. El complejo es ahora el mayor emplazamiento religioso antiguo del mundo y un popular museo.

Coptos

Los coptos son la mayor comunidad cristiana autóctona de Egipto y han existido en el país desde la expansión original del cristianismo. La Iglesia ortodoxa copta sigue siendo la mayor iglesia cristiana de Egipto. Antes de la expansión del islam, los egipcios hablaban una forma de lengua llamada copto. Sin embargo, los egipcios musulmanes dejaron de utilizar el copto, que pasó a identificar a la minoría cristiana. La familia de dialectos coptos desciende de la antigua lengua egipcia y surgió alrededor del siglo III de nuestra era. Rápidamente se convirtió en la lengua más popular de Egipto, ya que se extendió por todo el país junto con el cristianismo. La lengua tenía muchas influencias griegas y se escribía con el alfabeto copto, que era una mezcla de las escrituras griega y demótica.

Algunas de las escrituras coptas más antiguas son anteriores a la era cristiana y están escritas en copto antiguo. Sin embargo, la mayor parte de la literatura copta presenta textos escritos por miembros de la Iglesia copta, que posteriormente se convirtieron en santos. Shenoute fue un santo conocido por popularizar y mejorar el copto a través de sus homilías, sermones y tratados, que constituyen una gran parte de la literatura copta primitiva. Durante varios siglos, el cristianismo fue la principal religión de Egipto, y ejerció una enorme influencia en el arte egipcio, lo que dio lugar a edificios y obras de arte distintos.

Arte y arquitectura coptos

Cuando el emperador romano Teodosio prohibió las religiones paganas, el cristianismo se convirtió en la religión nacional egipcia. Egipto cambió para siempre. Los cristianos coptos transformaron a menudo los antiguos templos, tumbas y santuarios existentes en monasterios, iglesias y santuarios de mártires. Los cristianos de todo el Imperio bizantino visitaban los lugares sagrados más importantes asociados a los santos, y la Biblia se tradujo al copto, lo que dio lugar al desarrollo de la literatura cristiana egipcia original. Las iglesias coptas estaban profusamente decoradas con coloridos murales, motivos naturales e inscripciones de extractos bíblicos, salmos y relatos monásticos. Las lápidas se decoraban a menudo con cruces, palomas y motivos de follaje.

Catedral copta ortodoxa de San Marcos, Egipto
Roland Unger, CC BY-SA 3.0 https://creativecommons.org/licenses/by-sa/3.0 vía Wikimedia Commons; https://commons.wikimedia.org/wiki/File:CairoAbbasiyaMarkEntrance.jpg

Los motivos florales y faunísticos se convirtieron en temas populares en la arquitectura copta, ya que a menudo representaban el paraíso. La cerámica también llevaba marcas similares y presentaba inscripciones de la Biblia. Los coptos construyeron grandes catedrales, como la catedral copta ortodoxa de San Marcos. Los monasterios también se hicieron populares, y en Egipto todavía existen muchos monasterios antiguos, como el de San Antonio. Algunas catedrales coptas compartían planos y elementos arquitectónicos similares con templos anteriores. Por ejemplo, algunas iglesias tenían un santuario interior oculto, que era una característica común en los templos egipcios. Sin embargo, las iglesias coptas acabaron recibiendo la influencia de la arquitectura bizantina. Con el paso de los siglos, los edificios coptos empezaron a mostrar evidencias de la influencia islámica.

Árabe

Cuando el califato Rashidun llegó a Egipto en el siglo VII, el copto era la lengua nacional egipcia, aunque el griego se seguía utilizando para asuntos administrativos. Aunque el copto y el griego se utilizaban ampliamente, seguían siendo lenguas relativamente nuevas. El griego había sido introducido como lengua estatal por los ptolomeos, pero era utilizado principalmente por los estadistas y los comerciantes extranjeros. El cristianismo se impuso en Egipto hacia los siglos IV y V, lo que provocó un cambio masivo de las prácticas y la religión griegas clásicas. Hacia el año 451 de la era cristiana, se produjo una gran división entre las iglesias egipcias y griegas, lo que distanció aún más a los egipcios de los griegos. Aunque el copto era la principal lengua literaria de Egipto, seguía siendo una lengua relativamente nueva, ya que era una mezcla única de griego y egipcio antiguo.

El copto siguió siendo popular en Egipto incluso bajo el dominio árabe, ya que era la única lengua de la iglesia. Durante el primer siglo de dominación árabe, el árabe seguía estando reservado a los inmigrantes árabes, a los funcionarios del gobierno y a la élite gobernante. Con el tiempo, un gran número de árabes se trasladó a Egipto y los gobernantes islámicos se vieron obligados a derrotar una revuelta de campesinos coptos. Con el tiempo, muchos egipcios se convirtieron al islam, y los coptos se vieron obligados a pagar unos impuestos excesivos. En los siglos VIII y IX, la mayoría de los egipcios hablaban árabe, que se convirtió en la lengua principal del país. En la actualidad, la lengua nacional de Egipto es el árabe moderno estándar, que es una versión literaria estandarizada del árabe. Se desarrolló durante los siglos XIX y XX y se ajustó a un estándar escrito.

Arte y arquitectura islámicos

Durante los primeros tiempos del dominio islámico en Egipto, El Cairo se convirtió en el centro de la administración y la religión. Como resultado, se convirtió en el hogar de algunos de los más magníficos ejemplos de arquitectura islámica del mundo. El arte islámico está íntimamente ligado a la religión y suele representar el principio de la unidad divina. La caligrafía es muy popular, ya que se utiliza para escribir partes del Corán. Las mezquitas son probablemente lo primero que se le ocurre a la gente cuando piensa en la arquitectura islámica. Con el paso del tiempo, la arquitectura egipcia comenzó a tener estilos ayubíes, fatimíes, mamelucos, otomanos y otros modernos, que reflejaban los estilos de cada clase gobernante y sus períodos.

La mezquita de Ibn Tulun
Berthold Werner, CC BY 3.0 https://creativecommons.org/licenses/by/3.0 vía Wikimedia Commons; https://commons.wikimedia.org/wiki/File:Kairo_Ibn_Tulun_Moschee_BW_0.jpg

Uno de los ejemplos más impresionantes de la arquitectura islámica en El Cairo es la mezquita de Ibn Tulun. Ibn Tulun estableció una dinastía gobernante en Egipto después de ser enviado allí para servir como gobernador en Fustat. La mezquita se construyó a semejanza de la gran mezquita de Samarra (Irak), que fue la casa de la infancia de Ibn Tulun. También presentaba elementos de la arquitectura española. En Egipto también se encuentra la antigua mezquita de Amr ibn al-As, construida pocos años después de la muerte del profeta Mahoma y poco después de la conquista islámica de Egipto. La mezquita de Amr ibn al-As era la más antigua de África; ha sido reconstruida varias veces a lo largo de los siglos.

Además de las mezquitas, las madrasas y los minaretes llegaron a dominar el horizonte egipcio. De hecho, El Cairo tiene tantos minaretes que la ciudad es conocida como «la Ciudad de los Mil Minaretes».

CUARTA SECCIÓN:
Figuras clave de la historia egipcia

Capítulo 13: Tutankamón y su tumba maldita (1341-1327 a. C.)

El rey Tutankamón es uno de los gobernantes egipcios más famosos de todos los tiempos. A diferencia de muchos de sus predecesores, no es famoso por sus poderosas conquistas militares o su próspero reinado, sino por su tumba. Cuando Tutankamón era todavía un niño, heredó un país sumido en el caos a causa del fanatismo de su padre. El niño rey trabajó con asesores experimentados para corregir el rumbo de la nación. Sin embargo, esos asesores tenían sus propias agendas, que pronto se harían evidentes cuando Tutankamón murió. De acuerdo con las tradiciones de los monarcas egipcios, Tutankamón fue momificado y colocado en una tumba llena de riquezas. Desgraciadamente, fue colocado en una tumba improvisada que distaba mucho de las tumbas de sus predecesores.

Tutankamón fue olvidado por la historia, ya que fue sustituido por su visir, Ay, y más tarde por el general Horemheb. No fue hasta que un egiptólogo británico llamado Howard Carter descubrió la tumba del rey en 1922 que la historia de Tutankamón fue revelada al mundo. Su tumba estaba repleta de increíbles descubrimientos arqueológicos, pero pronto se convirtió en el centro de rumores y controversias, ya que una supuesta maldición arrasó con el equipo de Howard Carter. Durante las siguientes décadas, la historia de Tutankamón fascinaría al mundo mientras su tumba revelaba los secretos de la política del antiguo Egipto. Los expertos también han trabajado para encontrar la verdad detrás de la fatal «maldición».

Los padres de Tutankamón

Akenatón fue un faraón durante la XVIII dinastía del Reino Nuevo. Era hijo del gran rey Amenhotep III y de su esposa, Tiy. Al principio, Akenatón era conocido como Amenhotep IV, pero más tarde cambió su nombre por el de Akenatón para mostrar el honor al dios Atón. También fue el esposo de la legendaria reina Nefertiti, conocida por su capacidad como gobernante y su belleza. Durante los últimos años del reinado de Amenhotep III, su hijo gobernó como corregente para aprender los entresijos del gobierno de Egipto.

Akenatón y su familia adorando a Atón

Romagy, CC BY-SA 4.0 https://creativecommons.org/licenses/by-sa/4.0 vía Wikimedia Commons; https://commons.wikimedia.org/wiki/File:Akhenaten_and_the_his_family_worshipping_the_Aten.jpg

Sin embargo, poco después de que Akenatón se convirtiera al monoteísmo, perdió el interés por gobernar y se obsesionó con el culto religioso de Atón. Esto hizo que sus consejeros y su esposa principal, Nefertiti, tuvieran que asumir la responsabilidad y se vieran obligados a gobernar en su nombre. Hay algunas pruebas de que ocasionalmente participaba en los asuntos de Estado, pero en su mayor parte, descuidó Egipto. Akenatón tenía fama de ser un hombre de familia y pudo haber tenido siete u ocho hijos de diferentes esposas. Los registros muestran que hacia el final de su reinado, Akenatón gobernaba con un corregente, posiblemente su esposa Nefertiti o su hija Meritatón.

Hubo cierta disputa sobre la madre de Tutankamón, ya que algunos pensaban que Nefertiti era su madre mientras que otros creían que su madre era Meketatón, la hija de Akenatón y Nefertiti. Sin embargo, todas esas afirmaciones se demostraron falsas cuando se descubrieron tres momias femeninas en la tumba de Amenhotep II. Las pruebas de ADN demostraron que una de las momias, apodada «la Dama Joven», era la hermana de Akenatón y madre de Tutankamón. En 2013, un egiptólogo llamado Marc Gabolde cuestionó esa teoría. Afirmó que otras pruebas de ADN demostraban que la Dama Joven era la hija de Nefertiti. Con el tiempo, los historiadores podrían encontrar el cuerpo de Nefertiti y demostrar que era la verdadera madre de Tutankamón.

Vida temprana

Como en la mayoría de las monarquías, los egipcios eran muy cuidadosos en cuanto a la línea de sucesión. Hacia el final de la vida de Akenatón, parece que sus funciones fueron asumidas por uno o dos corregentes. No se sabe mucho sobre estos corregentes, y sus nombres solo aparecen en unos pocos monumentos de Ajetatón que se han datado al final del reinado de Akenatón. La inscripción se refiere a Semenejkara, que compartía el nombre de coronación Anjjeperura con un individuo llamado Neferneferuatón. En el antiguo Egipto, los nombres de coronación eran exclusivos de un gobernante y no se compartían. Esto ha llevado a muchos a creer que Semenejkara podría haber sido realmente Neferneferuatón (el nombre completo de Nefertiti). Está claro que se nombró un corregente durante los últimos años del reinado de Akenatón. El corregente gobernó durante un breve periodo tras la muerte de Akenatón, ya que Tutankamón era entonces solo un niño.

Escultura de Tutankamón
Harry Burton (1879-1940), dominio público, vía Wikimedia Commons;
https://commons.wikimedia.org/wiki/File:Tutankhamun_tomb_photographs_4_326.jpg

Algunos historiadores creen que Semenejkara pudo ser la hija mayor de Akenatón, Meritatón. No está claro si fue elevada a esta posición a través del matrimonio con su padre o si simplemente se le otorgó el cargo. Sin embargo, algunos sugieren que Semenejkara podría haber sido el marido de Meritatón. Unos pocos investigadores han teorizado que Semenejkara podría haber sido uno de los hijos de Akenatón y que Semenejkara y Tutankamón eran hermanos. Las pruebas de los corregentes sugieren que se intentó mantener el trono hasta que Tutankamón tuviera la edad suficiente para gobernar. Como no se sabe mucho sobre Semenejkara, no se sabe cómo terminó el gobierno del corregente, pero poco después de la muerte de Akenatón, Tutankamón, de nueve años, se convirtió en rey.

Reinado

Tutankamón heredó el trono alrededor del año 1333 a. C. y se casó rápidamente con su hermana, Anjesenamón, que probablemente era su hermana mayor superviviente. Tomó el nombre de coronación de Nebkheperure. Debido a su edad, gobernó junto a dos consejeros, Ay y Horemheb. Ay era un consumado cortesano que había mantenido durante mucho tiempo estrechos vínculos con la familia real, mientras que Horemheb era un militar capaz que había demostrado su valía en el campo de batalla. Tutankamón había recibido el nombre de Tutanjatón al nacer, pero después de tres años de gobierno, se nombró a sí mismo Tutankamón y trasladó la capital real de Ajetatón a Menfis. Fue un movimiento decisivo que separó su reinado del de su padre. Tutankamón restauró los antiguos dioses y comenzó a restaurar el culto a Amón.

Durante su reinado, también construyó un templo en Tebas, un palacio en Karnak y añadió la columnata del templo de Lúxor. Desgraciadamente, el templo y Karnak fueron destruidos algún tiempo después de su reinado. Tutankamón y Anjesenamón tuvieron dos hijas, pero las niñas nacieron muertas y es posible que murieran como resultado de complicaciones causadas por el incesto. Aunque Tutankamón solo gobernó durante unos nueve años, está claro que puso mucho empeño en revertir las políticas religiosas de su padre.

Muerte

Dado que Tutankamón se hizo más famoso tras el hallazgo de su tumba, es natural que la gente se sienta fascinada por la causa de su muerte. Los historiadores no se ponen de acuerdo sobre lo que pudo matar al rey, lo que ha llevado al desarrollo de varias teorías. Se ha descubierto que Tutankamón era relativamente alto, pero que padecía una terrible enfermedad ósea que le provocó un pie equino varo. Probablemente no era un niño fuerte y puede haber sido enfermizo. Sorprendentemente, los investigadores encontraron un agujero en la parte posterior de su cráneo, lo que llevó a muchos a creer que el joven rey había sido asesinado. Esta teoría fue desmentida recientemente cuando se reveló que el agujero se hizo probablemente durante el proceso de momificación.

Las pruebas han demostrado que la pierna izquierda del rey estaba rota e infectada. El rey tenía múltiples infecciones de malaria, que podrían haberle causado la muerte. Las tomografías computarizadas revelaron que el joven rey tenía la columna vertebral curvada, la cabeza larga y el paladar hendido. Sus vértebras superiores estaban fusionadas, lo que podría haber dificultado la vida del rey. Algunos investigadores han sugerido que Tutankamón sufrió un accidente de carro que le dejó las piernas y la pelvis rotas. A continuación contrajo una infección que envenenó su sangre y lo mató.

Desgraciadamente, los expertos no pueden decir qué huesos de Tutankamón se rompieron en vida y qué daños causó el equipo de Howard Carter. Tutankamón fue enterrado con varios collares y anillos, que fueron retirados por el equipo de Carter. El proceso de extracción dañó la frágil momia, lo que ha dificultado enormemente la identificación de la causa de su muerte. Es posible que los investigadores nunca descubran qué mató al joven rey, pero desde luego no dejarán de intentar averiguarlo.

La carrera por enterrar al rey Tutankamón

Aunque no está claro por qué murió Tutankamón, sí está claro que murió repentinamente y sin previo aviso. La línea de sucesión era confusa, y parece que Horemheb podría haber sido el sucesor aceptado de Tutankamón, ya que podría haber tenido el título de «príncipe heredero». Los historiadores consideran que Horemheb había sido nombrado heredero de Tutankamón en caso de que el rey muriera sin ninguno. En cuanto murió Tutankamón, la corte egipcia se sumió en la confusión. Horemheb se encontraba en Asia con el ejército egipcio y regresó a Egipto en cuanto se enteró de la noticia, pero solo podría volver al cabo de unos meses. Ay seguía en la corte y se propuso convertirse en rey. Para ello, tendría que ser él quien enterrara al joven faraón. Ay también tuvo que enfrentarse a un reto inesperado.

Cámara funeraria de Tutankamón
Romagy, CC BY-SA 4.0 https://creativecommons.org/licenses/by-sa/4.0 vía Wikimedia Commons; https://commons.wikimedia.org/wiki/File:Tutankhamun_KV62_burial_chamber_and_sarcophagus.jpg

La viuda de Tutankamón, Anjesenamón, se estableció rápidamente como aspirante al trono, ya que pudo haber solicitado al rey hitita que le permitiera casarse con su hijo. Los registros hititas indican que los hititas recibieron una carta urgente de una reina egipcia llamada Nibkhururiya. Le rogaba al rey hitita que le enviara uno de sus hijos para poder casarse con él. Los hititas enviaron un emisario que regresó con otra súplica urgente y varias garantías. Si Anjesenamón tenía realmente la intención de convertirse en reina de Egipto por derecho propio, su plan habría sido abominable para los egipcios, ya que habría sido una violación del ma'at tener un rey extranjero en el trono. El príncipe hitita nunca llegó a Egipto, y es posible que fuera asesinado por Ay. También hay pruebas de que Nefertiti pudo ser la reina que rogó a los hititas por un marido.

Mientras la familia real y los cortesanos se disputaban el dominio, había que resolver el asunto de la tumba de Tutankamón. Como el rey murió antes de que se completara su tumba oficial, se encontró una tumba privada en el Valle de los Reyes y se la transformó rápidamente. Parece que algunos de los regalos de entierro de Tutankamón tuvieron que hacerse a toda prisa, y su proceso de momificación también puede haberse acelerado, ya que su cráneo probablemente se dañó poco después de su muerte. Con el tiempo, se perdió la ubicación de la tumba de Tutankamón y se construyeron cabañas de obreros sobre la entrada.

Sucesores

Según los registros antiguos, parece que Ay sirvió a Akenatón en Ajetatón como uno de sus cortesanos. Es probable que Ay comenzara su servicio civil en el ejército y acabara convirtiéndose en maestro de caballos y jefe de tropas. En algún momento de su carrera, se convirtió en un amigo excepcionalmente cercano a la familia real. Su esposa, Tey, también se convirtió en una de las enfermeras de Nefertiti. Se ha sugerido que Ay y Tey eran los padres de Nefertiti, aunque esta afirmación sería difícil de probar. Tan pronto como murió Akenatón, Ay se convirtió en uno de los asesores más cercanos de Tutankamón y puede haber llevado al joven rey a revertir muchas de las políticas de Akenatón.

Poco después de la muerte de Tutankamón, Ay se convirtió en el rey de Egipto, haciéndolo alrededor del año 1323 a. C. Es posible que se quedara con la tumba y el templo mortuorio del joven rey, ya que su tumba era mucho más lujosa que la de Tutankamón. Los investigadores han encontrado varios artefactos con los nombres de Ay y Anjesenamón, lo que ha llevado a algunos a creer que Ay se casó con la viuda de Tutankamón, pero no existen muchas pruebas que apoyen este hecho. Aunque Ay se hizo con el trono, murió alrededor del año 1319 a. C., dejando el trono a Horemheb.

Una vez que Horemheb se convirtió en rey, continuó restaurando los templos y los cultos de los antiguos dioses, pero también comenzó a borrar los nombres de sus predecesores, es decir, Ay, Tutankamón y Akenatón. Grabó sus nombres sobre sus monumentos y combinó los registros de sus reinados con el suyo propio. Es sorprendente que Horemheb decidiera borrar a sus predecesores de la historia, ya que estaba casado con Mutnedymet, que probablemente estaba relacionada con la familia real. Su matrimonio y su relación con Tutankamón sugieren que estaba cerca de la familia real. Horemheb sería el último rey de la XVIII dinastía y le sucedió su visir, Ramsés I.

Howard Carter

Howard Carter nació el 9 de mayo de 1874 en Swaffham, Norfolk, Inglaterra. Era uno de once hijos y demostró un gran talento artístico, lo que llevó a una vecina de la familia, lady Amherst, a organizar el viaje de Carter a Egipto. Cuando tenía diecisiete años, participó en un estudio arqueológico de Egipto. Mientras trabajaba en el estudio, demostró su talento copiando hábilmente las decoraciones de las tumbas. Más tarde se convirtió en inspector general del departamento de antigüedades egipcias. En 1902, ayudó a descubrir las tumbas de Hatshepsut y Tutmosis IV. Carter llevó un diario durante su vida, que ofrece una visión detallada de las excavaciones que supervisó y de sus descubrimientos.

Durante su etapa como inspector general, Carter supervisó numerosas excavaciones y restauraciones en el Valle de los Reyes. En 1904 fue trasladado al Bajo Egipto, donde se le permitió dirigir sus propias excavaciones. Sin embargo, dimitió un año más tarde después de que los guardias egipcios del sitio se vieran involucrados en un altercado con turistas franceses. Optó por apoyar a los guardias egipcios y se negó a pedir disculpas a los franceses. En 1907, se le encargó la supervisión de más excavaciones en el Valle de los Reyes después de que el quinto conde de Carnarvon lo solicitara.

Descubrimiento de la tumba de Tutankamón

Carter y lord Carnarvon trabajaron juntos durante varias temporadas, pero se vieron obligados a tomarse un descanso durante la Primera Guerra Mundial. Los hombres no tardaron en encontrar varias pruebas que llevaban el nombre de Tutankamón, lo que hizo creer a Carter que estaban cerca de encontrar la tumba del rey. Desgraciadamente, tras años de búsqueda, Carter solo encontró antiguas cabañas de obreros y unas cuantas jarras de calcita. Lord Carnarvon empezó a perder interés en las teorías de Carter, pero este consiguió convencer al conde para que le apoyara una temporada más.

Howard Carter examina el sarcófago de Tutankamón
https://commons.wikimedia.org/wiki/File:Tuts_Tomb_Opened.JPG

La última temporada de Carter comenzó el 1 de noviembre de 1922. Decidió excavar las cabañas de los obreros y, cuando terminaron de exponerlas, descubrieron que un escalón había sido tallado en el suelo. Los obreros no tardaron en revelar una escalera que terminaba en una entrada cubierta que llevaba los sellos de la necrópolis real. Más tarde, Carnarvon llegó a Lúxor y el equipo pudo comenzar las excavaciones en la tumba. Rápidamente se hizo evidente que la tumba había sido robada dos veces después de que Tutankamón fuera enterrado, pero la tumba había sido sellada de nuevo, lo que llevó al equipo a creer que todavía quedaba algo. Según el diario de Carter, hizo un pequeño agujero en la entrada de la tumba y realizó algunas pruebas para asegurarse de que el aire de la tumba era seguro. Una vez que determinó que lo era, se asomó al agujero y vio que la tumba estaba llena de «cosas maravillosas».

Contenido de la tumba

La tumba de Tutankamón era mucho más pequeña que las de otros faraones, pero debido a su pequeño tamaño y su oscura ubicación, estaba protegida de los ladrones de tumbas. Aunque el vestíbulo de entrada fue saqueado poco después de su muerte, las cámaras interiores de la tumba permanecieron intactas. El equipo de Carter encontró unos 5.000 objetos en la tumba, entre los que había ropa, 130 bastones, carros, muebles y obras de arte. Había tantos artefactos en la tumba que Carter y su equipo tardaron una década en documentar completamente sus hallazgos.

Fotografías de la tumba de Tutankamón
https://commons.wikimedia.org/wiki/File:Tutankhamun_tomb_photographs_2_026.jpg

Uno de los hallazgos más sorprendentes fue el sarcófago del rey, que estaba formado por tres ataúdes que encajaban entre sí. El ataúd del rey Tut era de oro macizo y aún conservaba su cuerpo. Fue enterrado con estatuas y joyas de oro. Aunque los tesoros eran asombrosos y ciertamente valiosos, los arqueólogos estaban muy emocionados por el descubrimiento de la momia de Tutankamón. La tumba también contenía una inusual daga con una hoja probablemente hecha de un meteorito. Los objetos de la tumba proporcionaron una rara visión de la vida de los faraones y permitieron a los historiadores conocer de cerca los procesos de trabajo del metal en el antiguo Egipto. El ajuar funerario de Tutankamón también reveló el carácter apresurado de su entierro, ya que muchos de los objetos estaban destinados originalmente a otros destinatarios, concretamente a Semenejkara y Neferneferuatón.

La maldición de Tutankamón

El descubrimiento de Carter fue impresionante porque la mayoría de los arqueólogos creían que todas las tumbas del Valle de los Reyes habían sido completamente saqueadas por los ladrones de tumbas. Cuando se anunció su descubrimiento, la noticia recorrió el mundo y se convirtió en una historia sensacional. Turistas y reporteros acudieron en masa a la tumba, y cada vez que se sacaba algo de ella, se disparaban cientos de cámaras. Durante los primeros meses de la excavación, la tumba fue un circo mediático. A medida que la noticia se extendía por todo el mundo, también surgían rumores de una maldición.

Turistas y periodistas ante la tumba de Tutankamón
https://commons.wikimedia.org/wiki/File:Tourists_outside_Tutankhamun%27s_tomb,_February_1923.jpg

Varias revistas y periódicos informaron de que «el castigo más terrible sigue a cualquier intruso imprudente en una tumba sellada». Poco después, lord Carnarvon murió en El Cairo y la ciudad sufrió un apagón. Esto estimuló más rumores, y Arthur Conan Doyle se unió a la contienda diciendo a la prensa que un espíritu maligno había sido creado por los antiguos sacerdotes egipcios para proteger al rey. En los años siguientes, la historia se perpetuó cuando varias personas notables relacionadas con el descubrimiento de la tumba murieron por causas misteriosas o violentas. En 1923, el príncipe Ali Kamel Fahmy Bey fue asesinado por su esposa. En 1924, sir Lee Stack (gobernador general de Sudán) fue asesinado en El Cairo. En 1928, Arthur Mace, miembro del equipo de excavación, murió envenenado con arsénico. En 1929, Richard Bethell, secretario de Carter, fue asfixiado en su cama. Y en 1939, Howard Carter murió de la enfermedad de Hodgkin. Aunque los rumores de una maldición se convirtieron en sinónimo de la tumba de Tutankamón, nunca se encontró ninguna mención a una maldición en la tumba, y muchas personas que participaron en la excavación vivieron vidas largas y felices.

Capítulo 14: Hatshepsut y Cleopatra: mujeres en el poder

El antiguo Egipto fue gobernado por muchos individuos poderosos que cambiaron el curso de la historia. Dos de esos gobernantes fueron mujeres que llegaron a gobernar Egipto por derecho propio utilizando situaciones políticas complicadas en su beneficio. Hatshepsut y Cleopatra no fueron las primeras mujeres en gobernar Egipto, pero fueron capaces de mantenerse en el trono durante muchos años y dejaron una influencia duradera. Aunque sus reinados fueron inusuales para la época, ambas fueron gobernantes de éxito que consiguieron ganarse el cariño de sus súbditos. El éxito de sus reinados puede atribuirse a su habilidad, ingenio y creatividad para resolver problemas.

Hatshepsut era la heredera legítima al trono y demostró su capacidad al gobernar en nombre de su ineficaz marido. Finalmente, fue capaz de gobernar por derecho propio e ideó una forma creativa de mantener el principio egipcio de armonía y equilibrio, que requería que hubiera un gobernante masculino y otro femenino en el trono. Cleopatra, por su parte, tuvo que ser más astuta que su familia y abrirse camino a través de una situación política mortal para asegurarse el trono. Por desgracia, ambas mujeres vieron empañada su reputación, y su legado se vio oscurecido por el tiempo, por los rumores, y por los sucesores y eruditos vengativos.

El ascenso al poder de Hatshepsut

Hatshepsut nació alrededor del año 1504 a. C., hija de Tutmosis I y su esposa, Ahmose. Parece que Hatshepsut estaba muy orgullosa de su padre e incluso lo enterró en su propia tumba. También afirmó que él la nombró sucesora antes de fallecer, pero esto es poco probable, ya que las mujeres faraonas no se conocían en aquella época. Tutmosis I fue un rey capaz que amplió las fronteras de Egipto. Fue famoso por sus campañas militares y supuestamente volvió a Tebas tras una exitosa campaña en Nubia con el cuerpo desnudo de un jefe nubio colgando de su barco.

Tradicionalmente, el trono pasaba del faraón a su hijo. Normalmente, el honor recaía en el hijo del faraón por parte de su reina, pero si la reina no tenía un hijo, entonces se elegía al hijo de una esposa secundaria (una concubina del harén). Ahmose parece haber proporcionado a Tutmosis I dos hijos, pero ambos murieron a una edad temprana. Como resultado, el heredero de Tutmosis I fue Tutmosis II, su hijo de una de sus esposas secundarias, Mutnofret. Para reforzar el linaje de Tutmosis II, se casó con Hatshepsut cuando esta solo tenía doce años. Las esculturas que la representan como esposa de Tutmosis II la muestran de pie detrás de su marido.

Sin embargo, Tutmosis II era débil y no pudo estar a la altura del legado de su padre. Como reina de Egipto, Hatshepsut fue elevada a la posición de «esposa de dios Amón». Durante su matrimonio, Hatshepsut dio a luz a Neferura, una hija y única descendencia conocida de Hatshepsut.

Como esposa del dios Amón, Hatshepsut desempeñaba un papel en la elaboración de políticas y presidía los festivales de Amón. Aunque no se sabe mucho sobre sus responsabilidades exactas, es probable que desempeñara un papel importante en la sociedad egipcia y que fuera venerada como un ser divino. También se le habría exigido que cantara y bailara para Amón en todos sus festivales para que este participara en ellos. Su papel como esposa del dios Amón la habría expuesto al funcionamiento interno del gobierno.

Tutmosis II murió hacia el año 1479 a. C. y el trono pasó a Tutmosis III, hijo de una de las esposas secundarias de Tutmosis II. Hatshepsut fue nombrada corregente del príncipe y solo debía gobernar hasta que este tuviera la edad suficiente para ocupar el trono. Esta era una práctica común en Egipto, ya que las reinas viudas solían gobernar en nombre de sus parientes masculinos más jóvenes hasta que tenían la edad suficiente para gobernar solos. Aunque Hatshepsut gobernaba definitivamente el reino, Tutmosis III era reconocido como el rey de Egipto.

Todo esto cambió en el séptimo año de su regencia. Se declaró faraona de Egipto y asumió todos los títulos de faraón. Aunque seguía utilizando términos gramaticales femeninos al inscribir sus títulos, comenzó a representarse con la barba faraónica masculina. Tutmosis III fue desplazado. Se lo representaba en las tallas junto a Hatshepsut, pero normalmente era más pequeño que ella o se lo colocaba directamente detrás. Estaba claro quién gobernaba realmente el reino.

Reinado

Hatshepsut se dio cuenta de que tendría que ser creativa para consolidar su gobierno, ya que no tenía ningún precedente que seguir. Uno de sus primeros actos fue casar a su hija Neferura con Tutmosis III y convertir a Neferura en la esposa del dios Amón. Sus acciones aseguraron que, aunque fuera depuesta, seguiría siendo una de las personas más poderosas de todo Egipto. También afirmó que el dios Amón había visitado a Ahmose una noche y había engañado a la reina haciéndole creer que era Tutmosis I. Cuando el dios se reveló a la reina, esta se dejó vencer y concibieron a Hatshepsut. También afirmó que Tutmosis I la había nombrado corregente y que su reinado había sido profetizado por un oráculo unos ochenta años antes.

Estatuas de Hatshepsut, representada a la derecha con la barba faraónica
JCarriker, subido por Giorces, CC BY 2.5 https://creativecommons.org/licenses/by/2.5 vía Wikimedia Commons; https://commons.wikimedia.org/wiki/File:Hatshepsut.jpeg

Los esfuerzos de Hatshepsut tuvieron éxito y fue la primera mujer en gobernar Egipto por derecho propio. Sobekneferu probablemente gobernó antes que Hatshepsut, pero es difícil saber en qué calidad debido a la falta de información. Hatshepsut lanzó varias campañas militares e inició numerosos proyectos de construcción. También se apoyó en uno de sus consejeros, Senenmut. Este cortesano alcanzó una influencia asombrosa durante el reinado de Hatshepsut y fue puesto a cargo de todos sus proyectos de construcción. También se le encargó el cuidado de Neferura. Hatshepsut demostró ser una líder capaz que trajo prosperidad al país. Fomentó nuevas rutas comerciales e incluso fue capaz de lanzar su propia expedición al vecino reino de Punt. Según los registros, regresó con barcos cargados de marfil, mirra, animales exóticos y oro. Consideró la expedición como su mayor logro e hizo grabar el acontecimiento en las paredes de su templo mortuorio. El éxito fue tal que su popularidad e influencia aumentaron considerablemente.

Proyectos de construcción de Hatshepsut

Hatshepsut se esforzó mucho por legitimar su reinado, y una de las formas en que reforzó su posición fue construyendo mucho. Sus proyectos proporcionaron muchos puestos de trabajo a la gente común, y eran increíblemente bellos. El hecho de que pudiera llevar a cabo tantos proyectos demuestra que era responsable de todos los recursos de Egipto, ya que no habría podido llevar a cabo ninguno de ellos sin tener acceso a una riqueza significativa. También demuestra que el país debía estar en paz durante su reinado, ya que no habría podido desviar tantos recursos si hubiera estado preocupada por defender sus órdenes o invadir otros países.

Templo de Hatshepsut
© Vyacheslav Argenberg http://www.vascoplanet.com , CC BY 4.0
https://creativecommons.org/licenses/by/4.0 vía Wikimedia Commons;
https://commons.wikimedia.org/wiki/File:Temple_of_Hatshepsut_2,_Deir_el-Bahari,_Luxor,_Egypt.jpg

Pudo ampliar el templo de Karnak y construir su gran templo mortuorio en Deir el-Bahari. Los investigadores han observado que sus templos estaban elegantemente construidos. El templo mortuorio de Hatshepsut tenía patios con árboles, estanques y una terraza. Una de las terrazas estaba revestida de columnas que conducían a otra impresionante terraza. Su cámara funeraria se encontraba en la parte trasera del edificio y estaba tallada en la propia montaña. El templo estaba decorado con inscripciones, estatuas y relieves. Hatshepsut fue una de las primeras en construir en el Valle de los Reyes, y su templo inspiró a futuros faraones a construir también sus templos en el valle. Hatshepsut fue una gran mecenas de las artes. Encargó tantas obras que casi todos los museos de arte egipcio antiguo tienen una obra encargada por ella.

Durante la mayor parte del reinado de Hatshepsut, Tutmosis III fue general del ejército egipcio. Alrededor del año 1457 a. C., Tutmosis III emprendió una campaña para reprimir una rebelión en Kadesh, que se conoció como la batalla de Megido. A su regreso, se convirtió en rey y Hatshepsut desapareció de los registros antiguos. Es probable que Hatshepsut haya muerto en ese momento. Sin embargo, Tutmosis III cambió la fecha de su reinado para que comenzara después de la muerte de su padre y se atribuyó todos los logros de Hatshepsut.

Los primeros años de Cleopatra

Cleopatra nació en el año 69 a. C. y recibió el nombre de Cleopatra VII Filopátor. En algún momento de su juventud, se convirtió en corregente de su padre. El padre de Cleopatra era Ptolomeo XII Auletes, y su madre podría haber sido Cleopatra V Trifena. En el año 51 a. C., Ptolomeo XII murió (probablemente por causas naturales) y dejó el trono a Cleopatra, de dieciocho años. La tradición dictaba que tenía que gobernar con un homólogo masculino, y se casó con su hermano, Ptolomeo XIII. Sin embargo, pronto eliminó su nombre de los registros oficiales y gobernó por derecho propio.

Cleopatra demostró ser una líder competente y una políglota dotada. Era capaz de conversar con naturalidad en egipcio, griego y otros idiomas. Esto le permitió desarrollar una estrecha relación con los diplomáticos. Era conocida por su carisma. Plutarco relata que trabajó personalmente con diplomáticos de «naciones bárbaras» sin necesidad de un traductor. Sin embargo, pronto causó roces con sus propios consejeros, ya que a menudo tomaba decisiones sin consultarles. En el año 48 a. C., fue traicionada por sus consejeros cuando estos dieron un golpe de estado contra ella e instalaron a su hermano en el trono. Cleopatra y su hermana, Arsínoe, se vieron obligadas a huir para ponerse a salvo.

Julio César

En esta época, Pompeyo el Grande (un político romano) luchaba contra Julio César. Pompeyo había pasado mucho tiempo en Egipto y creía que los ptolomeos estaban de su lado. Cuando perdió la batalla de Farsalia, huyó a Egipto con la esperanza de conseguir refugio y apoyo. Nada más llegar a Alejandría, fue asesinado en la orilla, al parecer ante la mirada de Ptolomeo XIII. Es posible que el principal consejero de Ptolomeo XIII, Potino, aconsejara al joven rey que asesinara a Pompeyo, ya que se creía que la victoria de Julio sobre Pompeyo era una señal del favor divino. Por desgracia para Ptolomeo XIII, Julio César se sintió profundamente ofendido por el asesinato de Pompeyo. Cuando llegó a Alejandría, declaró la ley marcial y se convirtió en el gobernante interino de Egipto, obligando a Ptolomeo XIII a huir a Pelusio.

Cleopatra recibiendo a César
https://commons.wikimedia.org/wiki/File:Cleopatra_welcoming_Caesar.jpg

Cuando Cleopatra se enteró de la situación, supo que tenía que ganarse el favor de Julio César. Según la leyenda, Cleopatra se enrolló en una costosa alfombra y fue llevada a palacio. Julio César quedó inmediatamente prendado de la joven, y ambos se convirtieron en amantes. Cuando Ptolomeo XIII regresó a su palacio al día siguiente, descubrió que Cleopatra había conquistado a César. Como consecuencia, estalló la guerra entre las legiones romanas y el ejército egipcio. Durante ese tiempo, Cleopatra y César se vieron obligados a esconderse en el palacio hasta que llegaron los refuerzos romanos. La guerra tuvo lugar en Alejandría, y la ciudad sufrió grandes daños. Seis meses después llegaron más soldados romanos y su victoria parecía inevitable. Aunque Cleopatra se sentía segura en su posición junto a Julio César, estaba a punto de ser traicionada de nuevo, esta vez por la hermana que había llevado al exilio.

Arsínoe

En algún momento antes de la victoria romana, Arsínoe escapó del palacio y se unió a Ptolomeo XIII. Entonces fue proclamada reina de Egipto en lugar de su hermana mayor. Esto habría sido un duro golpe para la causa de César y Cleopatra, ya que el testamento de Ptolomeo XII decía que sus sucesores serían su hijo y su hija, que gobernarían juntos. Arsínoe consiguió cambiar la situación en contra de los romanos e incluso atrapó a César en una parte de la ciudad bloqueando algunas calles. Después, sus fuerzas vertieron agua de mar en las cisternas romanas, lo que habría contaminado sus suministros de agua dulce. César intentó lanzar un ataque contra el Faro de Alejandría en un esfuerzo por ganar la ventaja. Las fuerzas de Arsínoe consiguieron atraparlo allí, pero se despojó de su armadura y saltó al puerto.

En un momento de la guerra, Arsínoe fue traicionada por sus tropas y entregada como prisionera a Julio César a cambio de Ptolomeo XIII (que había sido capturado en algún momento de la contienda). Poco después, los romanos ganaron la guerra y Ptolomeo XIII se ahogó en el Nilo durante una batalla. En el año 46 a. C., Arsínoe formó parte del desfile de la victoria de Julio César en Roma. Según la tradición romana, debía ser ejecutada tras el desfile, pero se ganó la simpatía de los romanos y Julio César se vio obligado a perdonarle la vida. En lugar de permitirle regresar a Egipto, donde supondría una amenaza para el gobierno de Cleopatra, fue enviada al templo de Artemisa en Éfeso, que era un famoso santuario para prisioneros políticos. Arsínoe fue asesinada en el año 41 a. C. cuando Marco Antonio encargó a unos asesinos que la mataran. La sacaron del templo de Artemisa y la estrangularon en las escaleras, lo que provocó un gran escándalo en Roma. El santuario del templo debía ser sagrado, y el asesinato se consideró una obscena violación de la ley romana.

Reinado

Después de que Julio César ganara la guerra en Alejandría, restauró a Cleopatra en el trono. Se unió a ella su hermano menor, Ptolomeo XIV, que tenía entonces trece años. Eligió quedarse en Egipto junto con Cleopatra, y ambos recorrieron todo Egipto mientras Cleopatra establecía su autoridad. En el año 47 a. C., Cleopatra dio a luz al hijo de César, Ptolomeo César (Cesarión), que se convirtió en el heredero de Cleopatra. En este momento, comenzó a alinear su imagen con la de la diosa madre, Isis. Alrededor del año 45 a. C., Cleopatra viajó a Roma con Julio César y permaneció allí hasta que este fue asesinado en el año 44 a. C.

Aunque Cleopatra se hacía popular en Egipto, no ganó mucha influencia en Roma. César había continuado abiertamente su relación con Cleopatra a pesar de estar casado con Calpurnia. Incluso reconoció públicamente que Cesarión era su hijo. Los romanos tenían leyes estrictas contra la bigamia, y las acciones de César fueron muy impopulares. Como resultado, los romanos criticaron duramente a Cleopatra, que obtuvo pocos aliados romanos. Poco después de que Cleopatra regresara a Egipto, murió Ptolomeo XIV (se rumorea que fue envenenado por Cleopatra), y Cesarión se convirtió en corregente de Cleopatra. En ese momento, ella comenzó a representarse a sí misma como Isis y a su hijo como Horus.

Marco Antonio

Tras el asesinato de Julio César, Roma se sumió en una época de caos político mientras el gobierno intentaba encontrar un sucesor. Finalmente, Marco Antonio y Octavio surgieron como sucesores de César y se convirtieron en gobernantes conjuntos de Roma. Marco Antonio controlaba la parte oriental del imperio, mientras que Octavio controlaba la occidental. En el año 41 a. C., Antonio convocó a Cleopatra a Tarso y planeó acusarla de ayudar a los rebeldes romanos. Cleopatra llegó tarde a propósito, y cuando finalmente llegó a Tarso, se presentó como la diosa Afrodita. Al parecer, llegó en una barcaza dorada con velas de color púrpura y se sentó bajo un dosel de tela dorada. Marco Antonio quedó prendado de Cleopatra y ambos iniciaron una relación que duraría diez años. Durante esos años, Cleopatra dio a luz a gemelos: Alejandro Helios y Cleopatra Selene II. Marco Antonio llegó a divorciarse de su esposa,

Octavia, y se casó con Cleopatra.

Cleopatra navegando hacia Tarso
https://commons.wikimedia.org/wiki/File:Alma-tadema-antony-cleopatra.jpeg

Desgraciadamente, la relación de Marco Antonio con Octavio acabó decayendo, y Roma se vio sumida en la guerra. Marco Antonio había perdido el apoyo en Roma debido a su flagrante desprecio por la tradición romana. Ciertamente no ayudó a Marco Antonio el hecho de que humillara públicamente a la hermana de Octavio cuando se divorció de ella en favor de Cleopatra. Marco Antonio y Cleopatra perdieron la batalla de Accio en el año 31 de la era cristiana. Un año después, se vieron obligados a enfrentarse al ejército romano, que se proponía invadir Egipto. Según la leyenda, Marco Antonio se apuñaló a sí mismo tras enterarse de que Cleopatra había sido asesinada. Al parecer, Octavio permitió que Marco Antonio fuera devuelto a Cleopatra, donde murió en sus brazos. Ella se suicidó poco después, y Octavio acabaría convirtiéndose en el único emperador romano. Desgraciadamente, las grandes pretensiones de Cleopatra sobre Cesarión llevaron a su ejecución, pero a sus gemelos se les permitió seguir viviendo.

Capítulo 15: Saladino: el primer sultán de Egipto

Saladino fue el primer sultán tanto de Egipto como de Siria. Sus esfuerzos fundaron la dinastía ayubí, y fue fundamental para la unificación de los estados musulmanes medievales, aunque sus campañas contra otros líderes musulmanes le granjearon muchos enemigos. Durante su apogeo, gobernó Siria, Egipto, partes de Mesopotamia, Arabia occidental, Yemen, partes del norte de África y Nubia.

Vida temprana

Saladino nació en Tikrit, Irak, alrededor del año 1137 de la era cristiana. Se llamaba Yusuf Ibn Ayyub y formaba parte de una poderosa familia militar. Su padre, Ayyub, y su tío, Shirku, sirvieron a las órdenes del gobernador del norte de Siria, Imad al-Din Zangi. El linaje de Saladino lo puso en contacto con personajes influyentes y le proporcionó las habilidades que más tarde emplearía en sus campañas militares. Creció en Damasco y pronto demostró su valía. Saladino se ganó la reputación de ser un experto jinete y jugador de polo. De joven, ascendió rápidamente en el escalafón militar y sirvió a las órdenes de su tío cuando fueron enviados en una expedición militar a Egipto.

Shirku sirvió a las órdenes del hijo de Zangi, Nur al-Din. En 1169, Shirku murió y Saladino fue elegido para ocupar el lugar de su tío. En ese momento, Saladino fue nombrado visir del califato fatimí. Dos años después, el último califa fatimí murió, y Saladino se proclamó inmediatamente gobernador de Egipto. Los gobernantes de la dinastía fatimí habían sido musulmanes chiíes, pero Saladino era musulmán suní. Inmediatamente comenzó a frenar la influencia chií. Durante su mandato como gobernador egipcio, fortaleció Egipto, que se convirtió en una poderosa base suní. Como visir, Saladino comenzó a reformar las condiciones sociales y económicas del reino. Eliminó los impuestos contrarios a la ley islámica y comenzó a construir una poderosa armada. Saladino seguía gobernando en nombre de Nur al-Din; en ese momento, Nur al-Din era el gobernador de Alepo y Edesa. Sin embargo, Saladino empezó a colocar a miembros de su familia en puestos de poder dentro de su gobierno y se opuso al gobierno de Nur al-Din. Finalmente, la oportunidad de Saladino llegó en 1174, cuando murió Nur al-Din. Sus sucesores comenzaron inmediatamente a luchar por el dominio. El caos proporcionó a Saladino la oportunidad de anunciar que era el sultán de Egipto.

Sultán de Egipto

En cuanto Saladino se hizo con el control de Egipto, se propuso un objetivo mayor. Organizó su estado según la ley islámica y comenzó a eliminar la influencia chií en Egipto. Esto aumentó su reputación e influencia en el mundo musulmán, especialmente cuando declaró que era el protector de la ortodoxia suní. Saladino decidió que quería formar una coalición musulmana, lo que resultaría ser una tarea extremadamente difícil. El mundo musulmán estaba formado por estados muy independientes con sus propios gobernantes. Algunos de esos estados estaban formados por musulmanes chiíes, lo que significaba que Saladino tenía que superar las diferencias regionales y religiosas.

En algún momento de 1174, descubrió un complot para devolver a los fatimíes al poder, y se ocupó de los traidores de forma rápida y brutal. También construyó varias mezquitas y madrazas para ampliar la influencia suní en Egipto. Su popularidad entre los musulmanes suníes creció y nombró a musulmanes suníes para ocupar puestos en el gobierno y los tribunales. Saladino permitió que los egipcios tuvieran poder dentro de su gobierno, lo que le permitió conocer las tradiciones de la población egipcia. Fue famoso por su tolerancia hacia otras religiones y permitió que los cristianos coptos y los judíos siguieran practicando sus creencias. Durante el reinado de Saladino, la economía egipcia siguió floreciendo como lo había hecho durante el califato fatimí.

Coalición musulmana

En 1174, Saladino consiguió capturar Damasco, lo que supuso una hazaña impresionante. A partir de ahí, pasó a conquistar Alepo, Mosul y Yemen. Pronto llegó a controlar la región del mar Rojo, lo que le acercó un paso más a su objetivo final. Sin embargo, Saladino no se limitó a utilizar métodos militares para ganar nuevos territorios. Fue un hábil diplomático que fomentó sólidas relaciones con otros líderes, lo que le proporcionó muchos aliados. Para establecer la legitimidad de su gobierno, se casó con la viuda de Nur al-Din, ya que era hija de un gobernante anterior de Damasco. Saladino también se ganó el respeto generalizado del mundo musulmán al ponerse al frente de los esfuerzos por proteger el islam contra los cristianos invasores.

Aunque Saladino proclamaba ser un protector del islam, no tenía ningún problema en luchar contra los enemigos musulmanes. El califa de Bagdad reconoció la mayor parte de la autoridad de Saladino, pero Alepo quedó fuera de su alcance. Estaba gobernada por el hijo de Nur al-Din, quien demostró ser un peligroso enemigo. Saladino sobrevivió a numerosos atentados contra su vida. Los asesinos, o los ismaelitas nizaríes, eran una peligrosa secta musulmana que tenía varias fortalezas en Persia y Siria. Eran conocidos por elegir a líderes prominentes y luego enviar pequeños equipos de asesinos muy hábiles para matarlos. Saladino no vio con buenos ojos estos intentos y saqueó rápidamente un castillo de los asesinos en Masyaf, Siria. Finalmente, consiguió capturar Alepo en 1183 tras utilizar la flota egipcia. En 1186, Saladino controlaba Siria, Palestina y el norte de Mesopotamia, lo que le permitió unificar la mayor parte del mundo musulmán.

Guerra santa contra el cristianismo

Saladino se labró una impresionante reputación y proclamó que era el único que podía ganar la guerra contra los cruzados. A lo largo de su reinado, se enfrentó a los francos (como se llamaban entonces los cruzados de Europa) en la batalla en varias ocasiones. En 1177, perdió una batalla contra los francos, pero consiguió una pequeña victoria en 1179 en Marj Ayyun, donde pudo apoderarse de una importante fortaleza en el río Jordán.

Mientras Saladino se dedicaba a unificar el mundo musulmán, también intentaba demostrar que podía expulsar a los francos de las tierras musulmanas. Sin embargo, tuvo que centrarse primero en fortalecer sus propias tierras, ya que no podía ganar la guerra con éxito si estaba constantemente controlando sus fronteras. Esto significaba que tenía que contentarse con pequeñas batallas hasta que pudiera estar seguro de que sus propias fronteras eran seguras. La coalición musulmana con la que soñaba estaba a su alcance, pero también estaba claro que la coalición era algo frágil y se desmoronaría si no tenía cuidado.

En 1187, Saladino pudo finalmente centrar toda su atención en la guerra santa. En mayo de 1187, una fuerza dirigida por el hijo de Saladino, al-Afdal, atacó el castillo de Kerak, que estaba en manos de los francos. Mientras tanto, Saladino reunió un ejército formado por tropas de Alepo, Jazira, Siria y Egipto. Los francos se vieron obligados a movilizar sus propias fuerzas, y los dos ejércitos se encontraron en Hittin.

La batalla de Hittin

El 3 de julio de 1187, las fuerzas de Saladino iniciaron la batalla cuando sus arqueros montados dispararon repetidamente contra los francos, tras lo cual se retiraban y comenzaban a disparar de nuevo. Los francos se vieron obligados a avanzar bajo un ataque casi constante. El ejército de Saladino estaba formado por unos veinte mil hombres. Los francos estaban dirigidos por Guy de Lusignan, rey de Jerusalén. (El Reino de Jerusalén era el reino franco de Palestina. Se estableció en 1099 después de la Primera Cruzada). Los francos tenían 15.000 soldados y 1.300 caballeros. Saladino tenía una clara ventaja con su mayor ejército, pero también contaba con un flujo constante de suministros gracias a sus caravanas de camellos. Los francos, por su parte, se estaban quedando rápidamente sin agua.

Saladino y Guy de Lusignan
https://commons.wikimedia.org/wiki/File:Saladin_and_Guy.jpg

Saladino se dio cuenta de que los francos estaban pasando sed y ordenó a sus hombres que prendieran fuego a los arbustos secos que rodeaban el campo de batalla, lo que habría provocado una sed insoportable en los francos. Los francos estaban desesperados y habían logrado reunir su mayor ejército, pero fueron rápidamente superados por las fuerzas de Saladino. La formación de los francos se desmoronó, lo que permitió a las fuerzas musulmanas romper sus líneas y derrotar al ejército. Tras la batalla, Saladino ofreció a su nuevo cautivo, Guy de Lusignan, un sorbete helado. Saladino rescató a algunos nobles, pero ejecutó a los odiados nobles que habían atacado o saqueado a las comunidades musulmanas. También ejecutó a algunos de los caballeros hospitalarios y Templarios, ya que eran extremadamente peligrosos debido a su fanatismo. Los cautivos que no pudieron ser rescatados fueron vendidos como esclavos.

En septiembre de 1187, Saladino consiguió finalmente capturar Jerusalén. La victoria fue extremadamente importante, ya que Jerusalén era el premio simbólico para ambas religiones. Pidió rescate o vendió como esclavos a los cristianos occidentales. A los cristianos orientales se les permitió permanecer, pero la mayoría de sus iglesias fueron convertidas en mezquitas. La victoria de Saladino en Hittin y Jerusalén lo convirtió en un héroe en el mundo musulmán. Logró capturar otras ciudades en poder de los francos. Finalmente, los francos solo conservaron Tiro.

Tercera Cruzada

Los cruzados sufrieron pérdidas masivas durante el gobierno de Saladino, quien dejó claro que pretendía librar a Oriente Medio de los francos por completo. Cuando Saladino capturó Jerusalén, el papa Gregorio II persuadió a algunos de los reyes más poderosos de Europa para que emprendieran una guerra santa. Saladino estaba preparado para ello; también quería emprender una guerra santa, ya que esto pondría fin a la presencia de los cruzados. Tres reyes europeos respondieron a la llamada del papa, y pronto, Ricardo I de Inglaterra, Felipe II de Francia y Federico I Barbarroja, del Sacro Imperio Romano Germánico, se pusieron en camino hacia Oriente Medio.

Mientras tanto, Guy de Lusignan comenzó a sitiar Acre en agosto de 1189. Cuando llegó el ejército de Felipe y Ricardo, la batalla se decantó a favor de los cruzados. Lograron capturar la ciudad en 1191, junto con una gran parte de la armada de Saladino. Desde allí, los cruzados se dirigieron a Jerusalén. En septiembre de 1191, los cruzados y los musulmanes se encontraron en Arsuf y libraron una gran batalla. Los cruzados ganaron, y la reputación de Saladino quedó muy dañada debido a sus sucesivas pérdidas. Otros líderes musulmanes criticaron la reticencia de Saladino a atacar Tiro cuando tuvo la oportunidad, pero la estrategia de Saladino siempre había sido atacar al enemigo donde era débil y desgastarlo. Mientras los cruzados marchaban hacia Jerusalén, el ejército musulmán lanzaba ataques a pequeña escala y desgastó lentamente al ejército cristiano. Cuando los cruzados llegaron a Jerusalén, no estaban en condiciones de recuperar la ciudad. En 1192, Saladino acordó una tregua con Ricardo Corazón de León, que puso fin a la Tercera Cruzada.

Reputación

Durante su vida, Saladino empleó a varios biógrafos de talento que ayudaron a impulsar su reputación como líder generoso, justo, noble y caballeroso. Saladino también era conocido por disfrutar de la jardinería y la poesía. Fue aclamado como un héroe en el mundo musulmán por sus victorias contra los cruzados. Saladino cultivó con esmero su reputación de gobernante musulmán ideal que vivía según la ley islámica y gobernaba con justicia en los estados conquistados. Hay que señalar que Saladino era famoso por su tolerancia hacia otras religiones, y permitía que cristianos y judíos vivieran pacíficamente en su imperio. También optó por no masacrar a las poblaciones cristianas cuando recapturó el territorio de los francos. La mayoría de los historiadores suníes elogiaron enormemente a Saladino, y su reputación de líder militar competente y hombre piadoso perduraría mucho después de su muerte.

Los escritores cristianos también fueron positivos en sus descripciones del conquistador musulmán. Lo describen como un hombre razonable y generoso que permitió la libertad de muchos cristianos. Las sociedades europeas medievales hacían mucho hincapié en el valor de la caballería y la cortesía. Saladino era conocido por estas cualidades, que lo pintaban como un digno adversario de los cruzados.

Muerte

El final de la Tercera Cruzada y la salida de los cruzados significaron que Saladino había ganado con éxito la guerra santa, que había sido uno de sus objetivos más importantes. También había conseguido unificar los estados musulmanes en un poderoso imperio. Sin embargo, murió el 4 de marzo de 1193, apenas unos meses después de su tregua con Ricardo Corazón de León. Tenía unos cincuenta y cinco años. Probablemente murió de fatiga o agotamiento causado por sus extensas campañas militares. Por desgracia, su coalición musulmana no sobreviviría mucho tiempo después de su muerte. Una vez que Saladino murió, sus tres hijos tomaron el control de una parte de su imperio, a saber, Egipto, Alepo y Damasco. El resto del imperio se repartió entre otros miembros de la familia y altos funcionarios.

La dinastía ayubí siguió gobernando Egipto y Siria, pero fue derrocada por los mamelucos entre 1250 y 1260. La reputación de Saladino perduró en la literatura islámica y cristiana, y se mantuvo como ejemplo de caballería en Europa. El hecho de que su buena reputación se mantuviera incluso después de la desintegración de su imperio es un testimonio del poder que ejerció en vida.

Capítulo 16: Mubarak y Morsi

La política del antiguo Egipto suele ser una fuente de intenso estudio y fascinación, y con razón porque el antiguo Egipto era un imperio notable. La historia egipcia moderna también merece ser observada, ya que el país desempeña un papel importante en la economía mundial. Dos de los políticos más importantes de la historia moderna de Egipto son Hosni Mubarak y Mohamed Morsi. Ambos fueron políticos muy influyentes que dejaron una marca definitiva en su país. Ambos fueron presidentes durante el siglo XXI y a menudo estuvieron en el centro de la controversia política. Casualmente, ambos estuvieron involucrados en una revolución que terminó con su destitución del gobierno.

Mubarak gobernó durante décadas y era un político experimentado antes de que Egipto estallara en protestas que pedían su dimisión. Morsi era un ingeniero que ganó las primeras elecciones democráticas de Egipto, pero fue destituido a los pocos meses y obligado a ser juzgado. La gente sigue dividida sobre su legado, especialmente desde que Morsi murió entando recluido en un centro de detención. Hay muchas teorías e historias interesantes sobre estos hombres, lo que hace que merezca la pena investigar sus vidas.

Hosni Mubarak: Vida temprana

Hosni Mubarak nació en Kafr El-Meselha, gobernación de Menufia (Egipto), en mayo de 1928, y en su juventud ingresó en la academia militar egipcia. Se graduó en 1949 y recibió formación avanzada en vuelo y bombardeo en la Unión Soviética. Mubarak se licenció en ciencias de la aviación y sirvió en el escuadrón de cazas Spitfire durante dos años.

Durante su estancia en las Fuerzas Aéreas egipcias, ocupó varios puestos de poder antes de convertirse en director de la academia del aire. Fue nombrado comandante en jefe de las fuerzas aéreas y viceministro de Defensa en 1972 por el presidente Anwar Sadat.

Mubarak desempeñó un papel importante en la guerra con Israel en 1973. Al principio de la guerra, la Fuerza Aérea egipcia sorprendió a las tropas israelíes en la orilla oriental del canal de Suez. El ataque fue extremadamente exitoso, ya que los pilotos egipcios alcanzaron la gran mayoría de sus objetivos. Como resultado de sus éxitos militares, Mubarak se hizo muy popular y fue ascendido a mariscal del aire. Las Fuerzas Aéreas egipcias desempeñaron un papel importante en la guerra, y demostraron ser una inyección de moral para las tropas terrestres egipcias.

General Hosni Mubarak
https://commons.wikimedia.org/wiki/File:General_Hosni_Mubarak.jpg

En 1975, Sadat nombró a Mubarak vicepresidente.

Vicepresidencia

Como vicepresidente de Egipto, Mubarak desempeñó un papel importante en las consultas del gobierno sobre los resultados de la guerra con Israel. Viajó en misión a Riad y Damasco para discutir el acuerdo de retirada entre Egipto e Israel. El objetivo de la misión era persuadir a los gobiernos de Siria y Arabia Saudí para que aceptaran el acuerdo. Durante este tiempo, Mubarak fomentó la amistad con el príncipe heredero saudí Fahd. También consiguió hacer poderosas amistades con otros líderes árabes.

Sadat enviaba a menudo a Mubarak a consultar con líderes extranjeros, por lo que formaba parte habitual de las reuniones delicadas del gobierno. Desempeñó un papel importante en las negociaciones de las políticas de Oriente Medio. Mubarak fue elegido para servir de mediador durante la disputa entre Argelia, Marruecos y Mauritania sobre el destino del Sahara Occidental. Sadat hizo un buen uso de Mubarak durante su vicepresidencia, y está claro que Mubarak aprovechó este tiempo para hacer importantes aliados.

Presidente de Egipto

Anwar Sadat fue asesinado el 6 de octubre de 1981, durante las celebraciones del aniversario de la guerra del Yom Kipur. Mubarak resultó herido durante el asesinato, pero pudo convertirse en el siguiente presidente de Egipto. Debido a la decisión de Sadat de negociar un tratado de paz con Israel, se suspendió la pertenencia de Egipto a la Liga Árabe al no estar de acuerdo con el plan de Sadat. Cuando Mubarak llegó a la presidencia, entabló negociaciones con el rey Fahd de Arabia Saudí. Egipto y Arabia Saudí eran dos fuerzas poderosas en el mundo árabe; Egipto estaba muy poblado, mientras que Arabia Saudí era extremadamente rica. En 1982, Arabia Saudí presentó un plan de paz egipcio que dictaba que Israel debía resolver el conflicto israelí-palestino garantizando la formación de un Estado palestino. A cambio, Israel estaría en paz con el mundo árabe. Durante la presidencia de Mubarak, fomentó las buenas relaciones con los demás países árabes y con Estados Unidos. También reafirmó el tratado de paz con Israel según los Acuerdos de Camp David, pero no tuvo la misma relación estrecha con Israel que su predecesor.

George W. Bush y Hosni Mubarak
https://commons.wikimedia.org/wiki/File:President_George_W._Bush_and_Hosni_Mubarak.jpg

En 1987, Mubarak fue elegido para un segundo mandato. Mubarak apoyó el plan saudí de invitar a la coalición militar estadounidense a recuperar Kuwait durante la crisis del golfo Pérsico y la consiguiente guerra. En 1993, Mubarak se enfrentó a los disturbios políticos de los partidos políticos de la oposición que querían introducir nuevas reformas electorales democráticas en Egipto. Los disturbios desembocaron en una guerra de guerrillas. Mubarak condenó las acciones de los fundamentalistas islámicos tras un atentado en Lúxor en 1997 en el que murieron sesenta turistas. Durante la mayor parte de su presidencia, fue un firme defensor de la paz en Oriente Medio.

Mubarak se enfrentó a intentos de asesinato en 1995 y 1999, el segundo de los cuales lo dejó ligeramente herido. En 1999, fue reelegido como presidente al presentarse sin oposición. En 2005 se celebraron las primeras elecciones presidenciales con varios candidatos, aunque estuvieron plagadas de informes sobre inconsistencias y baja participación. Como era de esperar, Mubarak fue reelegido para otro mandato.

Revolución y derrocamiento

En 2011, Egipto se vio envuelto en protestas generalizadas contra la presidencia de Mubarak, acosada por el aumento de la pobreza, además de las acusaciones de corrupción y tácticas policiales represivas. Los manifestantes pidieron la dimisión de Mubarak, y la policía se enfrentó violentamente a los manifestantes. Millones de egipcios protestaron contra Mubarak y pidieron su dimisión inmediata. Durante la revolución murieron 846 personas y más de 6.000 resultaron heridas. El 28 de enero, Mubarak pronunció un discurso en el que anunciaba que no tenía intención de dimitir; sin embargo, pretendía introducir un cambio político disolviendo su gabinete. También prometió promover otros cambios políticos y sociales, pero sus promesas no sirvieron para detener a los manifestantes. Para ganarse la confianza de los manifestantes, Mubarak nombró al primer vicepresidente de su presidencia, Omar Suleiman. Luego anunció que no participaría en las elecciones presidenciales egipcias de septiembre de 2011.

Protestas en Egipto (25 de enero de 2011)
Adam Makary, CC BY-SA 2.0 https://creativecommons.org/licenses/by-sa/2.0 vía Wikimedia Commons; https://commons.wikimedia.org/wiki/File:Egyptian_Revolution_protests_(25_January_2011)_-_03_-_Flickr_-_Al_Jazeera_English.jpg

El 10 de febrero de 2011, Mubarak cedió a Suleiman algunas de sus funciones, pero en lugar de dimitir inmediatamente como querían los manifestantes, declaró que seguiría siendo presidente hasta el final de su mandato. También afirmó que reformaría el sistema electoral. Al día siguiente, se marchó a su casa en la península del Sinaí. Ese mismo día, Suleiman se dirigió a la nación y dijo al pueblo que Mubarak había dimitido y que dejaba al Consejo Supremo de las Fuerzas Armadas el control del gobierno. El anuncio dio lugar a celebraciones en la plaza Tahrir y otros centros urbanos.

Muerte

Después de que Mubarak se viera obligado a abandonar su cargo, el gobierno comenzó a tomar medidas contra antiguos funcionarios y empresarios acusados de corrupción o abuso de poder. Pronto se pidió que se investigara al ex presidente, ya que la familia Mubarak había sido acusada de robar dinero del Estado y ocultarlo en cuentas en el extranjero. Los hijos de Mubarak, Alaa y Gamal, fueron investigados. Mubarak negó las graves acusaciones a las que se enfrentaban él y su familia. El 12 de abril, al parecer, sufrió un ataque cardíaco masivo que provocó su internamiento en un hospital de Sharm el-Sheikh. Se determinó que el ex presidente estaba demasiado débil para ser trasladado a una prisión.

En mayo se anunció que Mubarak sería juzgado por abusos de poder y por ordenar el asesinato de manifestantes durante la revolución. Mubarak asistió a su juicio en una cama de hospital y negó todos los cargos. En enero de 2012, se anunció que los fiscales tenían la intención de solicitar la pena de muerte para el ex presidente. En junio de ese año, el tribunal declaró que Mubarak había sido cómplice de la muerte de los manifestantes. Fue condenado a cadena perpetua. Fue absuelto de los cargos de corrupción, pero en enero de 2013, el tribunal anunció que Mubarak debía ser juzgado de nuevo por corrupción y por los asesinatos de los manifestantes. Más adelante, ese mismo año, fue trasladado a un hospital militar de El Cairo. En 2014, Mubarak recibió una condena de tres años por malversación de fondos públicos, mientras que sus hijos recibieron una condena de cuatro años. Sin embargo, el tribunal desestimó posteriormente las acusaciones de que Mubarak era responsable de la muerte de los manifestantes. En enero de 2020, Mubarak fue ingresado en el hospital para ser operado, pero murió en febrero a la edad de noventa y un años.

Mohamed Morsi: Vida temprana

Mohamed Morsi nació en la gobernación de Al-Sharqiyyah en Egipto el 8 de agosto de 1951. Procedía de un entorno humilde; su padre era agricultor y su madre era ama de casa. En la década de 1960 comenzó a estudiar en la Universidad de El Cairo y se licenció en ingeniería con altos honores. En 1976, completó el servicio militar en el ejército egipcio, donde sirvió en la unidad de guerra química. Una vez terminado el servicio militar, volvió a la Universidad de El Cairo, donde obtuvo un máster en ingeniería metalúrgica en 1978. También obtuvo una beca que le permitió completar sus estudios en Estados Unidos, donde se doctoró en ciencias de los materiales en la Universidad del Sur de California. Cuando regresó a Egipto, se convirtió en profesor de la Universidad de Zagazig.

Mohamed Morsi
Wilson Dias/ABr, CC BY 3.0 BR https://creativecommons.org/licenses/by/3.0/br/deed.en vía Wikimedia Commons; https://commons.wikimedia.org/wiki/File:Mohamed_Morsi-05-2013.jpg

Morsi se convirtió en diputado en el año 2000. Fue miembro de la Oficina de Orientación de los Hermanos Musulmanes y se presentó como candidato independiente al parlamento, ya que los Hermanos Musulmanes tenían prohibido presentarse al gobierno. En 2011, los Hermanos Musulmanes fundaron el Partido de la Libertad y la Justicia, y

Morsi se convirtió en su primer presidente. Condenó la solución de dos estados del conflicto entre Israel y Palestina, condenó los atentados del 11-S y criticó a Estados Unidos por invadir Afganistán e Irak tras los ataques. Sus opiniones fueron apoyadas por muchos egipcios, pero fue duramente criticado por sus enemigos. Morsi fue detenido durante las protestas de enero de 2011, pero consiguió escapar de la cárcel.

Presidente de Egipto

Tras la dimisión de Mubarak, se permitió al Partido de la Libertad y la Justicia presentarse a las elecciones. En abril de 2012, Morsi se convirtió en el candidato del partido. Era la segunda opción del partido, pero su predecesor, Khairat al-Shater, fue descalificado. Morsi ganó las elecciones; sin embargo, el gobierno militar interino hizo una declaración constitucional en junio que esencialmente le quitaba la mayor parte de la autoridad al presidente. El Tribunal Constitucional Supremo también disolvió la Asamblea Popular, dirigida por los Hermanos Musulmanes. A pesar de ello, Morsi juró su cargo el 30 de junio.

Como presidente, Morsi revocó la declaración constitucional del gobierno militar interino, y varios miembros del consejo se retiraron al mismo tiempo. En noviembre de 2012, Morsi ayudó a negociar un alto el fuego entre Israel y Hamás (una organización fundamentalista y nacionalista suní palestina) en la Franja de Gaza, lo que le valió elogios internacionales. Sin embargo, más tarde emitió un decreto que estipulaba que su autoridad no estaría sujeta a ninguna supervisión judicial hasta que se estableciera una constitución permanente. El decreto eliminaba la capacidad del tribunal para supervisar la Asamblea Constituyente, encargada de elaborar una nueva constitución. Esta medida provocó protestas generalizadas, en las que los egipcios afirmaron que Morsi se estaba convirtiendo en un dictador.

En medio de las protestas, Morsi retiró algunos de sus decretos, aunque mantuvo el decreto que impedía la eliminación de la Asamblea Constituyente. La Asamblea Constituyente había creado un proyecto de constitución, que fue elaborado por musulmanes sin la aportación de miembros cristianos o laicos. En diciembre, Morsi declaró la ley marcial, que permitía a los militares detener a cualquiera que consideraran una amenaza, y el proyecto de constitución fue aprobado por los votantes. Morsi se enfrentó a una oposición abrumadora durante su mandato, y muchos de sus oponentes no estaban abiertos a las negociaciones, lo que obligó al presidente a tomar medidas drásticas.

Derrocamiento y juicio

La presidencia de Morsi estuvo plagada de un deterioro de la situación política, un declive de los servicios públicos y un debilitamiento de la economía. Estos fracasos suscitaron duras críticas y, el 30 de junio de 2013, se produjeron protestas contra Morsi en todo el país. Las protestas se fueron descontrolando y pronto se pidió su destitución. En julio, el jefe de las Fuerzas Armadas egipcias, el general Abdel Fattah al-Sisi, decidió tomar medidas decisivas. Anunció que, a menos que Morsi fuera capaz de aplacar a los manifestantes, los militares se verían obligados a intervenir para evitar que el país cayera en la anarquía.

La situación de Morsi era cada vez más precaria. Morsi se ofreció a negociar con los manifestantes, pero declaró que no dimitiría de su cargo. Rechazó el ultimátum de los militares y declaró que encontraría su propio camino para reconciliar a la nación.

Protestas contra Morsi en la plaza Tahrir
Y. Weeks/VOA, dominio público, vía Wikimedia Commons;
*https://commons.wikimedia.org/wiki/File:Thousands_of_people_gather_in_Tahrir_Square_to_pr
otest_Egyptian_President_Mohamed_Morsi_-_30-Nov-2012.jpg*

Dos días después, los militares destituyeron a Morsi de su cargo y suspendieron la Constitución. Morsi y muchos de sus colegas de la Hermandad Musulmana fueron encarcelados. Los partidarios de Morsi estallaron en protestas por su destitución, especialmente porque los partidarios de Morsi estaban siendo reprimidos. En julio y agosto, los militares se enfrentaron violentamente a los manifestantes. Murieron más de mil manifestantes, la mayoría de ellos en la plaza Rabaa al-Adawiya. En septiembre, los Hermanos Musulmanes volvieron a ser ilegalizados. Al-Sisi dejó entonces el ejército y se convirtió en el presidente egipcio en 2014.

Morsi tuvo que ser juzgado por incitar a los partidarios de los Hermanos Musulmanes a matar a los manifestantes durante una protesta contra Morsi y por connivencia con grupos extranjeros, como Hamás y la Guardia Revolucionaria de Irán. Durante el juicio, Morsi declaró que las acusaciones eran falsas y que seguía siendo el legítimo presidente de Egipto. El proceso fue ampliamente denunciado y criticado.

Muerte

En abril de 2015, Morsi fue declarado culpable de incitar a la violencia contra los manifestantes contrarios a Morsi y condenado a veinte años de prisión. También fue acusado de conspirar para cometer actos de terrorismo en Egipto y fue condenado a cadena perpetua. Además, fue condenado a muerte por cometer actos de violencia durante una fuga masiva de presos en enero de 2011. En 2016, un tribunal egipcio ordenó un nuevo juicio y anuló la condena a muerte. Mientras se iniciaba el nuevo juicio, Morsi seguía en la cárcel. Por desgracia, las condiciones eran deplorables y no se le permitió acceder a una atención médica adecuada. Las condiciones de la prisión provocaron el deterioro de la salud de Morsi, y el 17 de junio de 2019 se desplomó en el tribunal y murió.

En respuesta, las Naciones Unidas pidieron una investigación independiente sobre la muerte de Morsi. Las mezquitas de todo el mundo hicieron oraciones especiales por el ex líder egipcio. Muchos gobiernos extranjeros denunciaron el golpe y culparon al gobierno egipcio de la muerte de Morsi. Los Hermanos Musulmanes afirmaron que a Morsi no se le permitió recibir visitas regulares de aliados o familiares y que no se le proporcionaron los medicamentos necesarios. Al parecer, los detalles de su salud se habían mantenido en secreto.

El Partido Libertad y Justicia responsabilizó al gobierno egipcio de la «muerte deliberada y lenta» de Morsi. Afirmaron que Morsi fue puesto en régimen de aislamiento, alimentado con comida repugnante y no se le concedieron los derechos humanos básicos. Sus aliados también pidieron una investigación internacional independiente sobre Morsi, diciendo que los resultados deberían ponerse a disposición del público. Mohamed Morsi fue enterrado por su familia en el cementerio Al-Wafaa Wa al-

Amal de El Cairo. Hasta el momento, esta investigación independiente no se ha producido, pero aún podría ocurrir en el futuro.

Conclusión

Egipto es un país seductor que atrae a millones de turistas para ver sus espectaculares monumentos históricos. El país ha soportado cambios climáticos que amenazaron su seguridad y transformaron sus estructuras sociales, religiosas y económicas. Cada uno de estos cambios supuso una nueva era en la historia egipcia y tuvo un profundo efecto en el país y en sus vecinos. Este libro ofrece una visión general de la historia de Egipto y hace un recorrido por los acontecimientos antiguos, medievales y modernos que marcaron la identidad del país.

Exploramos el antiguo Egipto, y la era de las pirámides y los faraones. Vimos cómo Egipto cambió irremediablemente cuando Alejandro Magno entró en escena. A su muerte, su vasto imperio se dividió entre sus herederos, y Ptolomeo I aprovechó su oportunidad para apoderarse de Egipto. Durante esta época, Egipto recibió un fuerte impacto de la cultura helenística, y Alejandría se convirtió en una potencia intelectual en el Mediterráneo. Los ptolomeos fueron responsables de la construcción de monumentos legendarios, como la Biblioteca de Alejandría y el Faro de Alejandría.

Con el tiempo, Egipto se convirtió en una provincia romana y más tarde formó una parte vital del Imperio bizantino. Para entonces, el cristianismo estaba bien establecido en Egipto y se había convertido en la religión del Estado. Durante el periodo medieval, Egipto fue invadido por el califato Rashidun, que estableció el islam como nueva religión estatal. Egipto fue gobernado por varios gobernantes musulmanes, como los abasíes, los fatimíes, los mamelucos y los otomanos. Cada dinastía gobernante dejó su huella en el arte y la arquitectura egipcios, lo que dio lugar a la compleja diversidad que aún domina el paisaje egipcio moderno.

Egipto es un país magnífico con una poderosa historia que se estudiará durante años. Al aprender más sobre su pasado, una persona puede ampliar sus conocimientos sobre algunos de los acontecimientos más importantes de la historia mundial.

Segunda Parte: Mitología egipcia

Un apasionante repaso a los mitos, dioses y diosas egipcios

Introducción

Desentrañar los misterios de nuestra existencia es uno de los mayores logros del hombre. Los conocimientos de que disponemos los hemos adquirido buscando, encontrando y explorando el mundo que existió miles de años antes que nosotros. La mitología egipcia nos trae vívidos detalles de un pasado muy lejano y, como está a punto de descubrir, ¡hay mucho que aprender!

El antiguo Egipto es sinónimo de enormes pirámides, culto al sol y una plétora de dioses y diosas. En cada página de este libro encontrará las apasionantes y diversas perspectivas de sus historias. Pero antes, ¿qué tal si nos familiarizamos con la jerga de la mitología egipcia?

- **ASPECTO**: Parece una palabra corriente, pero preste atención a cómo se utiliza en la mitología antigua, sobre todo cuando se refiere a los dioses. Un «aspecto» de un dios o diosa significa una versión de ellos. Si hay algo que hay que destacar de antemano sobre los dioses y diosas de la mitología egipcia es su capacidad para cambiar de forma o manifestarse en diversas formas. Estas formas pueden ser animales, objetos inanimados o un dios distinto. Un dios podía transformarse en cualquiera de estas formas o extraer un dios de sí mismo.

- **AMULETO**: Los amuletos son objetos hechos por el hombre que se cree que alejan el mal. Pueden ser ornamentos, amuletos, blasones, joyas, un pequeño trozo de papel con hechizos escritos en él u objetos de la naturaleza, como garras o conchas. Los amuletos suelen ser portátiles y fáciles de llevar.

- **ANJ**: En casi todas las imágenes de un dios o diosa egipcios, se los ve sosteniendo un gancho en forma de llave en una mano. Este gancho se llama *anj* y era un símbolo divino que representaba la inmortalidad de los dioses.

- **DINASTÍA**: Era el término colectivo utilizado para describir a los faraones de una misma línea familiar. El final de una dinastía se producía cuando un faraón de otra familia real ascendía al trono. El antiguo Egipto tuvo más de treinta dinastías, incluidas las de griegos y romanos.

- **IMPERIO MEDIO**: Aunque el imperio medio no se menciona mucho en este libro, fue una época del antiguo Egipto. Se situó entre el imperio antiguo y el imperio nuevo. Los a. C. y 1640 a. C. Algunos libros de historia no reconocen el imperio medio. En su lugar, lo fusionan con el imperio nuevo. Un acontecimiento utilizado para delimitar el imperio medio del imperio nuevo es la invasión hicsa de Egipto hacia 1638 a. C., ya que causó una gran inestabilidad política.

- **IMPERIO NUEVO**: El imperio nuevo también se considera la edad de oro del antiguo Egipto. Tras recuperar sus tierras de los invasores extranjeros, los faraones trabajaron duro para devolver a la nación su antigua gloria. De esta época proceden impresionantes estructuras, magníficas estatuas y otras obras maestras de la antigüedad. Una vez más, las fechas difieren, pero el consenso general es que el imperio nuevo suele datar de entre c. 1550 a. C. y 1077 a. C.

- **IMPERIO ANTIGUO**: Todo está en el nombre. El imperio antiguo del antiguo Egipto es la época anterior a las eras del imperio medio y del imperio nuevo, y se sitúa entre c. 2700 a. C. y 2200 a. C. En esta época, Egipto existía en dos regiones: Alto y Bajo Egipto. El imperio antiguo fue también la época de las pirámides. Los faraones de esta época mandaron construir altas pirámides para conmemorar su reinado y servir de tumbas reales. La famosa Esfinge de Guiza también se construyó en la época del imperio antiguo.

- **PAPIRO**: Se trata de un papel grueso egipcio utilizado ya en la época predinástica de Egipto. Debe su nombre a la planta con la que se fabricaba. Si uno vivía en aquella época, podía encontrar papiro en abundancia alrededor del río Nilo.

- **PRIMIGENIO/PRIMORDIAL:** Se utiliza para referirse a la cronología mítica de Egipto. Es la época más antigua y temprana de Egipto, que data desde la creación del mundo hasta el reinado de los dioses. No se utilizan años ni cifras para describir esta era.

- **ERA PTOLEMAICA:** Es la época posterior al imperio nuevo, cuando Egipto fue invadido y ocupado por los macedonios. Esta época debe su nombre a Ptolomeo I, un general macedonio que sirvió a Alejandro Magno. En el año 305 a. C., Ptolomeo había derrotado a todos los que reclamaban el trono y se convirtió en rey de Egipto. Unos 275 años después, Egipto fue anexionado al Imperio romano, marcando el final de esta era. En este libro, el Egipto de esta época se describe como el Egipto grecorromano.

Ahora que ya está preparado, ¡es hora de sumergirse! Comenzamos con los primeros tiempos de la mitología egipcia y el primer relato de su cronología: la creación del mundo.

PRIMERA SECCIÓN:
Cosmología

Capítulo 1 - Los mitos de la creación

De todas las historias de la creación que existen, las del antiguo Egipto son algunas de las más intrigantes. Las historias sobre la procedencia de los elementos de la naturaleza y los seres vivos forman parte de casi todas las civilizaciones antiguas de la historia. La creación del mundo ha sido relatada por muchas culturas. Lo primero que llama la atención es que todas aluden al caos o a un vacío previo al establecimiento del orden natural.

Los mitos egipcios de la creación, en todo su dinamismo, no están exentos de ello.

A veces, la palabra «mito» se atribuye a la falsedad o la incertidumbre, pero los egipcios creían que todos los mitos de la creación eran profundamente ciertos. En algunos textos se habla de los mitos egipcios de la creación o de cualquier mito de la creación como «mitos cosmológicos». Se trata de un sinónimo. La cosmología estudia la totalidad del universo, desde su origen hasta su evolución y su destino final.

Fuentes de los mitos egipcios de la creación

Las múltiples versiones de los relatos egipcios sobre la creación proceden de antiguas compilaciones jeroglíficas del imperio antiguo, que abarcan desde el 2700 a. C. hasta el 2200 a. C. aproximadamente.

Los egipcios son mundialmente conocidos por sus elaborados funerales y tumbas. Los faraones de los imperios antiguo y medio eran enterrados en pirámides, en cuyas paredes se contaban historias de su época. Son los llamados «Textos de las Pirámides».

Texto piramidal en las paredes de la tumba del faraón Teti de la Sexta dinastía
Leon petrosyan, CC BY-SA 4.0 https://creativecommons.org/licenses/by-sa/4.0 vía Wikimedia Commons https://commons.wikimedia.org/wiki/File:In_ther_pyramid_of_Teti_1.jpg

Una pirámide era mucho más espaciosa que una tumba normal, y los egipcios creían que no había mejor manera de despedir a sus reyes para que tuvieran una vida después de la muerte bendecida. Las pirámides solían tener escaleras que conducían al rey difunto hasta el cielo (o el sol), guiadas por textos protectores y hechizos en las paredes. Eran los llamados textos funerarios. Miles de años después, las múltiples excavaciones de estas antiguas pirámides prácticamente regalaron al mundo la mayor parte de los profundos conocimientos que existen hoy sobre los mitos egipcios de la creación.

Los templos antiguos fueron otra fuente destacada. Los antiguos egipcios tallaban sus historias en las paredes y el techo de piedra de los templos. Tal vez previeron la destrucción de importantes documentos religiosos en la transición de Egipto del paganismo politeísta al cristianismo, que pronto se vería envuelta en un conflicto. Durante esta época, los cristianos destruyeron muchos textos documentados sobre dioses y diosas egipcios.

A pesar de la eventualidad de esta conversión, los mitos de la creación grabados en papel papiro sobrevivieron. Estos documentos, que incluyen textos religiosos escritos por sacerdotes, libros de hechizos recopilados por magos y diarios médicos escritos por médicos de la antigüedad, han demostrado ser valiosas fuentes de información sobre los mitos de la creación y otros datos sobre Egipto. En ellos se destacan los nombres de los dioses responsables de la protección y la curación, así como sus funciones en la creación del mundo.

Curiosamente, los autores griegos clásicos también contribuyeron a dar fama mundial a los mitos egipcios de la creación. Probablemente le suenen nombres como Heródoto, Plutarco o incluso Diodoro. Sin embargo, ninguno de estos hombres sabía hablar egipcio para salvar su vida, pero demostraron que una mente curiosa distinguía realmente lo que convertía a alguien en un ferviente buscador del conocimiento.

Su objetivo era educar al público griego con historias extranjeras y enriquecer la cultura helénica. Pero debido a la barrera lingüística, estos autores clásicos estaban a merced de los intérpretes. Dependían de los intérpretes para leer los pergaminos egipcios y las tallas de las paredes o para hablar con los custodios egipcios del conocimiento, los sacerdotes. Con el tiempo, los autores griegos registraron las historias egipcias basándose en lo que habían recogido de estos intérpretes. Cabe imaginar que estos relatos estaban impregnados de prejuicios personales y culturales. La esencia de algunos relatos se perdió o diluyó en el proceso de traducción, lo que dio lugar a una amplia gama de diferencias con respecto a las versiones egipcias locales. A los autores griegos clásicos no podían importarles menos estas distorsiones, sobre todo porque sus relatos prácticamente cambiaban el nombre de algunos de los dioses egipcios. Por ejemplo, el dios egipcio Amón se convirtió en Zeus-Amón (sin duda diferente de Zeus), el dios egipcio Horus se identificó con Apolo y Thot se combinó con el dios griego Hermes.

Parece como si los autores clásicos griegos no estuvieran tan interesados en popularizar los mitos egipcios de la creación como en ofrecer a sus compatriotas griegos una forma de entretenimiento. Salvo las incoherencias inherentes, los relatos escritos de los autores griegos clásicos sobre los mitos egipcios de la creación, que acabaron integrándose en la cultura griega antigua, han demostrado ser otra fuente histórica clave.

Por último, pero no por ello menos importante en la lista de fuentes, está el boca a boca. Esta fuente ha sido criticada por ser muy poco fiable, pero los egipcios siempre se han enorgullecido de contar historias antiguas. Los antiguos faraones eran famosos por ser excelentes narradores, una habilidad que compartían con sus hijos. Sus cuentos populares alababan las hazañas de Atum (o Ra) y hablaban de la sabiduría de Osiris y la belleza de Nut, el cielo sobre ellos. Sin duda, estos fervientes narradores tendrían muchas versiones de una misma historia, que dependían del lugar y de la perspectiva religiosa. Sin embargo, estas historias tenían algunos puntos en común. En lugar de detenernos en las incoherencias de estas versiones, lo mejor es pensar en una conciencia tan dinámica del universo y su origen como ejemplo de una cultura sofisticada.

No existe ninguna tumba, templo, libro o documento que ofrezca una imagen completa de los mitos egipcios sobre la creación, pero ¿qué es la mitología sin algo de misterio? Al fin y al cabo, los esfuerzos arqueológicos a lo largo de los años bastan para poner la pluma sobre papel.

Relatos de los mitos egipcios de la creación

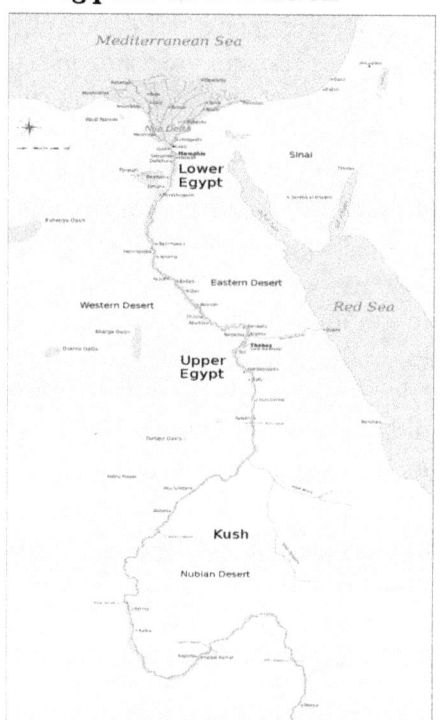

Un mapa del antiguo Egipto

Jeff Dahl, CC BY-SA 4.0 https://creativecommons.org/licenses/by-sa/4.0 vía Wikimedia Commons; https://commons.wikimedia.org/wiki/File:Ancient_Egypt_map-en.svg

Hay cuatro relatos de la creación destacados, que proceden de cuatro ciudades diferentes de Egipto. La primera, y posiblemente la más popular, procede de la antigua ciudad de Heliópolis. La historia comienza con nuestro amado universo como nada más que una extensión de agua caótica y sin dirección conocida como Nun.

Heliópolis

Es difícil imaginar el aspecto de la nada, pero se han hecho algunos intentos decentes de representarla. Nun es el nombre dado a la forma del universo antes de la creación, y se parecía mucho a un vasto océano turbulento. Llegaba a todas partes, pero no iba a ninguna. No había noche ni día, y el único ser que existía dentro del agua era un dios inmóvil.

Su nombre era Atum (o Ra en algunos textos).

Atum debió de pasar eones en su soledad inerte, los suficientes para anhelar compañía. Con el tiempo, decidió poner fin a su soledad. Atum emergió de Nun en una piedra mística de forma cónica llamada Benben, y en algunos otros relatos, Atum emergió pronunciando su propio nombre. Como accesorio de su peculiar naturaleza, el dios Atum tenía elementos masculinos y femeninos dentro de su ser. Esto le permitía procrear consigo mismo. Tuvo dos hijos: Shu y Tefnut.

La Enéada: Una genealogía divina

Por supuesto, hay variaciones dentro de nuestra historia heliopolitana en cuanto a cómo concibió Atum a su descendencia. Mientras que algunas tradiciones implican un acto similar a la masturbación, otras sugieren que Atum se apareó con su propia sombra. Otro relato nos dice que el dios Atum estornudó a Shu y escupió a Tefnut y que sus nombres son juegos de palabras onomatopéyicos para representar cómo nacieron.

Estos relatos únicos, a pesar de su divergencia, coinciden unánimemente en que el dios Atum fue el padre de Shu y Tefnut. Shu se convirtió en el dios del aire y su hermana Tefnut en la diosa de la humedad, los dos elementos fundamentales de la naturaleza. Juntos, los gemelos se embarcarían en un viaje para descubrir su propósito y cómo cumplirlo.

A Atum le disgustaba enviar a sus hijos a un mundo impregnado de oscuridad e incertidumbre abismales, pero no podía impedir que satisficieran sus curiosidades. Así que se marcharon, pero apenas se habían ido Shu y Tefnut cuando Atum se dio cuenta de que su propósito de crear a sus hijos había sido derrotado.

Una vez más se sentá solo.

Desesperado por su seguridad, el dios Atum tomó una parte de sí mismo, su ojo, y lo envió en una importante misión para encontrar a sus hijos. El ojo de Atum, también conocido como el Ojo de Ra, atravesó el vacío hasta que Shu y Tefnut fueron encontrados y se reunieron con su padre.

Atum recibió a sus hijos con lágrimas de alegría. Cada lágrima que caía de sus ojos se transformaba en una criatura viviente: la primera generación de la humanidad que habitaba un nuevo mundo.

Sin embargo, quedaba un pequeño desafío. Las aguas de Nun no eran propicias para la última creación de Atum. Necesitaban un lugar al que llamar hogar, donde sus hijos pudieran crecer. En este dilema, Shu y Tefnut descubrieron el propósito por el que se habían aventurado tan lejos.

La unión de Shu y Tefnut dio a luz a la segunda generación divina: el dios de la tierra, Geb, y la diosa del cielo, Nut. Geb es representado en el arte como un hombre de piel verde que suele sostener en alto a una mujer, que se cree que es su hermana, Nut. La bella Nut se arquea sobre su hermano y su cuerpo alberga puntos brillantes (estrellas). También se creía que Nut se tragaba el sol cada noche y lo hacía renacer para marcar el comienzo de un nuevo día.

Representación de Nut extendiéndose sobre su hermano Geb
https://commons.wikimedia.org/wiki/File:PSM_V10_D564_Egyptian_representation_of_heaven_and_earth.jpg

Debido a compartir una convivencia tan íntima, Geb y Nut se enamoraron rápidamente el uno del otro, pero su padre, Shu, lo desaprobó; algunos creen que podría haber estado celoso de la unión. Como consecuencia, Shu separó a los dos, obligándolos a existir el uno sin el otro. Los antiguos egipcios creían que por eso la tierra y el cielo son elementos paralelos de la naturaleza hasta nuestros días.

Desconsolado, Geb derramó lágrimas de tristeza al no poder vivir con su verdadero amor. Los egipcios creían que de ahí procedían la lluvia y los océanos.

Antes de que Nut se separara de Geb, había tenido cuatro hijos: Osiris, Isis, Seth y Neftis. Algunas tradiciones egipcias incluyen un quinto hijo llamado Horus, pero la mayoría nombran a Horus como hijo de Osiris e Isis, no como su hermano. Una tercera versión alude a la existencia de ambos: Horus el Viejo como su hermano y Horus el Joven como su hijo.

Los cuatro (o cinco) hijos de Geb y Nut representarían las fuerzas de la naturaleza y conformarían por etapas el viaje de la humanidad sobre la tierra.

Así, de Atum (Ra), el dios del Sol y padre de toda la creación, surgieron Shu y Tefnut; de Shu y Tefnut surgieron Geb y Nut; y de Geb y Nut surgieron cuatro dioses y diosas: Osiris, Isis, Seth y Neftis.

Juntos, estos nueve dioses son venerados como la Gran Enéada de Heliópolis.

Hermópolis

La versión hermopolitana de la creación es la más antigua, y no se centra en nueve dioses, sino en ocho: la sagrada Ogdóada.

La Ogdóada de Hermópolis esculpida en la pared de una tumba en Deir el-Medina
SFEC_2009_POT-0008.JPG: S F-E-Cameronderivative work: JMCC1, CC BY-SA 3.0 https://creativecommons.org/licenses/by-sa/3.0 vía Wikimedia Commons; https://commons.wikimedia.org/wiki/File:Ogdoad_-_The_Place_of_Truth_-_Deir_el_Medina.jpg

Antes de la creación de la vida, estos seres divinos existían como elementos que caracterizaban el mundo: oscuridad absoluta, aguas caóticas, misterio e infinitud.

Estos ocho dioses formaban cuatro parejas, una masculina y otra femenina. Los dioses masculinos tenían cabeza de rana, mientras que los femeninos tenían cabeza de serpiente. Sus nombres eran Nun (o Nu) y Naunet, Hah y Hauhet, Kek y Kauket, y Amón y Amonet.

Juntos navegaron por las aguas primigenias que se convertirían en un nuevo mundo. El mito hermopolitano de la creación relata la interacción entre estos ocho dioses y sus energías, que dio lugar a una explosión masiva; hoy en día, es lo que los científicos llaman el Big Bang. Como consecuencia, un montículo primordial (posiblemente el Benben) emergió de las aguas. Esto marcó el comienzo de la edad de oro en la Tierra, con la Ogdóada como gobernantes.

La Calle de los Cuatro Caminos

El mito hermopolitano de la creación, como el de Heliópolis, tiene múltiples subtramas, todas ellas relacionadas con la Ogdóada. En primer lugar, un huevo cósmico era la fuente del universo y de todo lo que contiene. Algunas tradiciones dicen que el huevo fue creado por los propios dioses, mientras que otras afirman que fue puesto por un ganso primigenio llamado Gengen Wer (el Gran Cacareador), un aspecto de los dioses Amón y Geb. De este huevo salió el dios Ra (o Atum), que empezó a crear el mundo.

Otra variante de esta historia se refiere a un loto místico que surgió de las aguas primigenias. Este loto tenía pétalos que se abrían lentamente y daban a luz a un pájaro de luz, que representaba a Ra, quien comenzó la creación del mundo. El tercer relato coincide en que el loto surgió de las aguas, pero en lugar de Ra, del loto surgió un escarabajo cuando se abrió. Brillaba tanto como el sol, marcando el primer amanecer. En algunas versiones mitológicas, este escarabajo se transformó en un niño llamado Nefertum. Sus lágrimas fueron las que crearon a los primeros seres humanos que pisaron la tierra.

La cuarta versión hermopolitana de la creación sostiene que el mundo no surgió de un loto ni de un ganso celestial, sino de un huevo puesto por un ave sagrada conocida como ibis. Este ibis era Thot, el dios de la escritura, la ciencia y la magia.

Los hermopolitas afirman con orgullo que sus historias de la creación son las más antiguas, ya que dan cuenta del origen de Ra, la fuente del universo. Según ellos, el dios Ra (o Atum) no acababa de nacer. Fue una creación de los ocho dioses conocidos como la Ogdóada.

Tebas y Menfis

Muchos panteones de la antigua Tebas tenían tallas y estatuas de Amón, uno de los dioses de la Ogdóada. Este dios era adorado en Tebas como un ser supremo y el dios más importante en lo que se refería a la creación. Los tebanos creían que los demás dioses eran creación de Amón y que el mundo no existiría sin él. Creó el ganso (el Gran Cacareador) que rompió el vacío de las aguas primigenias e invocó el montículo (o piedra) primigenio que albergaría a Atum.

Los adoradores de Amón también creían que Tebas, la poderosa capital de Egipto en el siglo XI a. C., fue fundada por Amón, junto con el resto del mundo. Cuando Tebas alcanzó la prominencia en Egipto, Amón se convirtió en un dios superior.

En Menfis, otra antigua ciudad egipcia, se cree que una deidad llamada Ptah, dios de la artesanía y la arquitectura, utilizó su pericia en el habla divina para formar a los dioses y el mundo. También se lo veneraba como protector de lo que había creado, y era el único dios que no había sido creado por otro.

Por muy dispares que parezcan estas historias de la creación del antiguo Egipto, comparten algunas similitudes fascinantes. La primera es la creencia de que el mundo fue creado por dioses, seres sobrenaturales que se crearon a sí mismos o llegaron a existir por medios extraordinarios.

La segunda es la creencia de que antes de la creación, el universo existía como un vacío acuoso. Esto simboliza un estado de caos, vacío y falta de orden, es decir, hasta que surgen los dioses y salvan el día. Los autores de estos mitos permanecen aún por descubrir, pero lo que es seguro es que estas historias de la creación han marcado en gran medida la cultura egipcia, tanto entonces como hoy.

Capítulo 2 - La forma del mundo y Maat

La curiosidad es quizá el mayor don de la humanidad; de lo contrario, ¿cómo llegaría a nosotros el conocimiento?

El mundo ha sido el hogar de la humanidad durante muchos eones, y como habitantes de un entorno verdaderamente complejo, la responsabilidad de encontrar la verdad se ha transmitido de generación en generación. El antiguo Egipto es famoso por ser un centro de arte, cultura y ciencias naturales, entre las que se incluye la cosmología, en la que la gente busca el significado del mundo en que vive.

La información y las tecnologías científicas modernas eran inexistentes en aquella época, por lo que los egipcios que buscaban ese conocimiento del universo recurrían en gran medida a lo sobrenatural. Dioses y diosas tenían que haber intervenido en la estructura del universo. También intervenían en las rutinas de la naturaleza, como el amanecer y el atardecer, la lluvia y la sequía, el viento y las tormentas. Lo más significativo de todo es que los dioses diseñaron la forma del mundo.

Si visitáramos a los científicos más venerados del antiguo Egipto, que solían ser sacerdotes, nos dirían que la Tierra era plana y ovalada. Esto es evidente en el viaje de Ra al inframundo, un viaje que hacía todos los días. A menudo se describe como un descenso. Esto demuestra que los egipcios pensaban que había una pendiente o curva en el borde de la tierra de un reino al otro. Después de su estancia de toda la noche, el dios del Sol se levantaba de nuevo en el otro lado, lo que se conoce como un ascenso.

Como recordará en el mito de la creación heliopolitana, los nietos de Ra, Geb y Nut, estaban conectados. También recordará que la diosa Nut es representada como una mujer desnuda arqueada sobre su hermano Geb. Ella representa el cielo (o los cielos), a través del cual Ra viaja durante el día.

El arco de Nut habla de la teoría de la forma ovalada que sostenían los antiguos egipcios. La otra mitad del óvalo era el inframundo (también conocido como Duat), completando un óvalo plano.

Maat: El orden del mundo

El mundo no surgió de la nada. Necesitó de la mano del divino Amón, que convirtió las desoladas aguas de Nun en un hermoso hogar para criaturas vivientes de todo tipo. Con todo ese trabajo surgió Maat, el orden del universo. Maat es un aspecto central de la mitología egipcia, que atraviesa la vida de los dioses y su relación con los mortales.

El comienzo exacto de Maat fue la creación y, a partir de entonces, cada nuevo rey de Egipto tenía el deber de mantenerlo. Maat también influiría en el destino de cada alma en la otra vida. Esencialmente, Maat atravesaba todas las esferas de la existencia tanto para mortales como para inmortales como un «qué» y un «quién».

Maat: El «qué»

En primer lugar, la antigua mitología egipcia presenta a Maat como un principio, una idea o concepto de justicia, equidad, orden y armonía. El propio nombre significa «lo que es recto». Cuando Amón (o Ra) creó el mundo, su intención era el compañerismo y la armonía. Las caóticas aguas de Nun existían desde hacía mucho tiempo, y el creador anhelaba la paz.

Mediante el poder de la magia divina llamada *heka*, el mundo se puso en orden. El primer grupo de personas que ocupó la tierra la mantuvo en honor a su creador. Los antiguos egipcios creían que, para permanecer en línea con Maat, cada ser humano tenía un deber consigo mismo, con sus semejantes, con su creador y con la Tierra. Algunos de estos deberes, como la humildad, el autocontrol y la sabiduría, fueron descritos por un antiguo visir egipcio llamado Ptahhotep en su libro *Las máximas de Ptahhotep*.

Estos deberes debían cumplirse en función de la clase social, la edad y el sexo. Los tiempos y las estaciones también se asociaban con Maat.

Cada año, había un momento en el que el río Nilo se desbordaba y otro en el que retrocedía. Este era el orden de las cosas, y las interrupciones de estos procesos naturales se consideraban una señal de caos o de ira de los dioses. La ascensión de un nuevo rey también formaba parte de Maat.

Tras la era de los dioses, Egipto fue gobernado por hombres. Estos hombres eran los representantes de los dioses en la Tierra y, tras la muerte de un rey, había que entronizar a otro para preservar Maat. Los reyes injustos traían la desgracia a la tierra de Egipto y eran condenados al sufrimiento eterno en la otra vida después de su muerte. Maat también representaba la ley, pero en un sentido más natural y espiritual que legal. Se esperaba que los reyes de Egipto fueran modelos de estas leyes.

En la mitología egipcia, los principios de justicia y orden (Maat) se aplican no solo a Egipto, sino también a todas las naciones de la tierra. En las épocas venideras, se establecerían en Egipto principios similares a los de Maat de otras naciones.

Maat: El «quién»

Pintura reconstruida de Maat

TYalaA, CC BY-SA 4.0 https://creativecommons.org/licenses/by-sa/4.0 vía Wikimedia Commons; https://commons.wikimedia.org/wiki/File:Goddess_Ma%27at_or_Maat_of_Ancient_Egypt_-_reconstructed.png

En las imágenes, Maat aparece como una hermosa diosa con alas doradas, sosteniendo un anj y un cetro y llevando un tocado de plumas de avestruz. Nació de Amón (Ra) por el poder de la *heka* (magia) cuando se creó el mundo.

Maat era la razón por la que el mundo seguía un camino ordenado tras la creación, ya que todos los elementos de la naturaleza estaban en su lugar y cumplían su propósito ordenado. Esta diosa encarnaba la armonía, la justicia y la continuidad. Ella era la razón por la que el día era día, la noche era noche, el cielo era el cielo y la tierra era la tierra tal y como habían sido creados. Los astrónomos del antiguo Egipto creían que las estrellas del cielo nocturno seguían los caprichos de Maat.

De todas las diosas del antiguo panteón egipcio, Maat tenía un carácter distintivo. No era protagonista de ningún mito, como Isis o Hathor. Era la manifestación de una idea. El pueblo la practicaba como un principio en lugar de adorarla como a una deidad. Representaba reglas que había que obedecer, más que una figura a la que había que rendir pleitesía.

La influencia de Maat estaba tan arraigada en la estructura de Egipto que era la base de la educación. Aparte del faraón, los eruditos, escribas y otros miembros de la élite alfabetizada de Egipto, había custodios del conocimiento de Maat. Estos burócratas eran hombres de alto rango en la sociedad que adoraban a Maat junto a su esposo Thot, el dios de la sabiduría.

Los escribas también se encargaban de educar al pueblo sobre cómo vivir sus vidas de acuerdo con el orden del mundo mediante tradiciones orales y textos instructivos. Uno de los escribas más famosos que escribió un texto instructivo en Egipto fue Amenemope. Su libro, titulado *Instrucción de Amenemope*, era una versión avanzada de *Las Máximas de Ptahhotep*, que había sido escrito muchos años antes de que naciera Amenemope. Durante la dinastía XX del antiguo Egipto, el libro de Amenemope se convirtió en un manual para complacer a la diosa Maat.

El libro comenzaba exhortando al pueblo a la obediencia y a una recta interpretación de sus palabras. También hablaba de las recompensas de poner en práctica sus instrucciones:

> «Si pasas toda una vida con estas cosas en tu corazón,
> te parecerá una buena fortuna;
> Descubrirás que mis palabras son un tesoro de vida,
> Y tu cuerpo florecerá sobre la tierra».

A continuación, el libro advertía contra el maltrato a los pobres, la falta de respeto a los ancianos y la participación en negocios turbios. Estos constituían algunos de los peores vicios del antiguo Egipto y eran condenados como amenazas para la preservación de Maat.

El libro de Amenemope giraba en gran medida en torno al tema del autocontrol y la moderación ante las provocaciones. Al exhortar a la gente a no «discutir con el hombre pendenciero», a «proceder con cautela ante el adversario» y a dejar en paz a esas personas, presentaba a los cumplidores como dignos ejemplos para sus hijos.

El comportamiento y la conducta en público eran otros temas sobre los que el pueblo recibía instrucciones claras en el libro de Amenemope. En los lugares de culto, debían ser sobrios y guardar silencio. Dado que los asuntos de la tierra eran una fuente común de disputa en la antigüedad, el libro de Amenemope hablaba contra la codicia y la alteración de los límites de la tierra para acumular riquezas mal habidas o para el cultivo:

> «Y recibe el pan de tu propia era:
> Mejor es la fanega que Dios te da
> que cinco mil conseguidos con engaño».

Los capítulos siguientes condenaban la glotonería entre amos y siervos, y el soborno entre funcionarios del gobierno. También hablaba del castigo de Thot reservado a los escribas corruptos.

> «El Mono [Thoth] descansa [en] el templo de Khmun,
> mientras su ojo viaja por las Dos Tierras;
> Si ve a uno que peca con su dedo [es decir, un falso escriba],
> se lleva sus provisiones por el diluvio.
> En cuanto a un escriba que peca con su dedo,
> su hijo no será inscrito».

También se reprende con vehemencia la arrogancia, el alboroto, los falsos testimonios y las difamaciones, sobre todo porque eran (y siguen siendo) comunes en la práctica del derecho.

La excepcional capacidad de escritura de los escribas en la antigüedad hizo que los principios de Maat fueran fácilmente comprensibles y practicables para el pueblo.

Aunque la diosa Maat no tenía templos propios como otras diosas, era más importante que la mayoría. Algunos dirían que era la más importante de todas. Representaba la vida misma y era omnipresente. Los reyes le rezaban para que los ayudara a mantener el orden, y el pueblo le pedía lo mismo en sus casas y en las calles. Todos los mortales de Egipto la veneraban con su vida, y su influencia se mantuvo intacta durante muchas generaciones.

En la otra vida, los egipcios creían que el corazón de cada hombre sería pesado con Maat para determinar hasta qué punto cumplía con los principios de la justicia. Esta prueba tendría lugar en la Duat, el famoso inframundo y la tierra de los muertos.

Capítulo 3 - La Duat y el más allá

La Duat, también conocida como inframundo o Tuat, era el hogar de los muertos. Puede imaginársela como un lugar oscuro y frío donde montones de almas esperaban desesperadamente la llegada de Ra para revitalizarlas, pero era mucho más que eso. Por irónico que parezca, aunque la Duat era la «tierra de los muertos», era un hervidero de actividad.

Como firmes creyentes en la vida después de la muerte, los habitantes del antiguo Egipto llamaban a la Duat el hogar eterno de las almas, lo que significaba que allí se encontraban muchas almas. También había criaturas míticas, dioses, diosas, demonios y espíritus, cada uno con un papel que desempeñar.

En textos anteriores, la Duat se representaba como un cielo celestial en lugar de un «inframundo». Esto se debía a que se decía que los faraones que morían e iban a la Duat subían al cielo como estrellas o se convertían en parte del sol, que viajaba cada día a través del cuerpo de la diosa del cielo Nut. Esto hace que el concepto de la Duat sea un poco ambiguo, teniendo en cuenta que el cielo está situado sobre la tierra y no bajo ella. Posteriormente, durante el imperio medio, la Duat se popularizó como un inframundo donde todos los humanos pasarían la eternidad.

La Duat se representa en los textos jeroglíficos como una estrella en un círculo, lo que posiblemente alude a sus múltiples subreinos. Existía el reino donde se juzgaba a las almas, otro reino donde vivían dioses y diosas, otro reino donde vivirían los hombres que habían defendido a

Maat y un reino para los injustos. Así pues, el cielo y el infierno se encontraban en un mismo lugar, solo que en ubicaciones diferentes.

Geográficamente, el inframundo tenía características reconocibles para las almas que lo llamaban hogar. Esto incluía lagos y océanos con barcos para que las almas viajaran, así como montañas y colinas. Las paredes de hierro, los lagos de fuego y los árboles de color turquesa eran algo fuera de lo común, pero el inframundo lograba un equilibrio esperado entre lo normal y lo espectral.

La Duat: La tierra de los muertos

El viaje de un alma a la Duat comenzaba con la muerte.

Tras el fallecimiento, una persona era embalsamada y momificada. Durante este proceso, se extirpaban todos los órganos internos del cadáver, dejando solo el corazón en su lugar. Esto se debía a que el corazón sería necesario en la Duat.

La momificación era una práctica importante en el antiguo Egipto. Consistía en eliminar toda la humedad del cadáver, ya que podía causar putrefacción. El objetivo de esta práctica era preservar gran parte de la forma física del difunto. Aunque era el alma de una persona la que pasaba al más allá egipcio, el cuerpo físico era un recipiente igualmente importante. Este recipiente transportaba el alma a las puertas de la Duat. Si el cuerpo estaba roto o podrido, el espíritu podía perderse.

Es importante destacar que, durante la mayor parte del imperio antiguo, solo los faraones podían aspirar a encontrar el paraíso en la otra vida. Posteriormente, el pueblo llegó a saber que incluso los plebeyos tenían un lugar en la otra vida si estaban dispuestos a hacer lo necesario. La momificación era un proceso caro que no estaba al alcance de la mayoría de los plebeyos, pero la práctica de secar un cadáver al sol del desierto durante más de setenta días también funcionaba.

Aunque la momificación era más común entre los hombres, las mujeres de la nobleza que podían permitirse el proceso también eran momificadas. Curiosamente, en 2018 se desenterró en las tumbas reales de Lúxor una momia bien conservada de una mujer embarazada del siglo I a. C.

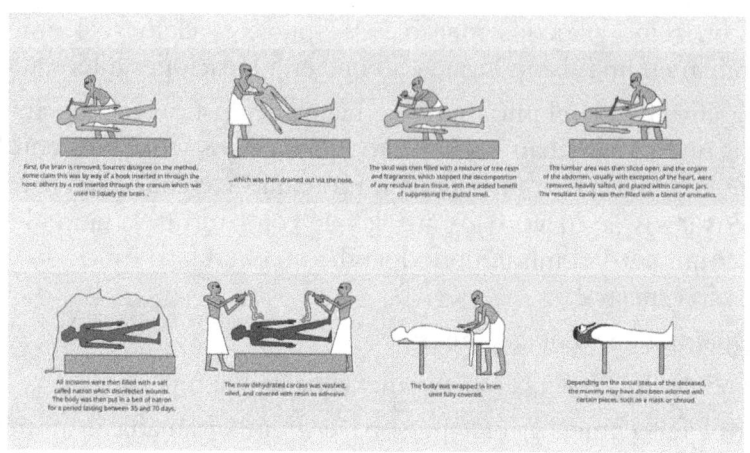

El proceso de momificación

SimplisticReps, CC BY-SA 4.0 https://creativecommons.org/licenses/by-sa/4.0 vía Wikimedia Commons; https://commons.wikimedia.org/wiki/File:Mummification_simple.png

Los muertos solían ser enterrados en la orilla oeste del río Nilo, ya que se creía que era la mejor ruta hacia el inframundo. Los ritos funerarios incluían la invocación a dioses y diosas guardianes para que ayudaran al alma a llegar al inframundo. Aparte de hechizos y conjuros, estas invocaciones incluían enterrar amuletos, estatuillas y estatuas de protección junto al difunto.

Entonces, el difunto despertaba en la Duat. La Duat era el lugar donde se juzgaba a los humanos por sus actos en la Tierra y, como se puede imaginar, no todos pasaban la prueba. Si un alma no la superaba, sería condenada a la condenación eterna en el ardiente lago de fuego, donde residía Ammit, el demonio devorador de almas del inframundo. La determinación de no convertirse nunca en presa de Ammit era lo que impulsaba a los habitantes del antiguo Egipto a defender el Maat con sus vidas.

Pero antes de que tuviera lugar la prueba, las almas se vestían con ropas limpias y recibían sandalias nuevas al entrar en la Duat. A continuación, eran transportadas al Salón de la Verdad para ser juzgadas. El Salón de la Verdad era grande y magnífico, y las almas formaban largas filas para ser juzgadas ante Osiris, el dios del inframundo.

Osiris estaría flanqueado por el dios Anubis y el dios Thot. También había 42 dioses (o jueces) en la sala, cada uno de los cuales representaba un distrito (o *nomo*) del antiguo Egipto. Cuando llegaba el turno de juzgar a un alma, esta se adelantaba y pronunciaba la «Declaración de Inocencia» ante cada uno de los 42 jueces. He aquí un breve ejemplo de

lo que habrían dicho:
1. Salve Jinete Lejano, que saliste de Heliópolis, no he cometido ninguna falsedad.
2. Salve Abrazador del Fuego, que saliste de Kheraha, no he robado.
3. Salve Entrometido, que saliste de Hermópolis, no he sido rapaz.
4. Salve Tragador de Sombras, que saliste de la caverna, no he robado.
5. Salve, Peligroso, que saliste de Rosetjau, no he matado hombres.

Estas confesiones sagradas eran el testimonio de un alma de haber vivido de acuerdo con Maat, y cada confesión tenía que ser aceptada por los dioses, o de lo contrario el alma corría mayor peligro de ser condenada.

A continuación, se entregaba el corazón para que Anubis lo pesara en una balanza de oro. El corazón representaba el carácter, la personalidad y los valores de una persona en la Tierra. Por eso, en el antiguo Egipto, el corazón solía enterrarse con los muertos.

En el otro lado de la balanza de oro habría una pluma blanca de avestruz, un aspecto de Maat llamado la Pluma de la Verdad. Esta prueba determinaría en última instancia si el alma merecía la vida eterna o, todo lo contrario. Si el corazón del alma pesaba menos que la Pluma de la Verdad, significaba que, efectivamente, el alma había vivido una vida agradable a los dioses. Su recompensa sería la entrada en el paraíso de la otra vida.

Si el corazón de un alma pesaba más que la Pluma de la Verdad, significaba que el alma era injusta y no apta para el paraíso. Su corazón sería arrojado a un pozo de fuego o arrojado al demonio devorador de almas, Ammit. Una vez devorada, el alma dejaría de existir y moriría una segunda muerte.

Ammit, el devorador de almas, expuesto en el Museo Británico
https://commons.wikimedia.org/wiki/File:Ammit_BD.jpg

Este era el peor destino al que podía ser condenado un mortal y, como resultado, sobrevivir al Salón de la Verdad era más importante para el pueblo de Egipto que las riquezas terrenales, la fama o la gloria.

Tras el Salón de la Verdad había un hermoso lago, conocido como el lago de los Lirios o el lgo de las Flores. Solo un barco transportaba almas a través de este lago hacia el paraíso, y el espíritu a cargo del barco se llamaba Hraf-haf. Su ayudante se llamaba Aken. Hraf-haf era una criatura mística que llevaba la cabeza hacia atrás y tenía muy mal genio. Incluso después de pasar la prueba en el Salón de la Verdad, el viaje al paraíso no era regalado, al menos no bajo la vigilancia de Hraf-haf. Algunas tradiciones afirman que Hraf-haf retaba a las almas a un partido de pesca. Perder significaba perder el puesto en su barco y quedar varado. Otros relatos insisten en que para convencer al malhumorado barquero bastaba con ser paciente y amable, a pesar de sus provocadoras palabras y miradas.

Hraf-haf no era el único obstáculo en el camino del alma hacia el paraíso. Había otros peligros, como ser atacado por los demonios que custodiaban las numerosas puertas que conducían al paraíso. Estas puertas eran quince o veintiuna, y las almas tenían que estar en guardia para protegerse de los espíritus malignos.

Aaru, o el campo de los Juncos, era el destino final de todas las almas que sobrevivían a las pruebas del Lago de los Lirios. Estaba situado al este, por donde salía el sol, y solía representarse como una hermosa isla con interminables campos que se extendían imponentes hasta el horizonte.

Aquí, las almas podían vivir como en la Tierra. Podían tener tierras de labranza y cosechar cultivos, ya que el tiempo y las condiciones climáticas de Aaru eran perpetuamente perfectos para el cultivo.

Las almas podían comer y beber, celebrar fiestas y tener relaciones sexuales. En Aaru se conservaba el orden social. Los faraones del antiguo Egipto solían ser enterrados con muchos sirvientes porque estos asumían sus funciones en Aaru. Las posesiones que un alma, rey o no, necesitaba en la otra vida se enterraban con ellos. Estas les serían entregadas en Aaru para que las utilizaran a su conveniencia para siempre.

La Duat: El hogar de los dioses

Es posible que haya oído hablar del monte Olimpo en la mitología griega o del Valhalla en la mitología nórdica. Estos eran los hogares de los dioses, al igual que la Duat de la mitología egipcia. Los antiguos egipcios de todas las épocas coincidían en la existencia de dioses en la Duat, desde la primera percepción de la Duat como un hogar celestial sobre la tierra hasta su percepción posterior como un inframundo bajo la tierra.

El primer dios de la Duat fue Osiris, tras un terrible incidente con su hermano Seth en la Tierra. Según los textos antiguos, Osiris gobernó el inframundo con tanta brillantez como lo había hecho en la Tierra. Su brillante conocimiento del inframundo sirvió de guía a otros dioses que residían y trabajaban en la Duat como jueces, guardianes, protectores y amigos de las almas mortales.

Mientras las almas esperaban a ser juzgadas en el Salón de la Verdad, eran atendidas por diosas como Isis, Neftis, Hathor y Qebhet. Estas diosas solo atendían a las almas para cuyo cuidado habían sido invocadas durante el entierro. Aparte del papel de Anubis como Pesador de Corazones, el dios era quien permanecía a las puertas de la Duat para dar entrada a las almas. Su compañero, el dios Thot, era un consejero para las almas que buscaban sabiduría en la otra vida. Para ello lo visitaban en su mansión de Aaru. Las casas de los dioses y diosas en el más allá eran más magníficas que sus templos terrenales, y solo los justos vivían para verlas.

El dios del Sol Ra era otro invitado frecuente en la Duat. Todas las noches llegaba en su barca divina, el Atet, tras una ardua lucha con la serpiente del Caos, Apofis (o Apep). Pasaba las diez horas de la noche revitalizando las almas de la Duat con su energía solar y, al amanecer, ascendía al cielo como el sol.

Se trataba de un ciclo que se repetía y que era vital para la preservación de Maat; era un ciclo que nunca debía interrumpirse. Además, con Apofis (Apep) acechando al dios del Sol cada noche, los habitantes del inframundo esperaban ser testigos de una batalla épica y de la victoria de Ra, algo que siempre ocurriría para preservar Maat.

SEGUNDA SECCIÓN:
Mitos y Leyendas

Capítulo 4 - Ra y Apofis

Si alguna vez se ha preguntado cómo la noche se convierte en día, imagine a cierto famoso dios haciendo viajes eternos a través de un mundo de oscuridad y muertos, mientras lucha contra un feroz monstruo para hacer salir el sol al día siguiente. Así era el viaje de Ra.

Seguramente a estas alturas ya conoce a Ra, el dios egipcio del sol y el sol mismo. También conoce su estatus en la divinidad y su prominencia entre los dioses que sentaron las bases de Egipto y de todo el mundo tal y como ha existido durante muchas generaciones.

Uno de los principios básicos de la mitología egipcia es el énfasis en la intervención de los dioses (seres sobrenaturales) en los asuntos de los humanos (seres mortales). Esto estableció un complejo sistema religioso, y se ha demostrado que existió durante el imperio antiguo. Estas creencias se derivaban de antiguos grabados egipcios y textos de la prehistoria. En ellos se relataban batallas legendarias que describían el poder de los dioses y cómo sus victorias preservaban la tierra, sus elementos y a todos los que vivían en ella.

Una de estas batallas fue entre el dios del Sol Ra y su archienemigo, un villano serpiente llamado Apofis (o Apep). Las serpientes son criaturas temidas y veneradas a la vez en la mitología egipcia. Las diosas de la Ogdóada tenían cabeza de serpiente. Incluso a Ra se lo representa a menudo con una serpiente apoyada en el disco solar de su cabeza. Así pues, las serpientes no simbolizaban directamente el mal.

Apofis, sin embargo, era una serpiente a los pies del inframundo, y era tan malvada como podían serlo. Representaba el caos, la oscuridad y la destrucción total, y era conocida tanto entre los dioses como entre los hombres.

El nombre de Apofis se menciona por primera vez en documentos del imperio medio egipcio (c. 2030 a. C. y 1640 a. C.), que fue inmediatamente posterior al imperio antiguo.

Las historias sobre los orígenes de la serpiente maligna varían de un culto religioso y de un lugar a otro, pero todos los relatos afirman que Apofis procede de Ra. Algunos incluso sostienen que la serpiente surgió del cordón umbilical de Ra, pero ninguna tradición se refiere realmente a Apofis como un vástago de Ra. Esto se debe posiblemente al odio de Apofis hacia Ra y a su afán por destruir al dios del Sol interfiriendo en sus responsabilidades terrenales.

¿Cuáles eran esas responsabilidades? Bueno, desde su aparición como dios solar, Ra era el principal responsable de separar el día de la noche. Su rutina diaria consistía en viajar por el cielo en su barcaza solar (o una especie de carro), que era el propio sol. Imaginemos el sol como una brillante barcaza flameante que flota entre las nubes y difunde su resplandor por donde pasa; ese sería el dios Ra en acción.

Al caer la tarde, Ra descendía lentamente al inframundo por el horizonte occidental; por eso el sol siempre se pone por el oeste. Tras pasar la noche en el inframundo, la pequeña nave de Ra volvía a elevarse a los cielos por el este.

Ra nunca viajaba solo. Con él en su nave flotante iban soldados (o defensores), como el dios Seth (antes de que se volviera malvado) y el Ojo de Ra. Ayudaban a proteger al dios del Sol.

A mitad de su descenso al inframundo, Ra y su séquito se veían acosados por Apofis. Normalmente, Apofis acechaba en torno a una montaña del oeste conocida como Bakhu al atardecer o en algún lugar del inframundo antes del amanecer. Ra nunca podía predecir dónde esperaba la serpiente para atacar, por eso uno de los alias de Apofis es el «encerrador del mundo». Apofis era un prisionero que nunca podría vivir en la Tierra, ni siquiera en el inframundo. Bloqueaba el camino del dios del Sol al inframundo, y no sería eliminado hasta que fuera derrotado. Algunos relatos sugieren que Apofis estaba amargado porque el dios del Sol lo había derrocado como dios de los dioses, pero muchos coinciden en que la serpiente era malvada desde el principio.

Así, cada noche se producía una batalla entre el dios del Sol y Apofis. A veces, el dios del Sol luchaba solo, y otras veces, contaba con la ayuda de miembros de su séquito, especialmente el dios Seth y Bastet, la feroz diosa de la protección. Ella adoptaba la forma de un gato celestial y luchaba contra Apofis, ya que se sabía que los gatos y las serpientes eran enemigos naturales.

Cabe destacar que Apofis era un oponente formidable. No era una criatura mortal, por lo que era increíblemente difícil de matar, incluso para un dios. Se lo podía repeler, aprisionar, debilitar o desmembrar en el mejor de los casos. Apofis podía comerse cualquier cosa sin matarla. En cambio, lo que comía se perdía para siempre en un abismo oscuro, sin probar nunca la muerte ni el más allá. Podía alimentarse de vivos o muertos, dioses o mortales. Según algunos relatos, comandaba un ejército de demonios a su semejanza. Los ojos de Apofis tenían el poder de la hipnosis, otra arma que utilizaba en la guerra. A veces, Ra era hipnotizado por Apofis, pero los dioses y diosas que lo acompañaban acudían rápidamente en su ayuda.

Para marcar el comienzo de cada batalla, Apofis lanzaba un rugido ensordecedor y se deslizaba violentamente hacia el dios del Sol. Su ataque era el causante de los terremotos. Cada vez que Seth ensartaba a Apofis, clavándolo en el suelo, Apofis se retorcía con una rabia brutal y rugía de dolor, provocando tormentas eléctricas en la tierra.

Sin embargo, a pesar del terrible aspecto de Apofis, nunca se supo que Ra perdiera una batalla contra la serpiente. En algunas ocasiones, el dios del Sol fue devorado por Apofis; se creía que esto era la causa de los eclipses solares. Pero al final, Ra ganaba la batalla. Salía del vientre de la bestia y derrotaba a Apofis, normalmente con la ayuda de su ejército de dioses y diosas.

El dios del Sol no podía perder contra Apofis porque eso marcaría el fin del dios del Sol. Si no hubiera dios sol, no habría sol. Y sin sol, no habría día. Sin día, la Tierra y la humanidad estarían condenadas a una oscuridad perpetua.

Sabiendo lo importante que era la victoria de Ra para su existencia, los mortales no dejarían al azar la guerra nocturna entre la oscuridad y la luz.

El destierro de Apofis

> «Retrocede, Apep, enemigo de Ra, serpiente serpenteante en forma de intestino, sin brazos [y] sin piernas. Tu cuerpo no puede erguirse para que tengas en él ser, larga es tu cola frente a tu guarida, enemigo; retírate ante Ra. Se te cortará la cabeza y se llevará a cabo tu matanza».

—Extracto de un antiguo conjuro jeroglífico traducido por Sir Wallis Budge

Cada año en Egipto, una ocasión trascendental reunía a todos los adoradores y sacerdotes de Ra en los templos de todo el país. La ocasión aseguraría la victoria del dios del Sol contra su vengativo oponente, Apofis, y preservaría el orden del mundo (también conocido como Maat).

De todos los seres sobrenaturales de la mitología egipcia, solo se adoraba activamente a Apofis. Su naturaleza maligna carecía de motivos y no tenía ningún lado bueno. Odiaba a los mortales y solo buscaba su aniquilación, por lo que había que cumplir rituales y ritos para mantener a raya a Apofis y su maldad.

El más destacado de estos ritos era el destierro de Apofis, también conocido como el destierro de Apep o el destierro del Caos. Este ritual se celebraba en todas las provincias del antiguo Egipto, ya que todas estaban unidas contra un enemigo común. El éxito de este ritual garantizaría la victoria del dios del Sol durante el año siguiente.

El destierro de Apofis comenzaba con la elaboración de una efigie o estatua que representaba a la serpiente. Esta efigie se hacía portadora de todas las maldiciones y males de la tierra, y luego se quemaba hasta reducirla a cenizas, lo que simbolizaba la destrucción de Apofis. En otros templos, las imágenes de Apofis se ilustraban en papiros. Después se maldecían y se quemaban.

Estos rituales eran dirigidos por sacerdotes, que se guiaban por un libro especial titulado el «Libro de Apofis». El libro contenía instrucciones sobre otras formas de desafiar a Apofis, aparte de quemar su imagen. Entre ellas estaban escupir a Apofis, pisotearlo con el pie izquierdo, ponerle cadenas y apuñalarlo con lanzas o cuchillos. Estos ritos expresaban el desprecio del pueblo por la serpiente maligna y se creía que daban fuerza a su campeón, el dios del Sol, en la batalla.

Apofis también era un devorador de muertos. Los egipcios temían que sus muertos se convirtieran en presa de los monstruosos apetitos de la serpiente, por lo que enterraban hechizos y conjuros para repeler a Apofis con sus muertos. Así protegerían sus almas en el más allá de la destrucción.

La leyenda de Ra y Apofis tuvo una enorme influencia en los asuntos religiosos del antiguo Egipto. Daba al pueblo un sentido del deber de preservar su existencia manteniendo el mal bajo subyugación. Cada vez que salía el sol al día siguiente, tenían la seguridad de que el dios Ra había obtenido otra victoria.

Capítulo 5 - El mito de Osiris

Las pirámides estaban de moda en los imperios antiguo y medio. Solo con ver sus imágenes, uno se pregunta cuánto tiempo, dinero y esfuerzo se necesitó para construir algo tan majestuoso. La respuesta es mucho. Tales recursos no los gastarían personas pasivas o agnósticas sobre la vida después de la muerte.

Los egipcios que no eran reyes también eran enterrados de forma única para facilitar su paso al más allá. Los cadáveres de los nobles solían momificarse: embalsamados y envueltos en vendas de lino, se enterraban mirando al este (por donde salía el sol). De este modo, sus espíritus se elevaban y se unían al dios sol en su eterno viaje de ida y vuelta al inframundo. Los plebeyos que no podían permitirse el proceso de momificación dejaban los cuerpos de sus difuntos al sol del desierto durante más de dos meses como método de embalsamamiento. Aunque la construcción de pirámides se consideraba anticuada en el nuevo imperio, la creencia egipcia en la vida después de la muerte se mantuvo, al igual que los ritos funerarios para asegurar el tránsito del difunto.

¿Cuál era el fundamento de esta inquebrantable fe egipcia? Era un mito. El mito más popular de la mitología egipcia. Se basaba en una intrigante disputa familiar. Este capítulo se centra en el mito de Osiris, el dios-rey que pasó gloriosamente a la otra vida a pesar de las sórdidas circunstancias.

La disputa familiar

En la historia de la creación de Heliópolis, los nietos del dios solar Ra, Geb y Nut, tuvieron entre cuatro y cinco hijos antes de que su padre,

Shu, los obligara a separarse, pues no aprobaba del todo su unión.

Ahora bien, esta historia comienza en una época en la que Egipto estaba gobernado por Osiris, el primer hijo de Geb y Nut. La forma terrenal de nuestro protagonista era la de un apuesto joven barbudo vestido con ropajes reales y un tocado de plumas (llamado *Atef*) sobre su cabello negro azabache. Su encanto y carisma se veían reforzados por su extraordinaria sabiduría, que utilizaba para gobernar Egipto.

Imagen de Osiris
Autor desconocido, CC0, vía Wikimedia Commons;
https://commons.wikimedia.org/wiki/File:The_Sacred_Books_and_Early_Literature_of_the_East,_vol._2,_pg._64-65,_Osiris.jpg

Se desconoce la época exacta en que Osiris gobernó Egipto, por lo que los textos históricos suelen referirse a él como un rey «predinástico» o «primigenio». Como mínimo, cabe suponer que Osiris heredó el trono de su padre Geb, que era el dios de la tierra.

El reinado de Osiris estuvo marcado por importantes reformas en la vida del pueblo. En primer lugar, prohibió el canibalismo en Egipto. En lugar de tal barbarie, Osiris guió a su pueblo a buscar alternativas como el cultivo de sus propios alimentos en tierras cultivables. Bendijo a todos los que obtuvieron abundantes cosechas para su sustento. Esto le valió a Osiris el título divino de dios de la fertilidad, la agricultura y la vegetación.

Otro aspecto destacado del reinado de Osiris aparece en la famosa obra de Plutarco *Moralia*. Se trata de la mejora de la cultura artística de Egipto. La música y la danza florecieron en Egipto bajo la atenta mirada de Osiris, que un día se embarcó en un viaje por todo el mundo para difundir esta nueva civilización. El dios-rey visitó muchas tierras de Europa y Oriente Próximo, llevando al mundo a una nueva era de arte y cultura. Antes de abandonar su hogar, Osiris confió el gobierno de Egipto a su esposa, que también era su hermana, Isis.

La reina Isis adoraba a su marido y se hizo cargo del fuerte en su ausencia, a pesar de sus secretos dolores por no haberle dado un heredero. Había visto a su marido administrar un reino, inculcando a sus gentes las virtudes de la verdad, la equidad y la justicia para con el pueblo. Resolvió preservar las normas siendo una gobernante amable.

Cuando recibió el mandato del rey para gobernar en su lugar hasta que él regresara, no sabía que se estaba tramando un plan mortal. Este siniestro complot estaba siendo defendido por su otro hermano, Seth.

En el corpus egipcio se encuentran versiones divergentes del motivo de Seth para dañar a un buen rey. El historiador griego Plutarco sugiere que Seth albergaba desde hacía tiempo sentimientos de celos y envidia hacia la fortuna de su hermano y su pacífico reinado sobre Egipto. Codiciaba el trono y todo lo que tenía su hermano mayor. Esto habla de un motivo influenciado principalmente, si no totalmente, por la mala naturaleza de Seth. Al fin y al cabo, era el dios del caos violento y la guerra. Se lo representa como una criatura pelirroja con semejanzas físicas a múltiples animales, incluyendo hienas, chacales, cerdos y zorros.

Otros relatos, sobre todo de los Textos de las Pirámides, infieren que el odio de Seth hacia su hermano pudo tener raíces más profundas. Algunos relatos dicen que Osiris se acostó con la esposa (y hermana) de Seth, Neftis, y que su relación ilícita dio lugar al nacimiento de Anubis. En defensa del dios-rey, Neftis lo había engañado tomando la forma de la esposa de Osiris, Isis, y él se había acostado con ella pensando que era realmente su esposa.

Plutarco nos dice que Seth no se apaciguaría. Enfurecido con su hermano, Seth juró que mataría a Osiris. Seth rápidamente reunió a un pequeño grupo de conspiradores. El rey Osiris era amado por demasiada gente como para que Seth pudiera encontrar cómplices fácilmente, así que sobornó a algunos hombres deshonrosos para que se pusieran de su lado o los manipuló con palabras. Mientras el dios-rey estaba de viaje, Seth y sus hombres urdieron un maléfico plan.

Muy pronto, Seth anunció que celebraría un gran banquete en su casa, posiblemente para celebrar el regreso de su hermano de su exitosa vuelta al mundo. Llegó el día y asistieron numerosos invitados, incluido el propio rey Osiris. Hubo comida, vino y un regalo bastante peculiar: un ataúd (a veces escrito como cofre) fabricado con los materiales de mejor calidad de toda la tierra.

Un ataúd así permitiría, sin duda, un cómodo viaje al más allá, y casi todos los invitados al banquete lo codiciaban. Su deseo de poseer el ataúd aumentó cuando Seth anunció que el ataúd era un premio que se podía ganar.

El desafío era sencillo. Había que meterse en el ataúd y tumbarse dentro. Quien cupiera perfectamente en el ataúd podría quedárselo. Los invitados de Seth saltaron de sus asientos para tener la oportunidad de ganarlo. Un buen número de ellos intentó entrar en el ataúd, pero ninguno cabía. Invitado tras invitado, todos lo intentaron y todos fracasaron. Esto se debía a que en las dimensiones del ataúd no cabía nadie más en Egipto, salvo uno: El mismísimo rey Osiris.

Entusiasmado por participar en el juego, el rey entró en el ataúd y se tumbó en su interior. Era una combinación tan perfecta que los invitados se preguntaron si se había hecho expresamente para el rey. En el tiempo que tardaron en explorar sus curiosidades, Seth entró en acción, cerrando de golpe el ataúd y recubriéndolo de plomo.

La realidad del malvado plan de Seth se desplegó como un pergamino ante el pueblo. El ataúd había sido hecho para el rey. Todo era una trampa fatal.

Seth ordenó que el ataúd fuera arrojado a las profundidades del río Nilo, sentenciando a su hermano a una muerte agonizante. El ataúd se sumergió en el Nilo y desapareció de la vista. Todo Egipto se vio obligado a seguir a un nuevo rey.

<u>Redención y venganza</u>

La pobre Isis se enteró de la tragedia que había sufrido su marido a manos de Seth. Consumida por el dolor, escapó del palacio y se dedicó a buscar el cuerpo del dios-rey por todo el río Nilo. Si lo encontraba, podría curarlo con sus poderes mágicos, o podría darle un funeral de rey si ya era demasiado tarde. El río Nilo era una vasta extensión de agua para buscar, así que la reina debió de estar mucho tiempo en ello. Algunas tradiciones dicen que se encontró con Anubis durante su viaje. Había sido abandonado por su madre, Neftis, y odiado por su padre, Seth, por ser hijo de Osiris. La reina Isis acogió a Anubis y lo crio como si fuera suyo.

Mientras tanto, Egipto había estallado en anarquía bajo el reinado de Seth. Todo el buen trabajo del rey Osiris casi se había deshecho, y el pueblo sufría como resultado. Ya no vivían vidas pacíficas y prósperas.

La resistencia de la reina dio sus frutos un día propicio. Isis recibió la noticia de que el ataúd había cruzado el Nilo a la deriva hasta una pequeña ciudad de Fenicia llamada Biblos. Resultó que el ataúd de Osiris había llegado a la orilla de Biblos. Un tamarisco creció a su alrededor, atrapando el ataúd en su tronco. Los poderes residuales del rey Osiris hicieron que este árbol de hoja caduca floreciera temporada tras temporada y que tuviera una fragancia inconfundible. Algunos relatos afirman que el árbol podía incluso brillar.

Al rey Malcandro de Biblos y a su esposa, la reina Astarté (o Ishtar), se les ocurrió que no se trataba de un tamarisco cualquiera. El rey ordenó que lo cortaran y mandó hacer una columna ornamental con él. Este pilar se erigió en su palacio para envidia de todos los que lo contemplaban.

En el palacio de Biblos había muchas damas de la corte que atendían a la familia real con sus habilidades para cuidar a los niños, asearlos y confeccionar telas y perfumes. Un día, una frágil anciana llegó a las puertas del palacio y suplicó una audiencia con la reina.

Los habitantes de Biblos desconocían que acababan de recibir a la diosa Isis, que se encontraba en una importante misión de rescate. Como parte del plan para salvar a Osiris, Isis (disfrazada) solicitó a la reina Astarté un trabajo en palacio. Si planeaba quedarse en Biblos, necesitaba el trabajo para estar cerca de su marido atrapado.

La reina de Biblos aceptó amablemente a Isis a su servicio y le confió el cuidado de su hijo. En agradecimiento, Isis decidió inmortalizar al joven príncipe. Se trataba de un proceso ritual mágico que consistía en bañar al bebé en fuego para quemar su mortalidad. Una Isis disfrazada comenzó el ritual esa noche, pero fue interrumpida por la madre del niño.

Astarté debió de horrorizarse al ver a la nodriza de su hijo bañándolo en fuego. Exigió una explicación. Fue en ese momento cuando Isis reveló su verdadera identidad. La reina de Biblos quedó fascinada al descubrir que albergaba a una diosa bajo su techo. Adoró a Isis, que le reveló sus verdaderas intenciones. Sin dudarlo, el rey y la reina de Biblos accedieron a la petición de Isis, y el ataúd fue retirado del interior del pilar.

Para entonces, Osiris estaba prácticamente muerto, pero su esposa no se dio por vencida. Regresó a Egipto y lo curó. Muchos relatos coinciden en que Horus el Joven, el hijo de Isis y Osiris, nació alrededor de esta época.

Seth, que gobernaba Egipto, se enteró de la noticia de la supervivencia de su hermano y no le hizo ninguna gracia. Su esposa Neftis había empezado a arrepentirse de su papel en la guerra entre sus hermanos, así como de su abandono de Anubis.

Seth ordenó el arresto y detención de Isis, y para su hermano Osiris, ordenó una segunda muerte. Plutarco sostiene que esto ocurrió en cuanto Isis pisó suelo egipcio con su convaleciente marido.

Isis escapó de la detención con la ayuda de Anubis, pero Osiris no tuvo tanta suerte. Seth se aprovechó de su debilidad y lo asesinó violentamente. Después, Seth desmembró el cadáver de Osiris en catorce pedazos y los dispersó, asegurándose de que cada pedazo estuviera muy lejos de otro. Semejante agresión era la retorcida forma que tenía Seth de asegurarse de que Osiris no volvería con vida.

Isis lloró la muerte inhumana de Osiris y partió con su hermana, Neftis, y Horus para encontrar y volver a ensamblar las partes mutiladas del cuerpo de Osiris. Su búsqueda fue un éxito, al menos en su mayor parte. Las hermanas pudieron recuperar todas las partes del cuerpo de Osiris excepto su pene. Seth lo había arrojado a las profundidades del río Nilo y los peces se lo habían comido. Algunas historias cuentan que Isis le fabricó uno nuevo de madera, mientras que otras dicen que utilizó la magia.

Con los poderes de Isis, Osiris volvió a la vida, pero ya no estaba completo. Esto lo incapacitó para reclamar su trono. En su lugar, se trasladó al inframundo, donde se convirtió en dios y juez de los muertos.

Ese no fue el final de los problemas de Isis. Seth seguía alborotado, buscando por todas partes a su hijo Horus. Seth quería acabar con su vida igual que había hecho con la de su padre.

Isis huyó a las marismas de Egipto con su hijo, y allí lo crió. Horus creció de niño a hombre, afilando su espada de venganza. Aprendió todo sobre hechizos y el arte de la guerra. Su archienemigo era el mismísimo dios de la guerra, y su madre lo educó para que no se dejara vencer.

Horus creció hasta convertirse en un poderoso guerrero y en el archienemigo de Seth. Egipto estaba al borde de la desolación bajo su cruel gobierno, y el empobrecido pueblo egipcio encontró en Horus un faro de esperanza. Le ofrecieron su apoyo y lo siguieron en masa cuando lideró el ataque contra el tirano Seth.

Seth fue apartado del trono de Egipto; algunos dicen que fue asesinado, mientras que otros creen que fue exiliado al mar Rojo. Se desconoce si alcanzó una nueva orilla o si continúa a la deriva sobre las olas. Lo más importante es que este relato termina con una resonante victoria del hijo de Osiris, cuyo reinado sería un bálsamo calmante para un Egipto herido.

Capítulo 6 - El tiempo y el fin de los tiempos

Descubrir la medida del tiempo y su paso fue una gran hazaña para muchas civilizaciones antiguas, incluidos los antiguos egipcios.

Como se puede imaginar, en los imperios antiguo y medio no había relojes de pared, de pulsera ni de pie. Sin embargo, la gente necesitaba tener un registro del tiempo para saber cuál era la mejor manera de aplicarlo a la vida cotidiana. Solo el tiempo podía separar un día de otro día, una semana de otra semana y un año de otro año.

El dios del Sol Ra y su séquito hacían cada día viajes de ida y vuelta al inframundo en su carro o barca, y los antiguos egipcios se pusieron manos a la obra para buscar las respuestas del tiempo y el espacio. En la cronología de los descubrimientos, concuerda que los antiguos egipcios habían descifrado primero el «fin de los tiempos».

El fin de los tiempos

El «fin de los tiempos» se utiliza para describir la etapa final de la cosmología: el fin del mundo tal y como lo conocemos. Se refiere a un acontecimiento en el que el mundo, los humanos y posiblemente los dioses dejan de existir. En el antiguo Egipto, era un momento en el que el mundo volvía a ser un vacío y era suplantado por lo que había existido en primer lugar: Nun.

Hay dos perspectivas en la antigua creencia egipcia del «fin de los tiempos». La primera perspectiva prevalecía cuando los dioses gobernaban la tierra como reyes. La segunda perspectiva remodeló ligeramente el sistema de creencias egipcio desde el imperio antiguo hasta después del imperio nuevo, cuando el cristianismo llegó a Egipto.

La primera perspectiva: Dioses y hombres

En comparación con otras civilizaciones antiguas, como Mesopotamia y Grecia, el antiguo sistema de creencias egipcio percibía inicialmente el fin del mundo como un error que había que evitar y no como una eventualidad.

¿Cómo?

Tomemos Grecia y Mesopotamia, por ejemplo. Ambas civilizaciones creían que habría una inundación, similar a la historia bíblica sobre Noé, en la que un diluvio destruyó la Tierra. En la mitología mesopotámica, cuando llegara el diluvio, los humanos tendrían que construir arcas —como hizo Noé en la Biblia— para salvarse. En el mito griego del diluvio, solo un hombre llamado Deucalión y su esposa sobrevivieron al diluvio escondiéndose en un cofre.

Estos mitos del diluvio se contaban en Grecia y Mesopotamia como sucesos inevitables y una especie de castigo ineludible para la humanidad. La perspectiva del antiguo Egipto sobre el fin del mundo (o el apocalipsis) no era inevitable.

Ya conocemos la rutina diaria del dios del Sol y lo importante que es para la preservación de Maat. También debe recordar que los egipcios de antaño desempeñaban un gran papel a la hora de dar a sus dioses la fuerza necesaria para desempeñar sus tareas divinas mediante las oraciones y el culto. Su mayor temor era que si ellos flaqueaban, los dioses podrían debilitarse y desfallecer. La eventualidad de esto sería una alteración del orden natural, pero eso sería solo la punta de un iceberg desastroso. Si dioses como Ra perdieran alguna vez su fuerza y no tuvieran adoradores que los vigorizaran, podrían morir.

La muerte de los dioses significaría el fin del mundo, y el asesinato del dios-rey Osiris a manos de su hermano Seth estuvo a punto de producirse. El caos se apoderó de Egipto tras la muerte de Osiris, y de no ser por la resistencia de la reina Isis y la victoria de Horus el Joven, la destrucción de Maat habría sido completa. Maat también había sido sacudida hasta sus cimientos cuando Shu, el hijo de Ra, abandonó su trono en la Tierra y ascendió al cielo. Una violenta tormenta asoló el mundo durante nueve días, y ningún dios u hombre pudo disfrutar de un momento de claridad hasta que Geb fue entronizado.

Así pues, la preservación de Maat en el antiguo sistema de creencias egipcio era un esfuerzo conjunto de los dioses y los humanos que los adoraban. Mientras cada uno desempeñara su papel, el «fin de los tiempos» seguiría siendo una consecuencia evitable.

Desde otro punto de vista, en lugar de la destrucción a gran escala y la cosecha de almas, los egipcios percibían el predestinado «fin de los tiempos» como estrictamente individualista. Ningún ser humano podía escapar a la muerte y, una vez muerto, existía una vida después de la muerte en la que pasaría la eternidad.

En los Textos de las Pirámides y otros documentos antiguos, el fin del mundo se evocaba de una manera peculiar. Se consideraba una amenaza para los dioses. Esto es increíblemente irónico, teniendo en cuenta que los antiguos egipcios veneraban a sus dioses. Sin embargo, los egipcios eran conocidos por amenazar a los dioses con el caos si sus oraciones no eran escuchadas.

> «Señor del horizonte, prepárame un lugar. Porque si no me preparas un lugar, lanzaré una maldición sobre mi padre Geb, y la tierra no hablará más, Geb será incapaz de protegerse, y a quien encuentre en mi camino, lo devoraré a pedazos».

Se pueden encontrar muchas variantes de este tipo de amenazas en los Textos de los sarcófagos (se puede encontrar más información sobre ellos en el capítulo 19), libros de hechizos y diarios médicos del imperio antiguo.

¿Lograron estas amenazas mover a los dioses a la acción?

Sorprendentemente, sí. Los dioses querían que Maat se mantuviera tanto como los mortales. Consideraban tales «amenazas de adoración» como expresiones de fervientes plegarias, y respondían con rapidez a todos los que las evocaban. Este sigue siendo un aspecto fascinante del culto de los antiguos egipcios a los dioses.

<u>La segunda perspectiva: Hombres</u>

Esta saga se sitúa en el Egipto dinástico temprano.

Los dioses ya no gobernaban a los hombres, al menos no directamente. Seguían involucrados en los asuntos de la naturaleza y el orden. Los humanos seguían adorando a los dioses y veían en el faraón una luz que los guiaba y un mensajero de los dioses.

El primer faraón de un Egipto unido fue Menes (o Narmer, según algunos). Estableció la dinastía I en algún momento de la década de 3000

a. C. en el antiguo Egipto. Se lo conoce sobre todo por unificar el Alto y el Bajo Egipto bajo un solo gobernante. Esto hizo que Menes y los demás faraones posteriores fueran muy poderosos.

Sin embargo, a la larga esto resultó problemático. Con el gobierno de los faraones sobre un Egipto unido llegó una afluencia de profecías apocalípticas, cada una describiendo un muy dramático «fin de los tiempos». Estas profecías han sido criticadas por su carácter propagandístico, ya que normalmente proponían el reinado de un determinado faraón como la única forma de evitar el peligro que se avecinaba. Sin embargo, estas historias de un apocalipsis inminente cambiaron el sistema de creencias del antiguo Egipto, que en otro tiempo se había centrado en los dioses.

La primera fue la profecía de Neferti.

A mediados de la década de 2000 a. C., el faraón reinante, Seneferu, estableció la dinastía IV del antiguo Egipto. El reino del rey Seneferu era vasto y próspero, y se extendía hasta las tierras de Libia y Nubia (Sudán). También dirigía una enorme fuerza de trabajo y era rico en tierras y ganado.

Un día, el faraón Seneferu estaba muy animado y quiso que lo agasajara un excelente poeta lírico o sabio. Los hombres de la corte del rey recomendaron a un hombre llamado Neferti como el más adecuado para el puesto.

El rey confió en sus cortesanos e hizo que Neferti compareciera inmediatamente ante él. Tras rendir homenaje al faraón, Neferti presentó al rey dos tipos de historias: historias del pasado e historias del futuro.

Parecía que Neferti hacía honor a su reputación. Como Seneferu era el faraón de Egipto, no había nada del pasado que no conociera. Era un venerado custodio del conocimiento de los dioses y de la larga historia de Egipto. Pero no sabía nada del futuro.

Sin dudarlo, el rey Seneferu optó por escuchar historias del futuro. La historia de Neferti, como el rey estaba a punto de descubrir, era una profecía funesta.

> «Te muestro la tierra en agitación; lo que no debe ser ha sucedido. Los hombres se apoderarán de armas de guerra, la tierra vivirá alborotada. Los hombres fabricarán flechas de cobre, pedirán sangre por pan, se reirán a carcajadas de la angustia. Nadie llorará por la muerte, nadie se despertará ayunando por la muerte...

Ra se alejará de la humanidad: aunque se levantará a su hora, no se sabrá cuándo ha llegado el mediodía; nadie discernirá su sombra, ningún rostro se deslumbrará al verlo, ningún ojo se humedecerá con agua. Estará en el cielo como la luna, su curso nocturno sin cambios, sus rayos sobre el rostro como antes».

La primera parte de la profecía de Neferti describía disturbios políticos, guerra civil y anarquía social; esto no es suficiente para ser apocalíptico. Además, limitaba el desastre a Egipto como nación. Sin embargo, la segunda parte de la profecía, en la que se menciona a Ra, transformó el discurso de Neferti de una mera predicción a una profecía de caos cosmológico.

El rey Seneferu y sus cortesanos debieron de horrorizarse al oír que el Nilo se secaba o que Ra daba la espalda a la humanidad. Estos acontecimientos simbolizaban una era de maldad abrumadora y el fin de Maat, pero había una resolución: «Entonces vendrá un rey del sur, Ameny de nombre... Entonces el Orden volverá a su asiento, mientras el Caos es expulsado».

Resultó que ese rey del sur era Amenemhat I, que gobernaría Egipto ocho dinastías más tarde. Glorificar a un faraón como el portador de la paz a una tierra perturbada —e inadvertidamente al mundo entero— estableció aún más la supremacía de la monarquía egipcia.

Los dioses ya no eran el único centro de la creencia del pueblo en el «fin de los tiempos». Su salvación estaba ahora en manos de un hombre mortal. El mensaje apocalíptico de Neferti surgió en un momento en que los reyes de Egipto se habían posicionado mejor como mesías del pueblo. Como importantes intermediarios entre los dioses y el pueblo, los faraones eran venerados y se les ofrecían los mismos sacrificios que a los dioses.

A pesar de estar ambientado cientos de años antes, el documento recuperado que contiene la profecía de Neferti fue escrito en torno a la dinastía XII, durante el reinado del rey sobre el que se profetizaba. Conveniente, ¿no cree?

Esto ha dejado a los historiadores escépticos sobre la autenticidad de la profecía. Posiblemente fue una treta para justificar la supuesta usurpación del trono egipcio por Amenemhat al rey Mentuhotep IV, al que había servido como visir.

El Libro de Asclepio: De vuelta a la divinidad

Entre los siglos I y III de nuestra era, el antiguo Egipto sufrió lo que algunos podrían considerar una invasión romana. Durante este periodo, el antiguo Egipto se convirtió en una provincia romana cuyas creencias políticas y religiosas se fusionaron con la mitología grecorromana. Esta fusión se conoce como sincretismo.

Por ejemplo, el dios griego Zeus se fusionó con el dios egipcio Amón, convirtiéndose en Zeus-Amón. Ra era el equivalente de Apolo, Afrodita era el equivalente de la reina Isis y el dios griego Hermes era el equivalente del dios egipcio Thot.

El sincretismo de Hermes y Thot creó un autor mítico llamado Hermes Trismegisto, y en el siglo IV de nuestra era se encontró en Egipto un texto apocalíptico sagrado escrito por esta figura legendaria. Formaba parte de un gran documento llamado *Corpus Hermeticum*, y la profecía que contenía se titulaba «Libro de Asclepio».

Esta profecía tenía un escalofriante tono melancólico:

> «Llegará un tiempo en que se verá que en vano los egipcios sirvieron a la deidad con piedad y asiduo servicio, y todo su culto sagrado resultará infructuoso y sin provecho. Porque la deidad se retirará de la tierra al cielo, y Egipto será abandonado; y la tierra que fue el hogar de la religión quedará desolada, privada de la presencia de sus dioses. Los extranjeros llenarán este país, y no solo se descuidarán las observancias, sino que, lo que será aún más terrible, se hará obligatorio mediante supuestas leyes, bajo pena de castigos prescritos, abstenerse de toda práctica religiosa, de todo acto de piedad hacia los dioses. Esta tierra santísima, país de santuarios y templos, se cubrirá de sepulcros y cadáveres».

Este apocalipsis, por terrible que fuera, termina con un mensaje de esperanza y renacimiento orquestado por los dioses. Esta profecía fue dada por el dios Thot a Asclepio, un semidiós de la mitología grecorromana, y fue documentada por Hermes Trismegisto. Era un triple mensaje de predestinación y, a diferencia de la profecía de Neferti, resonaba con la realidad de la época. Egipto se hallaba bajo la subyugación romana tras una época desgarrada por la guerra y, según la profecía, se avecinaban más turbulencias para que el mundo fuera purificado. Lo más significativo de todo es que la salvación del mundo no estaba en manos de ningún hombre, sino de un ser divino al que no se podía sobornar ni controlar.

Aún se discute si Hermes Trismegisto, el aclamado autor de esta profecía apocalíptica, existió realmente. Sin embargo, fue una figura influyente en la mitología grecorromana y egipcia como mecenas de la escritura.

La lectura del tiempo

Hace mucho tiempo, no había despertadores ni relojes de pulsera de moda para saber la hora. Esas tecnologías no se descubrirían hasta miles de años después. Aun así, la gente tenía que averiguar qué hora del día era o en qué estación era mejor hacer esto o aquello.

El antiguo Egipto tuvo una de las civilizaciones más ricas de su época, de eso no hay duda. Y a los egipcios se les atribuyen algunas de las primeras innovaciones para saber la hora. Esto fue posible porque creían en el viaje del dios Sol para separar el día de la noche. Ya en el año 3500 a. C., los egipcios habían desarrollado un calendario lunar único que tenía treinta días en doce meses: un total de 360 días.

En lugar de verano, primavera, invierno u otoño, las estaciones del antiguo Egipto se denominaban Ajet, Peret y Shemu.

Ajet: La inundación del Nilo

Ajet también era conocida como la «estación de la inundación» o la «estación del diluvio». Se cree que era la primera estación del año y que tenía cuatro meses: *Thout*, llamado así por el antiguo dios egipcio de la sabiduría y la ciencia; *Paopi*, llamado así por un famoso festival celebrado ese mes en honor a Ra; *Hathor*, llamado así por la antigua diosa egipcia del cielo; y *Koiak*, llamado así por un toro sagrado en el antiguo Egipto.

La estación de Ajet marcaba la trascendental crecida del río Nilo. Dado que el río Nilo era la principal fuente de abastecimiento de agua de Egipto, cada vez que las aguas se desbordaban, las tierras recuperaban su fertilidad. Como seguramente habrá notado, el río Nilo era la pieza central del antiguo calendario egipcio en su totalidad. La división del tiempo en días, meses y años fue una innovación resultante de la observación minuciosa de los patrones del Nilo. Ajet traía abundante agua al Nilo, más que ninguna otra época del año, y marcaba el comienzo de una nueva temporada agrícola.

Ajet también marcaba coloridas festividades religiosas en honor del dios del Sol Ra y la diosa Hathor. Durante el imperio nuevo, los rituales y festivales en honor de Osiris, Isis y Neftis se popularizaron en el mes de *Koiak*.

El equivalente de la estación de Ajet en los calendarios actuales cae entre septiembre y enero.

Peret: La época de la siembra

Tras cuatro meses de enriquecer los suelos de Egipto, el río Nilo se retiraba, dejando la tierra madura para la siembra. Los antiguos egipcios llamaban a esta estación Peret o «estación de la emergencia». La palabra «emergencia» se refiere a las tierras a lo largo del río Nilo, que resurgían después de haber sido inundadas con agua durante la estación de Ajet.

Peret también tenía cuatro meses (aproximadamente entre enero y mayo), lo que daba a los agricultores tiempo suficiente para arar sus tierras y plantar sus semillas. El primer mes de Peret (o quinto mes del año) era *Tobi*, llamado así por una de las muchas formas del dios Ra. El siguiente era *Meshir*, llamado así por el antiguo dios egipcio del viento. Luego venía *Paremhat*, que debe su nombre a un faraón que reinó en el siglo XVI a. C. Y el último mes de la estación, *Pharmouthi* o *Paremoude*, recibió su nombre en deferencia a la antigua diosa egipcia de la nutrición y la cosecha, Renenutet.

Dado que los antiguos egipcios estaban ocupados cultivando sus tierras, no es de extrañar que no se celebraran festivales ni rituales elaborados durante la estación del Peret. En su lugar, ofrecían plegarias a Min y Renenutet, el dios y la diosa de la cosecha, para que bendijesen sus tierras y les trajesen una cosecha abundante en la próxima estación.

Shemu: Una cosecha abundante

La época de la cosecha era la más esperada del año en el antiguo Egipto. El río Nilo en ese momento estaba en su punto más bajo, y los nuevos cultivos que brotaban de la tierra estaban listos para ser cosechados en la temporada de Shemu, también conocida como la «estación de cosecha». Habría alimentos frescos en Egipto, una recompensa por muchos meses de trabajo.

La estación de Shemu era también la más seca; sería el equivalente al verano (de mayo a septiembre), con cuatro meses marcando el final del año. El primer mes de la estación (y el noveno del año) era *Pashons*, un derivado del dios de la luna e hijo de Ra, Khonsu. Después venía *Paoni*, que recibía su nombre del festival de los muertos (el Festival del Valle), que se celebraba durante el mes. El mes siguiente era *Epip*, y después *Mesori*, que celebraba el final de la temporada de cosecha y el Año Nuevo.

Las festividades de fin de año se celebraban en honor de Ra, y el trigésimo día de *Mesori* era una fiesta especial en el antiguo Egipto. Era el último día del año, y se planeaban una serie de acontecimientos intrigantes. En primer lugar, todos los artesanos reales (escultores, carpinteros, pintores, herreros, constructores y escribas que vivían en palacio) podían tomarse el día libre. Se unían a la gente del pueblo para celebrar ritos sagrados. Todos los templos de Egipto se fortificaban con hechizos y antorchas para alejar el mal mientras el pueblo celebraba. Si había que coronar a algún nuevo faraón, esta era la época para hacerlo, y todos los faraones en ejercicio recibían regalos de buena voluntad de sus sirvientes.

Con la llegada del Año Nuevo, las calles de Egipto se iluminaban e intercambiaban regalos de buena fe. Tras haber cosechado y almacenado suficientes alimentos en la estación de Shemu, los habitantes del antiguo Egipto no tendrían que preocuparse por su supervivencia durante la próxima estación de Ajet, cuando el Nilo volvería a desbordarse.

Relojes de sol, relojes de sombra y merjets

Lo más importante de todas las estaciones del antiguo Egipto era la preeminencia del dios Sol. Cada estación tenía un mes que llevaba su nombre o el de una de sus formas. El sol, como el río Nilo, marcaba los tiempos y las estaciones. Los antiguos egipcios se adelantaron a su tiempo; crearon el primer calendario solar conocido. Descubrieron la importancia del sol y su patrón cíclico, y lo aplicaron en la invención del calendario solar.

Y lo que es más notable, los antiguos egipcios fueron capaces de utilizar el sol para decir las horas del día con uno de sus inventos. El primer dispositivo para medir el tiempo fue el obelisco, un monumento tallado en piedra con una parte superior puntiaguda y cuatro esquinas. Los obeliscos se erigían estratégicamente y su altura era lo suficientemente precisa como para reflejar el movimiento del sol. La sombra proyectada por el sol contra un lado del obelisco representaba la mañana o el mediodía.

Aunque los obeliscos eran de gran utilidad para los egipcios de hace más de cinco mil años, había un pequeño problema: no eran móviles. No se podían mover, lo que significaba que la gente tendría que caminar kilómetros hasta el obelisco más cercano para poder saber la hora.

Simplemente no serviría.

Así que los egipcios volvieron a ser creativos. El invento ideal tenía que ser portátil para que la gente pudiera saber la hora dondequiera que fuera. Un día, alrededor del año 1500 a. C., la tecnología de las sombras para dar la hora experimentó una enorme mejora. Alguien inventó el reloj de sol.

El reloj de sol egipcio

Rudolphous, CC BY-SA 4.0 https://creativecommons.org/licenses/by-sa/4.0 vía Wikimedia Commons; https://commons.wikimedia.org/wiki/File:Leiden_-_Rijksmuseum_van_Oudheden_-_Egyptian_antiquities_-_Ancient_Egyptian_sundial.jpg

El reloj de sol era un intrigante artefacto que consistía en una placa plana llamada esfera y algo llamado gnomon. El gnomon tenía forma triangular y sobresalía de la esfera. Su función era similar a la de las manecillas de un reloj, ya que trazaba el movimiento del Sol a través del cielo. Cada movimiento proyectaba una sombra sobre la esfera, que avanzaba lentamente alrededor del plato. Esto permitía saber las horas del día, pero ¿qué ocurriría cuando el sol se ponía?

Se utilizaban merjets. El merjet leía el recorrido de las estrellas por la noche, y solía estar hecho de madera o hueso. Los antiguos egipcios lo utilizaban para seguir el movimiento de diez estrellas a través del meridiano. Cada estrella representaba una hora de la noche, totalizando diez horas para la noche y una hora para la salida del sol. El día tenía doce horas y una hora para la puesta del sol, con lo que el total era de veinticuatro horas.

Capítulo 7 - El loto de oro

Otro mito apasionante que nos llega del antiguo Egipto es el del Loto de Oro.

Casi todas las tumbas y templos descubiertos en el antiguo Egipto tenían tallas y representaciones de la flor de loto; de hecho, el loto se considera hoy la flor nacional de Egipto.

El loto simbolizaba la curación, la creación y el renacimiento espiritual. Se inspiraba en cómo los lotos florecían a la luz del sol y cerraban sus pétalos para sumergirse bajo el agua por la noche. A la mañana siguiente, los lotos resurgían en la superficie del agua, abriendo sus pétalos para anunciar el sol (o «renacer»). Los lotos solo se encontraban en estanques y lagos, y su aspecto era tan bello como su olor.

En Egipto, los lotos azules adornaban el Nilo y eran famosos en todo el país por su belleza y rejuvenecimiento.

Según el mito de la creación de Menfis, el dios Nefertum surgió como una flor de loto cuando su padre, Ptah, creó el mundo. Nefertum es representado como un hermoso joven con una flor de loto en la cabeza, y era venerado como el Protector de las Dos Tierras (Alto y Bajo Egipto).

En los funerales del antiguo Egipto, el aceite extraído de las flores de loto se utilizaba como ingrediente para momificar al difunto y neutralizar el hedor de la descomposición. En el arte egipcio, hay muchas representaciones de dioses y diosas que sostienen lotos en las narices de faraones y reinas de Egipto, simbolizando su renacimiento en la otra vida.

Conociendo el significado de estas hermosas flores, se puede apreciar mejor el mito del Loto de Oro. Esta historia se sitúa durante el reinado de Seneferu (también escrito como Sneferu, el mismo rey que recibió la profecía de Neferti). Seneferu también es famoso por sus avances en la arquitectura del antiguo Egipto. Este legado fue continuado por su hijo, Keops, que construyó la Gran Pirámide de Guiza, una de las Siete Maravillas del Mundo Antiguo.

El mito egipcio del Loto de Oro también tiene su origen en la antigua ciudad de Menfis, y comienza con el rey sintiéndose un día bastante aburrido. Todo iba bien durante su reinado. No había guerras civiles ni agresiones extranjeras. El rey paseaba por su majestuoso palacio, anhelando algún tipo de entretenimiento. En el antiguo Egipto no había películas ni cines, pero sí música, baile y magia.

El rey Seneferu pensó en su mago jefe, un hombre formidable llamado Djadjaemankh. Si invitaba a Djadjaemankh a su palacio, el hombre podría realizar trucos de magia que le levantarían el ánimo. Inmediatamente, ordenó que trajeran al mago jefe ante él.

Djadjaemankh fue llamado desde su residencia, la Casa de la Sabiduría. Al presentarse ante el rey, el jefe de los magos adoró a Seneferu y le preguntó en qué podía servirle. El rey expresó su deseo de ser agasajado con un espectáculo privado de magia, ya que todas las demás formas de entretenimiento se habían convertido en un aburrimiento.

Djadjaemankh, sin embargo, tenía en mente algo más extravagante. En lugar de un espectáculo de magia en palacio, pidió al rey que diera un paseo en barca por el río Nilo con la promesa de algo maravilloso.

El faraón no vio nada de entretenido en un paseo en barca, ya que había hecho montones de ellos con tanto tiempo libre. Djadjaemankh introdujo entonces una nueva dinámica. En lugar de los remeros habituales, el rey debía llevar consigo a veinte hermosas vírgenes como remeras para el viaje. Estas mujeres debían tener el pelo largo y suelto.

Esto despertó la fascinación del rey Seneferu, que encargó a Djadjaemankh la preparación del viaje en barca. El mago se aseguró de que solo las mujeres más bellas fueran seleccionadas. Sus remos se fabricaron con el mejor ébano y se recubrieron de oro.

La mejor embarcación real del rey Seneferu se dirigió al río Nilo y las mujeres, vestidas con ropajes de oro, tomaron posiciones para iniciar el viaje. Desde su pabellón real en la embarcación, el rey se deleitó con la vista del centellante Nilo y las hermosas mujeres de las que estaba rodeado. Todas llevaban adornos, como joyas y horquillas de oro puro, regalos del propio rey.

Mientras la magnífica barca real avanzaba por el río aparentemente interminable, la remera que iba en cabeza de un lado de la barca soltó accidentalmente el loto de oro que sujetaba su pelo. El loto dorado resbaló hacia el río y quedó sumergido en un santiamén.

Angustiada, la remadora dejó de remar, suspendiendo el viaje de recreo del faraón. El rey Seneferu se interesó por el incidente y la mujer le contó su situación. Había perdido un valioso regalo y quería recuperarlo.

El faraón, magnánimo, suplicó a la mujer que se tranquilizara y continuara el viaje. También le prometió que le devolvería el loto de oro perdido, pero la mujer se negó. Quería recuperar su antiguo loto y no seguiría adelante sin él.

Solo un hombre podía traer de vuelta un loto sumergido, y era el hombre que había sugerido el viaje en primer lugar. El faraón ordenó que trajeran ante él al mago jefe en el barco y le transmitió su dilema:

«Zazamankh [Djadjaemankh], amigo y hermano mío, he hecho lo que me aconsejaste. Mi regio corazón se siente reconfortado y mis ojos se deleitan al ver a estas encantadoras remeras inclinadas a su tarea. Mientras subimos y bajamos por las aguas del lago, y ellas me cantan, mientras en la orilla veo los árboles y las flores y los pájaros, me parece estar navegando hacia los días dorados, ya sean aquellos de antaño cuando Re reinaba en la tierra, o aquellos que vendrán cuando el buen dios Osiris regrese de la Duat.

Pero ahora un loto de oro ha caído de los cabellos de una de estas doncellas, al fondo del lago. Y ella ha dejado de cantar y las remeras de su lado no pueden mantener el tiempo con sus remos. Y no se la consuela con promesas de otros regalos, sino que llora por su loto dorado. Zazamankh, deseo devolver el loto de oro a la pequeña aquí presente, y ver cómo la alegría vuelve a sus ojos».

Esta fue la señal de Djadjaemankh para realizar un acto glorioso. Aseguró al rey y a todos los que estaban en el barco que el loto sería recuperado. El mago se dirigió a la parte trasera de la embarcación y miró hacia las vastas aguas, sosteniendo su varita mágica. Tras un recital de hechizos y conjuros, Djadjaemankh extendió la varita sobre el agua, y un sonido agitado sacudió las corrientes.

Lentamente, las aguas cedieron «como si le hubieran cortado un trozo con una gran espada». El lago se había dividido en dos mitades, y la parte cortada se montaba a cada lado para formar altos acantilados de agua.

Nadie en el barco podía creer lo que veían sus ojos.

Con Djadjaemankh a la cabeza, la barca real se sumergió en las profundidades abiertas del lago y derivó hasta el fondo, donde estaba tan seca como la tierra. No tardaron mucho en divisar el loto dorado, y la mujer que lo había perdido lo recuperó rápidamente, rebosante de alegría.

Djadjaemankh hizo levitar la barca del rey hasta la superficie y devolvió el trozo recortado del lago a su lugar, cerrando las aguas. El faraón estaba más que impresionado por semejante espectáculo de lo sobrenatural. Aplaudió a Djadjaemankh con las palabras más nobles que jamás había dirigido a un criado: «Zazamankh [Djadjaemankh], hermano mío, ¡eres el más grande y sabio de los magos! Hoy me has mostrado maravillas y delicias, y tu recompensa será todo lo que desees, y un lugar junto al mío en Egipto».

El rey había tenido suficiente entretenimiento para todo el día —y posiblemente para toda la vida—, así que el barco real zarpó hacia el palacio con canciones sobre las maravillosas hazañas de Djadjaemankh. La historia del loto de oro estaba en boca de todos los que la habían presenciado.

Un tema destacado de este famoso mito egipcio es la restauración y la curación. El loto dorado de esta historia simboliza todo lo valioso: la salud, la riqueza y la vida misma. El mito también gira en torno a la esperanza y las segundas oportunidades, posiblemente aludiendo a la vida después de la muerte. La bondad del faraón y la de Djadjaemankh ilustran la bondad de los dioses hacia todo creyente que solicite su ayuda con fervor.

El mito del Loto de Oro también se parece a la historia bíblica de Moisés abriendo el mar Rojo durante el éxodo de los hebreos de Egipto. Ambas historias son paralelas, pero tienen en común la fe en lo sobrenatural y la recompensa de la intervención divina.

Capítulo 8 - La princesa griega

Los precedentes del mito de la princesa griega nos llevan mucho más allá de las costas del antiguo Egipto, hasta una tierra extranjera de Grecia llamada Esparta. Era una de las naciones griegas más poderosas de la antigüedad, y el rey espartano Tindáreo y su esposa Leda tenían una hermosa hija llamada Helena.

En la mitología griega, Helena era hija de Zeus (igual al dios del Sol egipcio Ra), y su belleza no tenía rival. La belleza de Helena había atraído al palacio del rey Tindáreo a un buen número de solteros codiciados, poniéndolo en el dilema de a quién elegir. Finalmente, el novio de Helena fue elegido entre los pretendientes, y Helena de Esparta se casó.

Nuestra historia se centra en el antiguo Egipto, durante el caótico reinado del faraón Seti II, hijo de Merneptah y nieto del faraón más poderoso del imperio nuevo, Ramsés II.

El faraón Seti II se vio envuelto en tramas para entronizar a su hermanastro Amenmesse como rey de las principales ciudades del Alto Egipto. Egipto había sido unificado casi dos mil años antes por el rey Menes, por lo que no había razón para que dos reyes gobernaran la tierra, a menos que se tratara de un motín.

<u>Un grupo de extraños</u>

Mientras el rey repelía a las fuerzas que amenazaban con una partición de su reino, un extraño barco atracó en la orilla oriental del río Nilo, el Canopus. El barco acababa de capear una violenta tormenta procedente del norte y se había desviado de su curso.

Los hombres del barco habían encontrado por fin refugio en suelo egipcio tras muchos días en el mar, y en el horizonte se alzaba el gran templo de Herishef, dios de las riberas. Herishef era también el dios que protegía a los forasteros y liberaba a los esclavos de su cautiverio si se inclinaban ante él.

El guardián egipcio encargado de las orillas de Canopus era un hombre llamado Thonis, y cuando supo que unos forasteros habían atracado en su jurisdicción, preguntó quiénes eran y de dónde venían.

Efectivamente, eran marineros de Grecia, nación que dominaba el mar Egeo. Por eso los egipcios llamaban a los griegos «el pueblo del mar». No solo eran extranjeros, sino que el barco pertenecía a un miembro de la realeza troyana que había viajado con su esposa griega.

Fascinado por su descubrimiento, Thonis se dirigió al templo de Herishef, donde los marineros habían buscado refugio y deseaban convertirse al servicio de Herishef, ganando así su libertad de la servidumbre al príncipe troyano. Su decisión le pareció extraña a Thonis, que pensó que querrían volver a casa por encima de cualquier otra cosa.

La sospecha pronto sustituyó a la curiosidad, y Thonis indagó más en el asunto. Los marineros confesaron que temían el castigo de sus propios dioses y querían protegerse de las consecuencias de embarcarse con un hombre maldito.

El misterio se fue desvelando poco a poco y Thonis se enteró de que el príncipe troyano había robado a la esposa de uno de los reyes de Grecia, un acto muy innoble castigado con la ira de los dioses. El príncipe había sido recibido en el palacio del rey griego como invitado diplomático y, sin embargo, pagó con maldad, llevándose a la esposa de su anfitrión.

Consternado por las acciones del príncipe griego, Thonis se apoderó del barco y viajó al palacio del faraón en busca de la sabiduría del rey. Antes de partir, Thonis separó a la princesa griega del príncipe troyano y la escoltó hasta el templo de Hathor, la diosa del cielo, por su seguridad.

El faraón Seti II concedió audiencia a Thonis e inmediatamente ordenó que el príncipe troyano fuera escoltado hasta su presencia con sus hombres convertidos.

Dos mentiras y una verdad

El príncipe troyano era un hombre apuesto que hablaba y actuaba como la realeza. Se presentó como el príncipe Paris, hijo del rey Príamo de Troya. También reveló la identidad de la princesa griega como Helena, la hija de Zeus y su nueva esposa. Según el príncipe Paris, había viajado a Esparta por la mano de Helena, que había ganado limpiamente, y estaba de regreso a Troya cuando la tormenta desvió su barco.

Los marineros conversos presentes en la sala murmuraban entre sí, atrayendo la atención del faraón. Seti II les dio espacio para decir su verdad al respecto, recordándoles la libertad que les había concedido el dios Herishef para hablar libremente.

Sin embargo, los marineros dudaron. El príncipe de Troya estaba en la sala con ellos, e independientemente de su nueva condición de hombres libres, no querían ir en contra de su palabra.

El faraón Seti II se dio cuenta de su tensión y les prometió su protección si decían la verdad. Los marineros hablaron y apreciaron la belleza de la princesa.

En efecto, el príncipe de Troya había sido huésped de Esparta, pero no había ido a Esparta por Helena. De hecho, el príncipe no se encontraba entre los solteros que habían pedido su mano al rey Tindáreo. Además, el rey había dado la mano de Helena al príncipe Menelao de Micenas, no al príncipe troyano Paris, y su boda con Menelao había tenido lugar muchos años antes. El marinero declaró que el príncipe troyano llegó a las puertas de Esparta como embajador en misión diplomática.

Al parecer, el príncipe troyano permaneció en Esparta durante los días siguientes. Al final, Menelao se vio obligado a abandonar la ciudad por unos asuntos de estado. Cuando se marchó, Paris se llevó a Helena por la fuerza, junto con muchos tesoros, y zarpó, pero fue sorprendido por una tormenta enviada por los dioses enfurecidos. Su barco fue arrastrado por una violenta tempestad hasta las costas de Egipto.

El príncipe Paris negó rotundamente haber obligado a Helena a abandonar a su marido y su hogar, pero los marineros insistieron en que decían la verdad. No había razón para que un miembro de la realeza dijera mentiras, pero los marineros parecían igualmente convincentes.

El faraón, sin embargo, observó variaciones en la historia del príncipe troyano. Primero había afirmado que había ganado la mano de Helena, pero tras el testimonio de los marineros, afirmó que ella había escapado con él por su propia voluntad de un matrimonio sin amor con el rey Menelao.

¿Qué versión era cierta?

De boca del caballo

Atrapado en su propia red de incoherencias, el príncipe ya no podía hablar. Solo una persona podía decir la verdad: la princesa griega Helena. Estaba a salvo en el templo de Hathor.

El faraón Seti II ofreció al príncipe Paris alojamiento en la casa real y puso a su visir, Paraemheb, a cargo del bienestar del príncipe troyano. Mientras tanto, visitaría a la princesa griega alojada en el templo y averiguaría la verdad.

Con su sacerdote principal y un escriba de confianza, el rey de Egipto honró el templo de Hathor con su presencia y vio a Helena por primera vez. Era la mujer más bella del mundo. Pudo comprobar fácilmente que era hija de Zeus.

Helena de Troya por Evelyn De Morgan
https://commons.wikimedia.org/wiki/File:Helen_of_Troy.jpg

Durante su conversación privada, la princesa Helena contó su historia. Contrariamente a lo que contaba el príncipe troyano, había estado felizmente casada con Menelao, príncipe de Micenas en Grecia. Incluso había tenido dos hijos, Hermione y Nicóstrato. En efecto, el príncipe Paris la había obligado a marcharse con él tras seducirla tomando la forma de su marido, Menelao.

El relato de Helena confirmó la versión de los marineros, y la princesa griega suplicó al faraón que la salvara de su captor, ya que no sentía ningún afecto por él. Era él quien estaba obsesionado con ella y la había secuestrado de su hogar.

Menelao había sido el pretendiente elegido por el padre de Helena, el rey Tindáreo. El príncipe de Troya ni siquiera figuraba entre los hombres que habían pedido la mano de la princesa griega; tampoco ganó su mano limpiamente como había dicho.

El faraón se entristeció al enterarse del calvario de Helena, y prometió enviar lejos al príncipe troyano para que no la molestara más. Había sido voluntad de los dioses interceptar al raptor de Helena y enviar el barco a las costas de Egipto. De inmediato, el faraón avisó al príncipe Paris y lo instó a zarpar de Egipto al amanecer. Se había demostrado que las palabras de Paris eran mentira, pero como era de la realeza, el faraón ofreció al príncipe Paris la oportunidad de marcharse voluntariamente.

El príncipe troyano se sintió infeliz al conocer la resolución del faraón. Juró que volvería a por Helena, ya que era su legítima esposa. Mientras tanto, la noche anterior a su partida, el templo de Hathor (donde estaba alojada Helena) recibió una visita divina: un mensajero del dios del Sol Ra.

Su nombre era Thot.

La revelación

Thot se apareció a Tausert, princesa de Egipto y suma sacerdotisa de la diosa Hathor que vivía en el templo. Tausert se sintió tan abrumada por la presencia del mensajero de Ra que cayó de rodillas. Lo oyó hablar:

> «Vengo aquí para cumplir la voluntad del altísimo dios Amón-Re [Ra], padre de todos nosotros, y por orden suya tú, que un día serás reina de Egipto, debes enterarte de todo lo que ocurra esta noche para que puedas dar testimonio de ello en los días venideros, cuando ese rey de la Acaya [Grecia] que es el verdadero esposo de Helena venga a conducirla a casa...

Pero esta noche yo, a quien los aqueos [griegos] llaman Hermes el Tres Veces Grande, debo sacar el Ka, el doble de Helena, la fantasmal semejanza de ella que engañará a todos los ojos, y parecerá a Paris y a todos en Troya que no es otra que la mujer real. Por el Ka de Helena y no por Helena misma se librará la gran guerra de Troya y se cumplirá la voluntad del padre de los dioses y de los hombres».

La guerra llegaba a Grecia, una guerra que sería contada y recontada a través de los siglos. Una guerra histórica que terminaría con la victoria de los griegos y una aplastante derrota de la ciudad de Troya, patria del príncipe Paris. Lo más significativo es que la guerra se libraría a causa de Helena, o más bien de su clon.

Este secreto, que le fue revelado a Tausert, suma sacerdotisa de Hathor, no estaba destinado a ser escuchado por cualquiera. Tausert juró llevarse el secreto a la tumba, y Thot se puso manos a la obra para diseñar el clon perfecto de la princesa griega.

El príncipe troyano se disponía a zarpar hacia el Nilo cuando apareció el clon de Helena. Sin que él lo supiera, la verdadera Helena seguía en el templo de Hathor. El príncipe Paris, entusiasmado por haber recuperado a su esposa, se apresuró a salir de Egipto antes de que el faraón cambiara de opinión.

Los días se convirtieron en meses, y fieles a la palabra del mensajero de Ra, los griegos marcharon a la guerra contra Troya debido a las acciones del príncipe Paris. Fue un gran insulto para Menelao que su esposa hubiera sido robada por un invitado, y tras fracasar los intentos diplomáticos de resolver el conflicto, las puertas de Troya fueron sitiadas.

Menelao contó con la ayuda de su hermano mayor, el rey Agamenón de Micenas, para su ofensiva contra Troya. A ellos se unieron el famoso héroe de guerra Aquiles, el sabio Odiseo y otros grandes soldados, como Áyax y Nestor. Más de mil barcos de guerra de toda Grecia surcaron el vasto Egeo para enfrentarse a Troya y llevar de vuelta a Helena.

Era tal y como Thot le había dicho a Tausert aquella noche en el templo.

Los troyanos eran un enemigo formidable, y su pueblo estaba a salvo tras las altas murallas de su ciudad. Durante una década, la guerra continuaría, aparentemente sin final a la vista, todo por un mero clon de la princesa griega.

De época en época

De vuelta en Egipto, el pueblo ignoraba cómo Helena había llegado a residir en el templo de Hathor. Pero debido a su belleza y al misterio que encerraba su existencia en Egipto, la gente pensó que era una manifestación humana de la diosa Hathor.

Por todo Menfis y todo Egipto se extendió la noticia de que Hathor había tomado la forma de una hermosa mujer y había descendido al templo para vivir entre los mortales. El pueblo de Egipto acudió en masa a ver a Helena, a la que se referían como Hathor.

El faraón Seti II, que había acogido amablemente a la princesa griega en su reino, falleció pronto, y los dos faraones que vinieron después reinaron durante breves periodos.

El faraón Sethnajt, tercero después de Seti II, fue el primer faraón de la dinastía XX. Al igual que Seti II, fue amable con la princesa griega, que no había envejecido ni un solo día con el paso de los años. Desgraciadamente, Sethnajt reinó apenas tres años, tras los cuales fue entronizado su incondicional hijo, Ramsés III.

Ramsés III era diferente de los demás faraones que habían gobernado desde la llegada circunstancial de Helena a Egipto. Habían pasado casi veinte años y, sin embargo, su belleza era inmutable. Ramsés III apenas vio a Helena y la quiso para sí.

A pesar de las súplicas de la reina Tausert para que dejara de desear a la esposa de otro hombre, Ramsés III no se inmutó en su lujuria por ella. Tausert, que había sido la gran sacerdotisa de Hathor desde la llegada de Helena, temía que el deseo del faraón fuera una receta para el desastre.

Tausert rezó fervientemente a Hathor en busca de una solución, y un día, la respuesta a sus plegarias atracó en las costas de Canopus, cerca del templo.

El reencuentro

Helen salió corriendo de su residencia cuando se enteró de la noticia.

Rezó a Hathor para que fuera verdad; había esperado tanto tiempo. Un hombre estaba de pie en la entrada del templo, con una sonrisa cansada pero feliz: Menelao.

La alegría de la princesa griega por reencontrarse con su marido era incontenible. Menelao la tomó en sus brazos, embelesado y lleno de historias que contar a su esposa.

Después de tantos años de guerra contra Troya, los griegos se dieron cuenta de que no podían destruir a los troyanos desde el exterior. Sus mejores soldados, incluso el poderoso Aquiles, habían muerto en la guerra, y los griegos estaban angustiados. Así que idearon un astuto complot para penetrar las murallas de Troya.

A instancias de Odiseo, uno de los hombres más sabios del bando de Menelao, construyeron un gran caballo de madera, lo colocaron en las orillas de Troya y desaparecieron sin dejar rastro. Los troyanos salieron de su fortaleza y se preguntaron qué era aquello del caballo. Los griegos les habían dejado un mensaje en el que decían que se habían rendido y regresado a su patria, ya que la ciudad de Troya era impenetrable. Se habían cansado de la guerra. El gigantesco caballo de madera era su símbolo de rendición.

Los troyanos desconfiaron al principio, pero al no ver ningún soldado griego ni barco a la vista en kilómetros, sus dudas se desvanecieron. Hicieron rodar el gran caballo de madera hasta la ciudad, y el rey Príamo de Troya organizó una elaborada fiesta para celebrar su victoria sobre los griegos.

Sin que los troyanos lo supieran, había cientos de soldados griegos escondidos en el interior del caballo que acababan de entrar en la ciudad. Tras una larga noche de bebida y juerga, los troyanos se durmieron. Mientras roncaban y dormían, los griegos salieron de su escondite y abrieron las puertas de la ciudad al resto de sus tropas. Troya fue saqueada sin piedad y Menelao recuperó a su esposa (el clon de Helena).

El Caballo de Troya
Adam Jones de Kelowna, BC, Canadá, CC BY-SA 2.0 https://creativecommons.org/licenses/by-sa/2.0 vía Wikimedia Commons; https://commons.wikimedia.org/wiki/File:Replica_of_Trojan_Horse_-_Canakkale_Waterfront_-_Dardanelles_-_Turkey_(5747677790).jpg

Menelao continuó con su historia, contándole a Helena que estaba de camino a casa desde Troya con Helena (el clon) cuando una implacable tormenta hizo naufragar su barco. El clon de Helena había desaparecido en el proceso, y Menelao pensó que su esposa había muerto.

Se derrumbó de dolor y estuvo a punto de suicidarse cuando los dioses le revelaron que la verdadera Helena estaba a salvo en Egipto, en el templo de Hathor. El príncipe Paris había recuperado un mero clon fabricado por los dioses. La guerra de Troya se había librado por una falsificación.

Menelao expresó su asombro ante la magia egipcia y agradeció a la suma sacerdotisa Tausert que mantuviera a salvo a su esposa. También se enteró de los inquietantes planes del faraón Ramsés III de casarse con Helena. El faraón había pedido su mano en matrimonio y estaba en camino para obtener su respuesta. Había amenazado con tomarla por la fuerza si ella se atrevía a rechazarlo. Así, el marido de Helena había regresado en el momento justo.

La reina Tausert no solo era la sacerdotisa de Hathor, sino también la madre de Ramsés. Sin embargo, prometió ayudar a Menelao y a su esposa a escapar sanos y salvos de Egipto. Huir levantaría la ira del soberano, así que Tausert ideó un plan mejor.

<u>La ruta de escape</u>

Era una buena noche en Egipto. El faraón estaba de buen humor, esperando una respuesta positiva de la hermosa mujer que vivía en el templo de Hathor. Su llegada al templo fue grandiosa y elaborada, pero la bienvenida no estuvo a la altura.

En lugar de una emocionada futura esposa, Ramsés encontró a Helena vestida de luto y a un viajero desaliñado y de aspecto cansado diciéndole palabras de consuelo. La madre del rey, Tausert, también estaba allí, y el ambiente en la sala era triste.

El rey de Egipto exigió ser informado de la situación, y Tausert fue quien habló. El hombre que consolaba a Helena era un marinero del barco de Menelao, que había sido destruido en el mar durante una turbulenta tormenta. Ramsés interrogó al marinero, que, sin saberlo, era Menelao. Cuando el marinero confirmó que había visto con sus propios ojos el cadáver de Menelao en el mar, el faraón no ocultó su alegría. Ahora, no había razón para que Helena declinara casarse con él.

Allí mismo, Ramsés le pidió a Helena que se casara con él. Ella aceptó, pero puso una pequeña condición: el faraón le concedería un tiempo para guardar luto por su difunto marido, de acuerdo con las costumbres griegas. Pidió un barco bien aprovisionado con la comida y el vino necesarios para un buen banquete funerario. Helena también pidió que le entregaran todos los tesoros que el príncipe troyano había robado, así como un toro para sacrificar al espíritu de su marido.

Además, pidió permiso al faraón para llevarse a los marineros que le habían revelado la verdad. Los necesitaría para realizar los ritos funerarios y los sacrificios por su difunto marido.

Le dijo al faraón: «Debo acompañarlos para pronunciar las palabras y verter la última ofrenda al espíritu de mi esposo, y todo esto debe hacerse en el mar en el que yace su cuerpo, pues solo entonces su espíritu podrá encontrar descanso en el reino del Hades, y solo entonces podré ser tu esposa».

Ramsés no vio ninguna razón para negarse, pero esto fue solo porque no se dio cuenta de que estaba siendo engañado. Con el consentimiento del faraón, Helena y Menelao zarparon de Egipto para no volver jamás. La pareja había viajado lejos de su alcance antes de que Ramsés se enterara de la verdad. En un arrebato de ira, intentó matar a su madre, Tausert, por ser la autora intelectual de la fuga de la princesa griega.

Esa noche, Thot se apareció al faraón Ramsés y le dijo que Tausert había actuado de acuerdo con la voluntad de los dioses. El rey no pudo hacer daño a su madre ni entonces ni después.

Algunos se refieren al mito de la princesa griega como la versión egipcia de la guerra de Troya. La versión griega, más conocida, difiere bastante. El mito egipcio narra el viaje predestinado de una mortal divina y cómo Egipto fue un refugio para ella mientras una de las guerras más épicas de la historia asolaba el Egeo.

Capítulo 9 - El ladrón de tesoros

Esta historia comienza después de que la princesa griega Helena eludiera un matrimonio no deseado con el faraón Ramsés III y huyera con su marido, Menelao.

Tras ser advertido por los dioses de que no hiciera daño a su madre, Tausert, el rey de Egipto volvió a centrarse en la política y la economía de su reino. En los años siguientes, Egipto prosperó considerablemente bajo Ramsés III. No solo había conquistado a los invasores de Libia, Palestina y otras naciones a lo largo del Mediterráneo en sus primeros años de reinado, sino que el rey de Egipto había establecido una red comercial con los países vecinos para fomentar unas relaciones armoniosas.

Esto ayudó a reponer las arcas de Egipto, que previamente se habían agotado durante las constantes guerras contra la agresión extranjera. El faraón Ramsés no solo buscaba la prosperidad de Egipto, sino que también deseaba una enorme riqueza propia. Con este fin, empezó a reunir sus riquezas en pesos de oro, plata y gemas.

Banco de tesoros

Un día, el rey se despertó con una idea brillante para conservar su fortuna. Inmediatamente convocó a su mejor constructor, un hombre llamado Horemheb, para compartir sus pensamientos. El rey imaginó un escondite secreto para toda su riqueza, que fortificó contra ladrones y salteadores. Horemheb se mostró encantado de conocer el plan del rey y se ofreció para recibir sus instrucciones.

El faraón Ramsés ordenó a su constructor que construyera una fortaleza de piedra con muros gruesos e impenetrables y un tejado tan alto como las pirámides. Esta sería la cueva del tesoro del rey, y estaría fuertemente custodiada por soldados. Para entonces, el rey tenía otros proyectos de construcción en marcha, incluido su magnífico templo en las colinas de Tebas, a lo largo de la orilla occidental del río Nilo.

Horemheb aceptó la orden del rey y la puso en práctica. Contrató a los mejores canteros de todo Egipto y extrajeron las mejores piedras de las canteras de Swenett (más tarde llamada Asuán). Con estas piedras se construyó el banco del tesoro del rey y, tal como Horemheb había prometido, no se parecía a ningún otro edificio anterior. Sus puertas estaban construidas con piedra de la mejor calidad, y las puertas de las cámaras interiores eran de bronce y hierro.

Satisfecho con el buen trabajo de Horemheb, el faraón Ramsés lo recompensó e hizo trasladar todos sus tesoros a su nuevo hogar. Las puertas de la cámara del tesoro fueron selladas por el propio rey, que regresó a palacio con la seguridad de sus riquezas.

Lo que el rey no sabía era que sus tesoros estaban lejos de estar a salvo.

Misión imposible

Era de noche, y en toda la tierra reinaba la paz y la tranquilidad. Todo Egipto dormía, excepto los hombres destinados a custodiar el tesoro del faraón, y dos hombres más.

Llevaban a cabo una misión secreta y peligrosa, que les costaría la vida si los descubrían. Habían burlado a los guardias del rey y entrado por una puerta secreta. Ahora estaban llenando sus sacos con su parte del botín.

Los dos hombres actuaron en silencio y se llevaron solo un poco de la abundancia de la sala, como habían hecho la última vez, la anterior, y todas las veces antes que eso. El tesoro del rey estaba visiblemente reducido, pero los ladrones no se detendrían hasta que se hubieran llevado lo suficiente o incluso todo.

Llegó la mañana y desaparecieron sin dejar rastro, salvo los tesoros desaparecidos del rey. El faraón Ramsés se dirigió furioso a su banco de tesoros y descubrió que una vez más le habían robado. Estaba furioso. Había perdido la cuenta de las veces que esos ladrones se habían llevado su preciada fortuna.

El único hombre que conocía los entresijos de su banco del tesoro era el que lo había construido: Horemheb. Pero Horemheb había muerto mucho después de terminar la construcción. Había fallecido tras una terrible enfermedad que lo aquejaba.

¿Quiénes eran esos ladrones y cómo habían conseguido entrar tantas veces sin romper el sello ni ser atrapados por los guardias del rey?

El faraón estaba harto de estos misteriosos delincuentes. Necesitaba un plan para atraparlos in fraganti y castigarlos severamente. Durante días, reflexionó sobre una solución, y entonces se le ocurrió: trampas.

Los ladrones eran escurridizos, como las ratas, y ¿qué mejor manera de atrapar ratas que con trampas estratégicamente colocadas?

*

Era otra noche perfecta para robar la fortuna del rey.

Los dos hijos de Horemheb entraron sigilosamente en el banco del tesoro del rey y tomaron el camino secreto que su padre, Horemheb, les había revelado en su lecho de muerte poco antes de morir. Sin que el rey lo supiera, el hombre en quien había confiado la construcción de su fortaleza del tesoro había instalado un diminuto camino a través de los muros para acceder a su fortuna. Antes de morir, Horemheb había convocado a sus dos hijos y les había dado el mandato de saquear la fortuna del rey.

Era otra noche para embarcarse en esta misión mortal. Eran incapaces de saciarse del tesoro del rey, así que habían venido a robar un poco más. Sin que los hijos de Horemheb lo supieran, el rey se había adelantado a su movimiento y había tendido una trampa mortal en el interior de la cámara del tesoro, cerca de los cofres de oro y plata.

Los hermanos entraron a hurtadillas, vadeando la oscuridad para alcanzar su premio. Pero uno de los hermanos cayó en la trampa del rey. Luchó por liberarse, pero fue inútil. Iba a desangrarse. Su identidad sería revelada. O peor aún, lo capturarían medio muerto y lo torturarían cruelmente para que dijera quién era su cómplice.

Para protegerse a sí mismo, a su hermano y a su familia, el hermano atrapado suplicó a su hermano que lo matara y le cortara la cabeza. Así moriría sin dolor y, sin cabeza, nadie reconocería su cadáver.

El hermano se negó rotundamente. Tenía que haber otra manera. Se arrodilló e intentó liberar a su hermano varias veces y de diferentes maneras, pero sus esfuerzos fueron inútiles. El hermano atrapado repitió fervientemente su petición y añadió que se les acababa el tiempo. Si los atrapaban a los dos, tendrían que pagar con sus vidas de la forma más humillante.

Vacilante, el otro hermano concedió al hermano atrapado su deseo de un crimen de honor y lo decapitó. Después, se escabulló de la cámara del tesoro del rey y se llevó la cabeza cortada y las ropas de su hermano para enterrarlas.

El más listo

El faraón Ramsés III se conmovió cuando se enteró del cadáver sin cabeza y sin ropa que había caído en su trampa. Sus guardias negaron ser los responsables de su muerte, y quienquiera que lo hubiera hecho no había dejado expertamente ningún rastro. Los sellos de las puertas permanecían intactos y no había otros signos de violación.

El rey de Egipto se lo tomó como un desafío personal, y puso en juego toda su determinación para vencer al astuto ladrón. Ramsés sabía reconocer un crimen de honor cuando lo veía, y la única forma de acabar con cualquier cómplice era utilizando el cadáver sin cabeza.

Cuando llegó la mañana, el pueblo murmuraba entre sí. Los que pasaron por delante de las puertas del palacio esa mañana informaron de un espectáculo de lo más sórdido. Un cadáver desnudo y sin cabeza colgaba de una cuerda frente al palacio. No parecía que fueran a bajar el cuerpo pronto, ya que se hacía por orden del rey.

El segundo hermano oyó los rumores y tuvo que averiguar si eran ciertos. Y lo eran. El cadáver de su hermano fue colgado frente al palacio como parte del plan del rey para atraparlo. El rey también había apostado a sus soldados para observar las reacciones de todos los que vieran el cadáver. Era muy probable que algún familiar se acercara, viera a su pariente colgado y no pudiera contener su pena. Si esa persona se presentaba a las puertas del palacio para lamentarse o reclamar el cadáver, el rey había ordenado a sus soldados que lo detuvieran inmediatamente.

Sin embargo, el segundo hermano se dio cuenta del plan del rey y decidió que no caería en él. Sin embargo, las cosas se complicaron rápidamente cuando su madre se enteró de la horripilante exhibición del cadáver de su hijo. Enloquecida de dolor, gritó a su otro hijo y le ordenó que trajera a casa el cadáver de su hermano. De lo contrario, nunca entraría en la Duat.

El segundo hermano no había previsto que su madre causaría tal alboroto, e intentó consolarla. Le aseguró que había enterrado correctamente la cabeza de su hermano con la de su difunto padre y que eso bastaba para que el hermano muerto entrara por las puertas de la

Duat. Pero su madre seguía sin estar convencida. Gritó más fuerte y amenazó con revelar su secreto al faraón. Estaba dispuesta a aceptar cualquier consecuencia, incluso si significaba la muerte de su hijo.

El otro hermano se dio cuenta de que su madre era inflexible y prometió traer a casa el cadáver de su hermano. Se le ocurrió otro plan brillante.

*

El faraón nunca había estado tan furioso.

¿Cómo podían sus propios hombres ser tan imprudentes e incompetentes como para emborracharse estando de servicio? Los hombres se pusieron sobrios y explicaron en detalle lo que había ocurrido la noche anterior. Un anciano mercader había pasado por delante del palacio con dos burros cargados de odres. Sus burros chocaron y los arneses rompieron dos odres. El vino de los odres se derramó y el mercader se enfadó tanto que gritó, llamando la atención de los soldados.

En lugar de desperdiciar el vino, los soldados se sirvieron los odres llenos de vino. El mercader se sentó con ellos y compartió con ellos otro odre. Al final, se emborracharon y se sumieron en un profundo sueño.

Por la mañana, el mercader había desaparecido, al igual que el cadáver que los guardias debían vigilar. El mercader había sido el segundo hermano, y su plan había funcionado mejor de lo que hubiera podido imaginar.

Al oír los detalles, el faraón se enfureció aún más. Condenó a los soldados infractores a una severa flagelación e hizo que los arrastraran fuera de su vista. Ramsés apretó los puños en su trono, enfurecido por la audacia de este vulgar ladrón. Estaba aún más decidido a atrapar a este infractor de la ley.

Era hora de poner en marcha otro plan.

*

Amaneció de nuevo en la tierra de Egipto, y en las calles se murmuraban nuevas noticias. Había una visitante importante en la tierra, y era la mujer más hermosa que había llegado a las costas de Egipto después de Helena. Esta mujer era una soltera elegible, y su mano en matrimonio iría a cualquier hombre que le contara el mejor secreto.

Los hombres de Egipto acudieron al campamento donde se alojaba la bella y se turnaron para conseguir su mano. El hermano vivo era uno de ellos y, cuando le llegó el turno, vio que era muy hermosa. Aunque estaba oscuro, no podía negarse su resplandor. Ella le ofreció asiento y procedió a preguntarle por el secreto que quería que le contara. «Dime las cosas más perversas e inteligentes que hayas hecho»

Si a la dama le fascinaba su respuesta, consentiría en casarse con él. Para el segundo hermano, la respuesta era obvia, así que se la contó. Había decapitado a su propio hermano, que había caído en la trampa del rey mientras robaban el tesoro del rey.

De repente, la mujer gritó en voz alta, alertando a sus guardias de que había atrapado al ladrón del tesoro. Agarró la mano del segundo hermano y se aferró a ella hasta que llegaron los guardias del rey. Pero cuando encendieron las luces, había desaparecido. Lo que la mujer sujetaba era la mano cortada de su hermano muerto.

Horrorizada, gritó y soltó la mano. Resultó que no era una extraña en la tierra de Egipto. Era la hija del rey, la princesa de Egipto y, al igual que su padre, había sido engañada por un hombre que lo sabía todo sobre su plan.

Regresó a palacio y le contó a su padre lo sucedido. Esta vez, el rey tuvo una reacción diferente. Se había obsesionado tanto con atrapar al ladrón del tesoro que se había perdido la visión de conjunto.

El ladrón era un hombre de genio poco común, y su previsión era insuperable. Sería un colosal desperdicio de su talento castigarlo. El faraón Ramsés promulgó un decreto en el que anunciaba el perdón por los crímenes del ladrón del tesoro y la promesa de ricas recompensas si se unía al servicio del rey como criado.

En un final de lo más inverosímil, el segundo hermano se reveló finalmente al rey, y se le concedió un título en la corte del rey. También se casó con la princesa de Egipto y nunca más tuvo que escabullirse a la casa del tesoro del rey.

Capítulo 10 - El cuento de Hatshepsut

«Un pueblo de origen innoble procedente de Oriente, cuyo país era imprevisible, tuvo la osadía de invadir el país, que dominaron por la fuerza principal sin dificultad ni siquiera batalla. Tras dominar a los jefes, quemaron salvajemente las ciudades, arrasaron los templos de los dioses y trataron a toda la población nativa con la mayor crueldad, masacrando a algunos y esclavizando a las esposas e hijos de otros».

Este es el relato ampliamente debatido de un historiador egipcio llamado Manetón. En ese pasaje, describe la invasión de Egipto por los hicsos en el siglo XVII a. C. Aunque los historiadores modernos sostienen que estos extranjeros se apoderaron de partes de Egipto de la forma más pacífica posible, la tradición sigue siendo fiel al relato de Manetón.

Al parecer, Egipto fue saqueado por estos extranjeros semitas y las rutas comerciales quedaron interrumpidas, por lo que los sucesivos faraones tuvieron que luchar para recuperar el poder de Egipto. Esta historia trata de un faraón inusual cuyo reinado se celebra en la historia como uno de restauración y desarrollo.

Este faraón ascendió al trono de Egipto en medio de una situación desfavorable y dejó una huella indeleble en la historia egipcia. Era una mujer y se llamaba Hatshepsut.

La divinidad real

Ambientada en la dinastía XVIII de Egipto, la historia de Hatshepsut comienza míticamente con la decisión del dios del Sol Ra de entronizar a una gran mujer como faraón de Egipto y entregarle el mundo entero. El gran plan del dios del Sol se llevaría a cabo a través del cuerpo de una hermosa mujer llamada Amosis, esposa del faraón Tutmosis y reina de Egipto.

El dios del Sol encargó a Thot que organizara la concepción de una niña que crecería y se convertiría en la faraona de Egipto. Thot accedió y descendió a la Tierra durante la noche. Se dirigió al palacio. Su tarea divina no podía ser descubierta, así que hechizó a todos los mortales del palacio para que durmieran profundamente y poseyó el cuerpo del faraón Tutmosis.

El faraón poseído se dirigió a la alcoba de su reina y la encontró profundamente dormida en su sofá con forma de león. El rey se acercó a ella y la levantó, insuflándole el aliento divino de Ra en las fosas nasales. También la bendijo y declaró que el niño que nacería gobernaría las dos tierras de Egipto.

La reina Amosis pensó que todo era un sueño, pero pronto dio a luz a una hermosa niña. La llamaron Hatshepsut, y la familia del rey celebró su llegada por todo lo alto. Esa noche, el palacio recibió otra visita divina. Esta vez bajó el mismísimo dios del Sol Ra, acompañado por la diosa Hathor y sus siete hijas (conocidas como las Siete Hathors). El dios del Sol cogió a la princesa bebé, le dio el beso del poder y su bendición para gobernar Egipto.

La toma del poder

Hatshepsut tuvo la educación típica de una princesa egipcia. Se le enseñó a dar prioridad a sus deberes familiares y sagrados por encima de todo. Probablemente se convertiría en la esposa de un faraón y nada más.

Era inaudito que una mujer se convirtiera en faraón de Egipto. El trono siempre había sido ocupado por hombres, salvo Sobekneferu, que había reinado apenas cuatro años con logros poco conocidos.

Cuando el faraón Tutmosis falleció hacia 1493 a. C., su hijo, Tutmosis II, se convirtió en rey de Egipto. Hatshepsut se casó con su hermano, Tutmosis II, a la edad de doce años y se convirtió en la reina de Egipto. Esta era una práctica común en el antiguo Egipto, y el nuevo rey y la nueva reina reinarían durante los años siguientes.

Hatshepsut tuvo una hija para el rey, la princesa Neferura, pero al parecer no pudo tener hijos varones. Tener un heredero era importante para la continuidad de la dinastía, y no se podían correr riesgos. Finalmente, una mujer del harén del faraón, que respondía al nombre de Iset, dio a luz a un heredero para el rey.

El príncipe recibió el nombre de Tutmosis III y la reina Hatshepsut lo adoptó como hijastro. Tutmosis III tenía casi tres años cuando su padre, el rey, murió repentinamente, dejándolo como siguiente en la línea de sucesión al trono.

Evidentemente, el príncipe era demasiado joven para que se le confiaran asuntos de gobierno y necesitaba un tutor, también conocido como regente. La reina Hatshepsut dio un paso al frente y se convirtió en la regente de Tutmosis III hacia 1479 a. C.

Con el tiempo, Hatshepsut comprendió cuál era su mandato divino. Debía ser más que eso. Más allá de lo espiritual, era una mujer ambiciosa que lo sabía todo sobre el estado de Egipto y la lucha por recuperarse de la invasión hicsa que había tenido lugar mucho antes de que ella naciera. Un día, Hatshepsut se enteró de un complot de las demás familias reales para usurpar el trono a su hijastro. Esto pondría fin abruptamente al reinado de la dinastía XVIII.

Hatshepsut no permitiría que el trono de Egipto fuera arrebatado a su línea familiar, así que en el quinto o séptimo año de reinado del joven Tutmosis III, Hatshepsut asumió el trono de Egipto como faraón.

El pueblo de Egipto se despertó con una noticia sin precedentes. Tenían un nuevo rey; era una mujer. Consciente de su insólito ascenso al trono de Egipto, la faraona Hatshepsut procedió a legitimar su reinado declarándose heredera legítima de su padre, el difunto faraón Tutmosis I. Para ocupar los cargos importantes del gobierno eligió a personas de confianza, entre las que destacaba Senenmut, arquitecto y supuesto amante de la faraona Hatshepsut.

A continuación, la faraona Hatshepsut trató de convencer al pueblo de que había sido ordenada por los dioses para unir las dos tierras de Egipto y devolver al país su antigua gloria. Como prueba de ello, adoptó el nombre de Maatkare, que significa «La verdad es el alma del dios sol». También se sometió a ritos y observancias de purificación durante su coronación y llevó coronas que representaban el Alto y el Bajo Egipto.

Antes de acceder al trono, Hatshepsut solo había sido conocida como princesa y luego como reina de Egipto. Su nuevo estatus le exigía forjarse una nueva imagen ante su pueblo. Hatshepsut dio un paso más, y ordenó que la vistieran y se dirigieran a ella como a un hombre, tanto en persona como en las representaciones pictóricas. Se vistió con el atuendo real masculino y se la representó con barba postiza y musculatura. Se referían a ella con respeto como «Su Majestad».

Esfinge de Hatshepsut mostrando su barba postiza
Postdlf, CC BY-SA 3.0 https://creativecommons.org/licenses/by-sa/3.0/ vía Wikimedia Commons; https://commons.wikimedia.org/wiki/File:Sphinx_of_Hatshepsut.jpg

Hatshepsut: La constructora y comerciante

Hatshepsut sabía que cambiar de vestuario no era todo lo que había que hacer para ser una gran faraona. Un día, convocó al ministro Senenmut y le encargó que supervisara sus grandes proyectos de construcción. A la inversa, se embarcó en la histórica expedición a Punt para reactivar el comercio en Egipto.

Muchos faraones anteriores a Hatshepsut habían mostrado poco compromiso con los proyectos de construcción fuera de las tumbas o las pirámides. Después de que los hicsos invadieran «salvajemente» Egipto, muchos templos y monumentos fueron destruidos, dejando en ruinas el patrimonio cultural del país.

Los edificios que la faraona Hatshepsut tenía en mente no eran reliquias básicas. Hatshepsut imaginó estructuras grandiosas y magníficas que la sobrevivieran y se convirtieran en un legado para muchas generaciones. Tras consultarlo con Senenmut, se acordó que Ineni, un arquitecto aristocrático que había servido a los dos faraones anteriores, sería el mejor para el trabajo.

La construcción comenzó en varios lugares del Alto y Bajo Egipto. Se renovó el templo de Karnak, que tenía varios santuarios dedicados al culto de la diosa egipcia de la tierra, Mut (el recinto de Mut). El recinto de Mut había caído en manos de los hicsos en la dinastía XI y su importancia había disminuido con el tiempo. Con la reconstrucción patrocinada por la faraona Hatshepsut, el recinto de Mut recuperó prestigio.

Además, en Karnak, Hatshepsut construyó la Chapelle Rouge, también conocida como la Capilla Roja. Este santuario se construyó en honor de Ra, y albergaba la barca sagrada de oro que se creía transportaba al dios del Sol en sus viajes. Los días de fiesta, la estatua de Ra se montaba en la barca y una procesión de sacerdotes la sacaba del santuario de Karnak por las calles de Tebas. Se lo devolvía después de las festividades. El interior del santuario estaba decorado con relieves y epígrafes del próspero reinado del faraón.

El templo de Pakhet, que honraba a las diosas Baset y Sekhmet, también fue construido por la faraona Hatshepsut como gesto para revivir la cultura egipcia. Este templo fue encargado en Beni Hasan y llegó a ser rebautizado como la Cueva de Artemisa por los griegos (esto se debió a que Artemisa era el equivalente griego de Baset y Sekhmet).

Hatshepsut también era famosa por sus obeliscos. Por orden suya, el mayordomo jefe Amenhotep erigió dos obeliscos gemelos a la entrada del templo de Karnak. En aquella época, eran los más altos del mundo. La faraona mandaría construir dos obeliscos más con motivo de la celebración de su decimosexto año de reinado y un tercero para sustituir a uno de sus obeliscos en Asuán que se había derrumbado tras su construcción inicial.

Uno de los obeliscos de la faraona Hatshepsut en Karnak
PirouzZ, CC BY-SA 4.0 https://creativecommons.org/licenses/by-sa/4.0 vía Wikimedia Commons: https://commons.wikimedia.org/wiki/File:Obelisk_of_Hatshepsut_at_Karnak.jpg

También fue importante la construcción de la gran tumba real de la faraona Hatshepsut en la orilla occidental del Nilo, cerca de Lúxor. Este lugar se llamó Deir el-Bahri, y se convertiría en el punto de entrada al famoso Valle de los Reyes. La tumba real de Hatshepsut era también un templo, un complejo llamado «Santo de los Santos» o Djeser-Djeseru. Era una estructura majestuosa que destacaba del resto por sus hermosos jardines y terrazas escalonadas, ornamentadas con estatuas de Osiris y Hatshepsut, así como una avenida de esfinges en la parte delantera. Los templos funerarios del antiguo Egipto se diseñaban para honrar al dios del Sol y para el culto póstumo del faraón que los construía.

La faraona Hatshepsut no solo fue una maestra constructora, sino que a su reinado también se atribuye la mayor expedición comercial del antiguo Egipto de la historia. Tras la agresiva ocupación de los hicsos, Egipto había perdido muchos templos y estatuas. Las arcas del país se vieron negativamente afectadas, y la faraona trató de reponer la riqueza de Egipto.

En el noveno año de su reinado, cinco barcos partieron de Egipto en nombre de la faraona Hatshepsut. Su destino era una tierra africana al otro lado del mar Rojo llamada Punt. Antes de la invasión de los hicsos, la tierra de Punt tenía una larga historia de comercio con Egipto, que se remontaba a la dinastía V. Un día, el faraón oyó hablar de Punt y de todas sus riquezas. Era una «tierra tan hermosa» que la gente la llamaba la Tierra de los Dioses.

La faraona Hatshepsut encargó a un canciller nubio llamado Nehsi que dirigiera sus barcos en una misión comercial a Punt. La delegación de la faraona fue bien recibida por la realeza de Punt y su misión tuvo éxito. Regresaron a Egipto con artículos de ébano, resina de ajedrea, marfil, incienso, oro y mirra. En Punt se cosecharon árboles de mirra vivos que se llevaron a Egipto para plantarlos en el templo mortuorio del faraón. La propia faraona descubrió que el incienso quemado era un ingrediente útil en la producción de kohl o maquillaje de ojos.

Aunque el comercio pacífico fue el hilo conductor de la política exterior de la faraona Hatshepsut, hay indicios de que dirigió campañas estrictamente militares a Biblos, Canaán, Nubia y la península del Sinaí.

A pesar de los esfuerzos por borrar su legado emprendidos por el sucesor de Hatshepsut, Tutmosis III, la historia de la faraona Hatshepsut y su grandeza ha sobrevivido durante generaciones. Fue ordenada por la divinidad y su mandato restauró la riqueza y la eminencia de Egipto.

Capítulo 11 - El príncipe condenado

Esta historia comienza con la agonía de un rey sin heredero.

Era el rey de todo Egipto, adorado como hijo de Ra y padre de su pueblo. Sin embargo, no tenía ningún hijo que continuara su línea real. Todas las noches, el rey rezaba fervientemente a los dioses para que su esposa fuera fértil y le diera un hijo. También hacía muchas ofrendas para apaciguar a los dioses de la fertilidad. Un día, recibió la promesa de que su esposa tendría un hijo. Y así fue.

El rey convocó una gran fiesta en honor a los dioses por haber respondido a sus plegarias. Como era habitual, la familia real consultó a las Siete Hathors, deidades veneradas por conocer el destino de los mortales. Necesitaban saber cuál sería el destino del príncipe.

Por desgracia, las Siete Hathors predijeron que el príncipe sufriría una muerte horrible y prematura. Lo mataría un cocodrilo, un perro o una serpiente.

Cuando el rey se enteró, sintió un gran temor. Lloró la suerte de su hijo y de su reina. Era casi imposible cambiar su destino. Sin embargo, el rey de Egipto estaba dispuesto a arriesgarse.

Inmediatamente mandó construir una fortaleza en las montañas para que viviera el príncipe. Se construyó con los mejores materiales del país y se amuebló al gusto real. Todo lo que el joven príncipe necesitaba para vivir con comodidad y lujo se encontraba en la fortaleza, y el príncipe fue trasladado allí para vivir su infancia.

Pasaron los años y, a medida que el príncipe crecía, aumentaba su curiosidad por el mundo más allá de los muros que lo rodeaban. Miraba desde lo alto del tejado hacia el horizonte, incapaz de saber cómo era el mundo. Un día, vio una extraña criatura vagando fuera de los muros. Nunca la había visto antes, pero no se parecía en nada a un hombre o a una mujer.

El joven príncipe preguntó a uno de sus criados qué era, y supo que se trataba de un perro. El príncipe quedó fascinado y le pidió a su padre que le dejara tener uno. El rey se negó, recordando la profecía de las Siete Hathors, pero el príncipe fue implacable hasta que su deseo se cumplió.

Pero ahí no acabó la cosa. El príncipe exigió saber la razón de su encarcelamiento y por qué no podía vivir con su familia.

El rey y la reina se dieron cuenta de que había llegado el momento de comunicar al príncipe su destino. El príncipe recibió la noticia de su destino con valentía. Pidió que se le permitiera explorar el mundo durante el resto de sus días en la Tierra. El rey y la reina se mostraron reacios a enviar a su único hijo a un mundo de incertidumbre y peligro, pero, una vez más, le concedieron su deseo.

Así pues, el príncipe y su perro emprendieron una aventura mucho más allá de las costas de Egipto. El príncipe no tenía ningún destino en mente, pero se dirigió hacia el este, guiado por sus propios caprichos. Llegó a Nahairana, una pequeña ciudad rebosante de actividad. Parecía ser una fiesta, pues había muchos jóvenes llenos de entusiasmo por las calles. El príncipe preguntó a uno de ellos de qué se trataba. Le dijeron que era un concurso. Los hombres del país competían por conseguir la mano de la bella princesa.

La princesa vivía en una torre de más de treinta metros de altura y setenta ventanas. El que consiguiera subir a la habitación más alta de la torre y llegar hasta la princesa sería el ganador del concurso y podría casarse con ella.

Muchos jóvenes valientes intentaron llegar a la cámara elevada de la princesa, pero ninguno lo consiguió. Día tras día, el príncipe de Egipto observaba a los otros jóvenes intentarlo, pero la tarea era desalentadora y parecía insuperable.

Un buen día, el príncipe decidió probar suerte. Al igual que la princesa de Nahairana, él también había vivido su infancia en reclusión. Gracias a ello, había adquirido una gran habilidad para la escalada.

El príncipe de Egipto tuvo éxito en su búsqueda, pero el rey no quiso entregar la mano de su hija a un fugitivo de Egipto. Siguió oponiéndose al matrimonio hasta que la princesa juró quitarse la vida si el rey no cambiaba de opinión. La princesa se había enamorado del príncipe a primera vista y, finalmente, su padre le dio su bendición. También le regaló criados, tierras, ganado, propiedades y joyas preciosas. Con su nueva esposa, el príncipe pronto anheló regresar a Egipto.

Antes de eso, el príncipe le contó a su esposa la profecía de las Siete Hathors. Estaba condenado a morir a manos de un cocodrilo, un perro o una serpiente. La princesa se preocupó por la seguridad de su marido y sugirió que mataran a su perro. El príncipe se negó, ya que el perro había sido su compañero desde niño y no le había hecho daño ni una sola vez.

Juntos, el príncipe y su esposa emprendieron el viaje de regreso a Egipto. En su camino, llegaron a un gran lago que bordeaba una pintoresca ciudad. El lago estaba lleno de cocodrilos y la vida del príncipe corría peligro. Con la ayuda de un gigante que vivía en la ciudad cercana al lago, el príncipe salvó su vida.

El príncipe y su esposa se instalaron en un nuevo hogar, y él estuvo a punto de ser atacado por una serpiente varias veces. Su esposa y sus sirvientes frustraron todos los atentados contra su vida. El príncipe ofreció interminables plegarias y sacrificios a los dioses para cambiar su destino y el de su esposa, que estaría destinada a vivir sin su amado.

Una noche, el príncipe salió de caza con su perro. El perro olfateó una pieza de caza en el bosque y la persiguió. El príncipe lo seguía, dispuesto a matarlo, hasta que el perro se zambulló en un río cercano. El príncipe se detuvo, horrorizado ante lo que estaba a punto de ocurrir. Un gran cocodrilo emergió del río y dijo: «He aquí, yo soy tu perdición, siguiéndote».

Y aquí, la historia termina abruptamente. El antiguo documento donde está escrito este mito estaba tan dañado que el final de esta historia sigue siendo desconocido.

¿Murió el príncipe como estaba predestinado o escapó a la sombría profecía de las Siete Hathors?

Capítulo 12 - Los dos hermanos

Bata corrió tan rápido como le permitieron sus piernas.

Mientras caía por el estrecho camino polvoriento, podía oír a Anpu persiguiéndole con una lanza en la mano. Solo Ra podía salvar a Bata de ser asesinado por un crimen que no había cometido.

¿Cómo empezó todo?

Esta es la historia de «Los dos hermanos» de la mitología egipcia clásica. Comienza con la coexistencia pacífica de dos hermanos; el mayor se llamaba Anpu, y el menor, Bata.

Anpu y Bata nacieron de los mismos padres, y como el mayor, Anpu poseía una casa, ganado y tierras. También tenía esposa, y Bata vivía con ellos. Bata era un excelente agricultor. Cultivaba la tierra, y plantaba y cosechaba cultivos en las tierras de su hermano. También era quien alimentaba y trabajaba el ganado. Bata tenía una habilidad sobrenatural para hablar con los animales.

Todas las mañanas era el primero en levantarse para trabajar el campo con los bueyes, alimentar al ganado y llevar leche y queso a casa para Anpu y su mujer. La granja de Anpu estaba en las mejores manos de Egipto, ya que Bata era un hombre que conocía las estaciones.

Un día de la estación de la Emergencia, Bata pidió a Anpu que lo acompañara a arar la tierra. Anpu accedió, y cuando amaneció, los dos hermanos se dirigieron a la granja. Construyeron caballones y plantaron muchas semillas. Cuando se les acabaron las semillas, Anpu envió a Bata a casa a por más, y Bata fue de prisa.

En casa, se encontró con la mujer de Anpu, que se estaba acicalando el pelo. Bata le pidió que le trajera las semillas, pero ella se negó.

«Ve tú mismo y abre el almacén —le dijo—. Coge lo que desees. Si me levantara por ti, mi pelo volvería a ser rebelde.

Bata accedió y entró en el almacén. Al salir, ocurrió algo inesperado. La mujer de Anpu lo sedujo y expresó su deseo de mantener relaciones sexuales con él. A Bata no le gustaron sus insinuaciones. Le dijo: «Te considero como una madre, y mi hermano es como un padre para mí. Has dicho cosas malas, y no deseo volver a oírlas, ni repetiré a nadie lo que has dicho».

Con esto, Bata se apresuró a volver a la granja y trabajó allí con Anpu hasta la noche. Anpu regresó a casa y se encontró con un sorprendente giro de los acontecimientos. Su mujer estaba en mal estado. Parecía golpeada y maltratada por un bruto. Yacía en el suelo dolorida, incapaz de encender la lámpara o dar a su marido agua con la que lavarse las manos, como exigía la antigua costumbre egipcia.

Anpu la abrazó y le preguntó qué le había pasado. La mujer de Anpu dijo que había sido Bata quien la había atacado cuando volvió a casa a por más semillas. Lo acusó de amenazarla con matarla si le contaba algo a Anpu.

Las palabras de su mujer enfurecieron violentamente a Anpu. Armado con una espada y una lanza, Anpu arremetió contra los aposentos de Bata para matarlo. Mientras tanto, Bata estaba en el granero con los bueyes cuando uno de ellos le dijo que su hermano estaba de camino para matarlo.

Bata se asomó por la puerta del granero y, efectivamente, Anpu estaba armado y de camino. Bata huyó de la granja con Anpu pisándole los talones. Mientras corría para salvar su vida, Bata rezó en voz alta a Ra, pidiéndole ayuda y vindicación.

El dios escuchó la plegaria de Bata e hizo que un río brotara de la tierra seca, separando a los dos hermanos. El río estaba lleno de cocodrilos y Anpu no pudo llegar hasta Bata. Desde el otro lado del río, Bata declaró su inocencia a Anpu y le contó su versión de la historia: la verdad. Para demostrar aún más su inocencia, Bata se cortó una parte de sí mismo (el pene, según algunas versiones de esta historia) y la arrojó al río, donde un pez se la comió.

Mientras Bata sangraba, Anpu se convenció y se llenó de arrepentimiento. Intentó llegar hasta su hermano, pero no pudo cruzar el río. Bata anunció que se dirigía al valle de los Cedros, donde se arrancaría el corazón y lo colgaría en un cedro. Si el árbol era talado, él moriría. Bata encargó a Anpu una búsqueda de siete años para encontrar su corazón y ponerlo dentro de un recipiente con agua para poder volver a la vida.

Después, se despidió de Anpu y siguió su camino. Lleno de arrepentimiento y angustia, Anpu regresó a casa y mató a su mujer.

La mujer de Bata

Bata encontró un hogar en el valle de los Cedros, donde se encontró con la Enéada de Heliópolis. Ra se apiadó de Bata por su difícil situación y ordenó al dios Khnum que le creara una esposa para que dejara de estar solo.

La nueva esposa de Bata era divinamente hermosa, y no había otra mujer como ella en todo Egipto. Las Siete Hathors aparecieron en escena y la contemplaron. Como conocedoras del destino, predijeron que la esposa de Bata tendría una vida corta. Predijeron su muerte, igual que en el mito del príncipe condenado.

Temeroso de perder a su esposa, Bata decidió protegerla hasta el último aliento. No salía de casa ni se acercaba al mar o al bosque. Así permaneció durante muchos meses, hasta que un día el rey de Egipto oyó hablar de ella y pidió su mano.

Envió innumerables mensajeros para hacer llegar su intención a la esposa de Bata hasta que ella accedió a reunirse con él. El rey se enamoró de la mujer de Bata y se casó con ella, a pesar de saber que pertenecía a otro hombre. Cuando la mujer de Bata reveló el secreto de su marido sobre su corazón colgado en un cedro, el rey envió a sus soldados a talar el árbol. Bata murió.

Una reunión de hermanos

Anpu recibió la señal para iniciar su búsqueda y rescatar a su hermano. Salió corriendo hacia el valle de los Cedros y encontró a Bata en su casa, sin vida. Anpu se propuso encontrar el corazón de su hermano o alguna otra forma de devolverle la vida. Al cabo de cuatro años, encontró una semilla que contenía el alma de Bata.

Cogió la semilla y la echó en un frasco de agua, y Bata volvió. Estaba vivo. Anpu restauró el alma de Bata haciéndole beber el agua con la semilla en su interior. Bata revivió y los dos hermanos se abrazaron con alegría.

Bata se transformó en un toro y Anpu lo cabalgó hasta el palacio. El rey quedó tan encantado con el despliegue de poderes mágicos de la criatura que lo convirtió en un toro sagrado en el templo y recompensó a Anpu con oro y plata por ello. Como toro, Bata se reveló a su esposa, y ella, aterrorizada, no se arrepintió de revelar su secreto al rey.

En su lugar, la reina pidió al rey que sacrificara al toro sagrado y le permitiera comer su hígado. Obligado por un juramento a concederle todo lo que deseaba, el rey accedió a regañadientes. El toro sagrado —Bata— fue sacrificado.

Mientras lo mataban, dos gotas de su sangre cayeron al suelo y de ellas brotaron dos magníficos árboles de Persea. Los asistentes del rey se maravillaron ante este misterio y se lo contaron al rey. El rey declaró que los árboles eran sagrados.

De nuevo, Bata, en la forma de los árboles sagrados, se reveló a la reina. Ella palideció de miedo y engañó una vez más al rey para que jurara concederle su deseo. Entonces, pidió que cortaran los árboles sagrados de Persea. El rey no pudo negarse. Asignó a los leñadores más hábiles de Egipto la tarea de talar el árbol, y empezaron, con la reina mirando. Sin que ella lo supiera, una pequeña astilla del árbol entró en su boca y se la tragó.

Esta astilla hizo que la reina quedara embarazada, y pronto dio a luz a un niño, pensando que era hijo del faraón. Sin que el rey y la reina lo supieran, el niño era una encarnación de Bata, y heredaría el reino de Egipto tras su muerte.

Cuando Bata se convirtió en rey de Egipto, llamó a su hermano Anpu y lo convirtió en el siguiente en la línea de sucesión al trono de Egipto. Los dos hermanos volvieron a unirse para no separarse nunca más.

Capítulo 13 - Isis y los siete escorpiones

Era una tarde fría y las turbias marismas del Nilo no eran lugar para una madre y su hijo. Sus ropas no eran más que harapos y los recuerdos de su encarcelamiento en aquella hilandería atormentaban su mente.

Esta misteriosa mujer tenía una compañía de guardaespaldas poco habitual. No eran hombres sanos, ni siquiera dioses. Eran gigantescos escorpiones venenosos. Eran siete y formaban un círculo protector a su alrededor mientras se dirigía a una mansión en el horizonte.

Los siete escorpiones se llamaban Tefen, Masetetef, Petet, Tjetet, Matet, Mesetet y Befen. Fueron asignados por Serket a instancias del dios Thot para proteger a la mujer y a su hijo de cualquier daño. Pronto llegaron a la mansión, y cuando la mujer llamó desesperadamente, las puertas de la mansión se abrieron.

Allí estaba Usert, una mujer adinerada que era propietaria de la mansión y vivía en ella.

Repugnada por su aspecto demacrado, Usert no mostró compasión por la mujer ni por su bebé. En lugar de eso, cerró la puerta en las narices de aquellos huéspedes indeseados y se marchó sin remordimientos.

No sabía que no era una simple mortal quien llamaba a su puerta. Era la gran y poderosa diosa Isis, y su bebé era Horus, hijo de Osiris. El mito de Isis y los siete escorpiones se sitúa tras el espantoso asesinato de Osiris y la usurpación del trono egipcio por el malvado dios Seth.

Seth estaba decidido a acabar para siempre con la estirpe de Osiris, pero Thot, en su sabiduría, había ayudado a proteger a Isis y a su hijo, quien estaba destinado a vengar a su padre. Tras su huida, Isis ocultó su divinidad adoptando la forma de una mujer corriente para evitar ser descubierta por los perros de caza de Seth.

Tras ser menospreciada por Usert, Isis se dirigió a una aldea detrás de la mansión en busca de ayuda, pero sus compañeros, los siete escorpiones, no le perdonaron el insulto.

Isis encontró refugio en la humilde casa de una pobre pescadora que solo tenía una cama de paja y comida sencilla que ofrecer. Fue más que suficiente para Isis y su bebé, y allí pasaron la noche, contentos.

Mientras tanto, los agraviados compañeros de Isis se reunieron aquella noche e idearon la venganza definitiva por el insulto de Usert. Uno tras otro, los escorpiones transfirieron todo su veneno a su líder Tefen y lo enviaron a la mansión.

Mientras la gente del pueblo dormía, Tefen se arrastró en plena noche y entró en la casa de Usert. El escorpión encontró al hijo de Usert profundamente dormido en su habitación y le picó con fuerza. A la mañana siguiente, Usert encontró a su hijo al borde de la muerte. Lo cogió y corrió a la ciudad, llorando y buscando ayuda.

Isis estaba cuidando a su bebé cuando oyó el alboroto. Se compadeció del niño moribundo y, cuando nadie pudo salvarlo de su sufrimiento, le ofreció ayuda.

El niño sufría mucho, pues el veneno de su cuerpo lo torturaba. Gritaba de agonía. Isis supo que era obra de sus escorpiones y cogió al niño en brazos. Llamó a cada escorpión por su nombre y neutralizó su veneno en el cuerpo del muchacho con sus potentes hechizos.

La diosa se reveló entonces a Usert, la que la había rechazado. También se reveló a la pescadora que le había mostrado su generosidad. A Usert le invadió la culpa y el remordimiento por no haber reconocido a Isis y haber sido tan poco acogedora. Dio las gracias a Isis por haber salvado a su hijo y entregó todas sus riquezas a la pobre pescadora como gesto de adoración. El mito de Isis y los Siete Escorpiones es popular en Egipto porque gira en torno a la bondad, la paciencia, la compasión y el perdón.

Capítulo 14 - El príncipe y la esfinge

La historia del príncipe y la esfinge nos lleva a la dinastía XVIII, durante el reinado del faraón Amenhotep, bisnieto de Tutmosis III, que sucedió a la faraona Hatshepsut.

Amenhotep tuvo muchos hijos e hijas, pero nuestro protagonista es el favorito del rey, el príncipe Tutmosis (un Tutmosis diferente de los tres primeros anteriores a Hatshepsut). El príncipe era un joven atlético que tenía muchas habilidades. Era un gran cazador y luchador, un orador carismático, un experto jinete, un explorador de la vida salvaje y excelente en el arte del tiro con arco.

A pesar de su condición de príncipe y de ser querido por el faraón, Tutmosis tenía un problema: todos sus hermanos lo odiaban. Todos los días conspiraban contra el príncipe en un intento desesperado por disuadir al faraón de nombrarlo sucesor al trono de Egipto. Estas estratagemas hacían que Tutmosis pareciera indigno y cruel, y pronto se convirtieron en flagrantes atentados contra su vida. Sin embargo, nadie pareció darse cuenta. Ni su padre, el rey, ni su madre, la reina Tiaa.

El príncipe, preocupado, empezó a ser más reservado y a alejarse del faraón. En lugar de eso, añadió una habilidad más a su larga lista de capacidades: el arte de escabullirse de palacio disfrazado. Para poder hacerlo con la frecuencia que deseaba, el príncipe Tutmosis contó con la ayuda de algunos sirvientes de confianza. Muchas veces se escapaba de la corte real para cazar gacelas y bestias salvajes en el desierto. También añoraba la pintoresca vista de las pirámides de Saqqara y Guiza.

Durante las festividades o sesiones de la corte real en las que el faraón requería la asistencia de Tutmosis, este aparecía un minuto y desaparecía al siguiente.

Un día propicio, Egipto estaba de fiesta por la gran celebración del dios solar Ra. La celebración iba a tener lugar en Heliópolis, y todos los sirvientes del palacio tenían la tarea de prepararse para la ceremonia.

Con todos los demás distraídos, el príncipe Tutmosis vio la oportunidad perfecta para escabullirse del palacio en otra de sus cacerías. No podía permitirse que lo vieran, así que eligió a dos de sus sirvientes de mayor confianza para que lo acompañaran. Al amanecer, el príncipe y sus sirvientes tomaron la salida secreta y se dirigieron al desierto en su carro.

Trabajaron durante toda la mañana, pero no atraparon nada. Por la tarde, el infame y abrasador sol egipcio azotaba sus cuerpos con sus rayos. El príncipe Tutmosis y sus hombres cabalgaron rápidamente hacia el norte y se acercaron lentamente a las pirámides de Guiza.

Estas pirámides habían sido construidas por los grandes faraones de la dinastía IV (Keops, Kefrén y Micerino) más de mil años antes de que naciera el príncipe. Tutmosis quedó fascinado al verlas y anheló acercarse para rezar una oración a Harmajis, cuyo espíritu habitaba en una de las esfinges de Guiza. En el antiguo Egipto, una esfinge era venerada como manifestación de Horus y protectora de las tumbas reales.

La Gran Esfinge de Guiza
https://commons.wikimedia.org/wiki/File:DSC_0088_Sphinx01.JPG

El príncipe Tutmosis ordenó a sus sirvientes que esperaran a la sombra de las palmeras mientras él se dirigía en su carro hacia las pirámides. A medida que el sol brillaba más, las gigantescas esfinges centelleaban, y la pirámide de Kefrén parecía diferente de las demás. La cabeza de la esfinge estaba tallada a semejanza de Harmajis, y sobresalía del mar de arena que la rodeaba, mientras que el resto de la esfinge estaba enterrado bajo la arena.

Despreciando el intenso calor, el príncipe Tutmosis se arrodilló y rezó a la cabeza de esfinge con forma de Harmajis. Expuso todos sus problemas sobre cómo sus propios hermanos y hermanas iban tras su vida, y pidió ayuda divina.

Momentos después, el príncipe notó algo bastante espeluznante. Los ojos de la esfinge a la que rezaba se movieron. No podía creerlo, así que continuó rezando. Los ojos de la esfinge eran inanimados y de piedra. Tenía que estar todo en su cabeza, hasta que fue demasiado obvio para ignorarlo.

De repente, la tierra empezó a temblar alrededor de Tutmosis, y las arenas se movieron violentamente mientras la esfinge cobraba vida e intentaba en vano zafarse de la arena. El príncipe Tutmosis quedó deslumbrado por el espectáculo y retrocedió cuando la esfinge mística abrió la boca y habló con una gran voz:

«Mírame, Tutmosis, príncipe de Egipto, y sabe que soy Harmajis, tu padre, el padre de todos los faraones de las tierras altas y bajas. A ti te corresponde convertirte en faraón de verdad y llevar sobre tu cabeza la Doble Corona del Sur y del Norte...

Tutmosis, mi rostro está dirigido hacia ti, mi corazón se inclina hacia ti para traerte cosas buenas, tu espíritu estará envuelto en el mío. Pero mira cómo la arena se ha cerrado a mi alrededor por todos lados: me asfixia, me retiene, me oculta a tus ojos. Prométeme que harás todo lo que un buen hijo debe hacer por su padre; demuéstrame que en verdad eres mi hijo y que me ayudarás. Acércate a mí, y yo estaré siempre contigo, te guiaré y te engrandeceré».

A continuación, una luz cegadora dejó inconsciente al príncipe Tutmosis. Cuando volvió a abrir los ojos, la esfinge había vuelto a su estado anterior, sin vida, y seguía clavada en la arena.

El sol se estaba poniendo y proyectaba sus rayos sepia sobre la arena desde el cielo enrojecido, lo que significa que el príncipe llevaba fuera muchas horas. No obstante, era el acontecimiento más extraordinario que el príncipe Tutmosis había vivido nunca, y juró cumplir los deseos de Harmajis si algún día se convertía en faraón de Egipto.

«¡Harmajis, padre mío! Te invoco a ti y a todos los dioses de Egipto para que sean testigos de mi juramento. Si llego a ser faraón, el primer acto de mi reinado será liberar esta tu imagen de la arena y construir un santuario para ti, y colocar en él una piedra que cuente en la sagrada escritura de Khem tu mandato y cómo lo cumplí».

Tras decir esto, Tutmosis montó en su carro y se dirigió a buscar a sus sirvientes, preocupados por su larga partida. Juntos, cabalgaron de vuelta al palacio de Menfis, con el príncipe vigorizado por su encuentro con lo divino.

Fiel a las palabras de Harmajis, Tutmosis fue declarado sucesor por su padre, Amenhotep. Los esfuerzos de sus hermanos reales por mancillarlo ante el faraón, la corte real y el pueblo de Egipto fracasaron.

Desde 1401 hasta 1397 a. C. aproximadamente, el príncipe gobernó Egipto como rey Tutmosis IV, el octavo faraón de la dinastía XVIII del antiguo Egipto.

Como faraón, Tutmosis IV cumplió su promesa a Harmajis. Hizo desenterrar de la arena la esfinge de la pirámide de Kefrén y construyó un santuario a sus pies. El mito del príncipe y la esfinge se documentó en jeroglíficos, grabados en una tablilla de granito rojo que se fijó a la esfinge.

Esta antigua tablilla se encontró hace solo doscientos años, y su autor no fue otro que el propio faraón Tutmosis.

Capítulo 15- Las aventuras de Sinuhé

Seguro que recuerda la profecía de Neferti, que hablaba de un apocalipsis y de cómo la ascensión al trono egipcio de un visir llamado Amenemhat era la única forma de evitarlo.

Amenemhat se convirtió efectivamente en el faraón que fundó la dinastía XII de Egipto, pero su reinado no fue del todo pacífico. Durante muchas décadas, estuvo en peligro de ser derrocado, al igual que lo había sido el faraón que le precedió, Mentuhotep IV. El reinado del rey estuvo plagado de guerras civiles y disturbios que continuaron incluso después de que nombrara a su hijo, el príncipe Sesostris, siguiente en la línea de sucesión al trono.

Corrían tiempos delicados en Egipto, y la corte del rey apestaba a conspiraciones y rebeliones contra el faraón.

Nuestra historia comienza con el príncipe Sesostris, que se encontraba lejos, en el este, luchando contra unos invasores extranjeros, la tribu Temehu de Libia. El príncipe y su ejército salieron victoriosos y, tras una celebración, cabalgaron hacia Egipto con el botín de guerra. Entre sus estimados oficiales había un guerrero llamado Sinuhé, partidario incondicional del faraón Amenemhat. A mitad de camino hacia Egipto, el príncipe y sus hombres fueron recibidos por mensajeros del palacio del rey.

Nadie sabía qué noticias traían, pero Sinuhé tuvo la premonición de que se trataba del rey. Para averiguar la verdad, escuchó a escondidas la conversación del príncipe con los mensajeros. Efectivamente, el faraón Amenemhat había sido asesinado mientras dormía por uno de los muchos hombres que pretendían acabar con su vida, y el príncipe iba a ser nombrado nuevo rey en su lugar.

El príncipe se sintió afligido al enterarse del asesinato de su padre, pero Sinuhé estaba más asustado que apenado. Si el rey de Egipto había sido asesinado por rebeldes, el siguiente objetivo sería cualquiera que lo hubiera apoyado. Sinuhé también temía que el príncipe corriera peligro de ser asesinado. Sin duda, su reinado sería igual que el de su padre, si no peor.

Una búsqueda de supervivencia

Sinuhé se alejó del campamento del príncipe y se puso en marcha. Se escabulló del campamento militar al amparo de la noche y viajó a lo largo del Nilo hacia la ciudad de Heliópolis. Llegó a la frontera oriental de Egipto y avanzó hasta la estrecha franja de tierra entre el mar Mediterráneo y el mar Rojo llamada istmo de Suez. Desde allí se dirigió rápidamente al desierto del Sinaí, donde la sed pudo con él.

Sinuhé nunca había estado tan deshidratado en su vida. Tenía la garganta reseca y podía literalmente «saborear la muerte» en medio de su exilio autoimpuesto. Pronto se le entumecieron las manos y las rodillas, pero siguió arrastrándose desesperado por seguir vivo.

Entonces encontró su primer golpe de suerte: un campamento de nómadas asiáticos.

Sinuhé se desmayó de agotamiento, reconfortado por la esperanza de que los nómadas pudieran rescatarlo. Tras un largo y profundo sueño, despertó y se encontró limpio, tratado y alimentado con leche y agua. Resultó que los nómadas se dedicaban al comercio y al pastoreo de ganado en la zona del delta del Nilo, en Egipto, por lo que Sinuhé no pudo seguir con ellos.

Se dirigió a Siria y llegó a Biblos, el reino que había recibido a la diosa Isis cuando esta había ido a rescatar a su marido, Osiris. Sinuhé pasó algunas noches en Biblos, pero era una tierra amiga de los egipcios. No era su destino.

Finalmente, llegó a un reino llamado Retenu (también llamado Canaán) en el Líbano.

Un nuevo hogar

El rey de Retenu era Ammienshi, y a pesar de los estragos que el viaje de Sinuhé había causado en su aspecto, el rey podía decir que era un hombre importante de Egipto.

Dio la bienvenida a Sinuhé a Retenu y le ofreció un hogar entre los demás egipcios que vivían en el reino. Durante su conversación, el rey Ammienshi preguntó por qué Sinuhé había venido tan lejos de su hogar. Puede que el rey midiera así la clase de hombre que era. Sinuhé respondió contándole al rey el fallecimiento del faraón Amenemhat y que había huido de Egipto porque temía que estallara una guerra civil.

El rey Ammienshi estaba al corriente de la muerte del viejo faraón y de la ascensión del príncipe Sesostris I como nuevo rey de Egipto. Aseguró a Sinuhé que no se habían producido revueltas contra el reinado del nuevo faraón y pidió consejo a Sinuhé sobre si apoyar o no al nuevo faraón.

Sinuhé respondió diciendo palabras nobles sobre el nuevo faraón y rogando al rey Ammienshi que fuera leal. De ello dedujo el rey Ammienshi que Sinuhé era un hombre de paz y que no supondría ninguna amenaza para su reino. Sin embargo, Sinuhé también era un hombre de guerra, lo que significa que podría ser útil en el ámbito militar.

Por ello, el rey Ammienshi nombró a Sinuhé comandante de sus ejércitos y consintió su matrimonio con su primera hija. Esto elevó el estatus de Sinuhé en Retenu, y se le concedió una finca llamada Iaa, que tenía tierras ricas y fértiles para que florecieran los cultivos y el ganado.

Como comandante del ejército y jefe tribal, Sinuhé emprendió numerosas campañas militares para proteger Retenu de las invasiones extranjeras. Sus servicios agradaron tanto al rey Ammienshi que decidió nombrar a Sinuhé próximo rey de Retenu.

El duelo de campeones

El plan de sucesión del rey Ammienshi no sentó bien a algunos nobles y plebeyos de Retenu. Pensaban que el rey había pasado demasiados años compensando en exceso a un extranjero por sus servicios, y que el trono de Retenu era el lugar donde pondrían el límite.

Se rumoreaba que pronto soplaría un viento de rebelión por todo el palacio, y que sería encabezada por un héroe de guerra no revelado de Retenu. Incapaz de deshacerse de su ansiedad, el rey Ammienshi convocó a Sinuhé para una conversación privada. Le preguntó si conocía al hombre que planeaba la rebelión. Sinuhé respondió que no, pero eso cambiaría pronto.

Iba a haber un duelo entre él y el hombre que lo quería muerto. Este duelo iba a tener lugar en público y en presencia del rey. El héroe de guerra se revelaría y lucharía contra Sinuhé para determinar quién era el mejor.

El día del duelo, el pueblo de Retenu acudió al lugar del combate y muchos vitorearon a Sinuhé. No dudaban de su destreza en el tiro con arco y en la guerra de combate, y tenía todo lo necesario para vencer a su contrincante... hasta que descubrieron que el oponente de Sinuhé era un gigante.

La arena se quedó en silencio, boquiabierta ante el amenazador físico del gigante. Iba armado con flechas, un hacha de batalla gigantesca y jabalinas.

Algunos de los partidarios de Sinuhé dudaron y temieron que este combate fuera el último. La batalla empezó en serio y, como se temían, el gigante no fue pan comido Arremetió contra Sinuhé con todas las armas de su arsenal, y Sinuhé escapó de cada ataque por los pelos.

En el fragor de la batalla, Sinuhé eligió un momento oportuno para lanzar una jabalina contra su oponente. La jabalina atravesó el cuello del gigante, que se arrodilló y cayó muerto con un ruido sordo.

El júbilo estalló en la arena después de que Sinuhé cortara la cabeza de su oponente, y el rey se alegró de que su sucesor hubiera ganado la batalla. La noticia del duelo corrió por todo el reino, y la grandeza de Sinuhé aumentó. No se parecía a nada de lo que había sido antes. Sirvió al rey Ammienshi durante muchos años más y se convirtió en rey después de él.

El regreso a casa

«Vuelve a Egipto para contemplar de nuevo la tierra donde naciste y el palacio donde me serviste tan fielmente».

Sinuhé no pudo contener su felicidad al leer una carta del rey de Egipto. Había enviado una carta para pedir perdón y que se le permitiera visitar Egipto al menos una vez más antes de morir. Habían pasado muchos años desde que Sinuhé salió de Egipto, y ya no era tan joven como antes. En su vejez, anhelaba ir a Egipto y ver cómo era ahora su tierra natal.

No había esperado una invitación expresa para vivir el resto de sus días en Egipto, pero el faraón Sesostris I se lo había ofrecido amablemente. El autoexilio de Sinuhé había terminado y los peligros del pasado habían quedado atrás.

Sinuhé transfirió rápidamente el gobierno de Retenu a su hijo mayor y emprendió un largo viaje de regreso a Egipto. El rey y la familia real le dieron la bienvenida. Muchos de los cortesanos del rey no pudieron reconocerlo.

El faraón Sesostris I estaba encantado de reencontrarse con un viejo amigo. No le guardaba rencor y no mencionó nada del pasado. En lugar de ello, ordenó que Sinuhé se quitara sus ropas del desierto y se vistiera con linos finos. Debía acicalarse y alimentarse bien.

La historia termina con Sinuhé viviendo el resto de sus días como un querido amigo del rey. Este fugitivo perdido hacía mucho tiempo había encontrado el camino de vuelta a casa.

TERCERA SECCIÓN:
Dioses y Diosas

Capítulo 16 - Amón-Ra

Recordará de los mitos de la creación del antiguo Egipto que, en Heliópolis, el creador era Atum. Hermópolis, Menfis y Tebas nombraron finalmente a Amón como su dios creador principal. Atum y Amón son lo mismo; ambos son aspectos de Ra.

Típicamente, Amón era adorado como el sol de la mañana y Atum como la luz de la noche, pero las cosas eran ligeramente diferentes en los inicios de la historia egipcia.

En la era del imperio antiguo del antiguo Egipto, Amón-Ra era adorado como dos dioses diferentes. Amón era la deidad creadora que había formado el mundo a partir de la nada de Nun y había creado a los humanos para que habitaran la tierra. Ra era el dios del Sol que cabalgaba por el cielo en su barca de luz durante el día y descendía al inframundo para derrotar al monstruoso Apofis (Apep) por la noche.

En la tradición tebana, Amón solo era pareja de la mujer Amonet y miembro de la venerada Ogdóada. A diferencia de Ra, Amón era una forma espiritual y solo podía sentirse, no verse ni tocarse. Ra era el sol visible y el soldado de la tierra contra la oscuridad (Apofis o Apep).

Amón no se asoció con Ra, el dios del Sol, hasta el imperio nuevo. Esto pudo deberse a la unificación del Alto y Bajo Egipto y al traslado de la capital egipcia de Menfis, donde Ra era supremo, a Tebas, donde destacaba Amón.

El dios del Sol Ra se sincretizó con el dios creador Amón para convertirse en el poderoso Amón-Ra. Con ello, los atributos del dios creador del espíritu y los del dios del Sol se fusionaron en una única deidad universal.

Amón-Ra: el creador

En la mitología egipcia, Amón no nació. Surgió de las aguas primordiales de Nun como un ser divino autocreado. Fue el primero en existir en la Tierra, y fue él quien inició la creación del mundo. La primera creación de Amón fue la de *heka*, la magia con la que creó el resto del mundo. En algunas tradiciones, Heka era un dios, pero en la mayoría, era la magia misma, igual que Amón-Ra era el sol mismo.

A continuación, Amón creó a sus primeros hijos, Shu y Tefnut, que poblaron la Tierra con su descendencia. Tras ellos, Amón creó a Maat, el orden del mundo. Se decía que Maat, como diosa, era hija de Ra, al igual que las diosas Hathor, Sekhmet y Bastet, que eran hermanas.

El Ojo de Ra es otro aspecto importante de Amón-Ra como dios creador. Es el aspecto femenino de Amón. En el mito de la creación de Heliópolis, el Ojo de Ra fue enviado en misión para encontrar a Shu y Tefnut cuando abandonaron su hogar. Con el tiempo, el Ojo de Ra se convirtió en algo más que una parte del cuerpo de Amón. La diosa Sekhmet (o Hathor) era llamada a menudo el Ojo de Ra, la temible mensajera de Amón-Ra que una vez destruyó el mundo como castigo por los pecados de la humanidad contra su creador.

La creación es el primer papel atribuido a Amón-Ra, y en los años que siguieron a la era primigenia, la influencia de Amón-Ra no haría sino ampliarse. En los textos egipcios antiguos, Amón-Ra, el dios creador, aparece representado como un dios con cabeza de halcón y un disco solar con forma de serpiente en la cabeza. También se lo representa en los mitos de la creación como un escarabajo llamado Jepri o como un joven que se cree que es Horus.

Las formas de Ra: Jepri, el Ojo de Ra y el dios con cabeza de halcón
HatJIT. Derivado de archivos de Jeff Dahl, Rawpixel, Finn Bjørklid, Jasmina El Bouamraoui y Karabo Poppy Moletsane., CC BY-SA 4.0 https://creativecommons.org/licenses/by-sa/4.0 vía Wikimedia Commons; https://commons.wikimedia.org/wiki/File:Khepri_Re_Hypocephalus_Scene.svg

Amón-Ra: El dios del Sol

La representación más popular de Amón-Ra en la mitología egipcia era la del dios viajero del sol. Cuando se pusieron los cimientos de la tierra y Maat siguió su curso, el día se dividió de la noche, pero eso no ocurrió de repente.

De hecho, fueron necesarios los viajes eternos de Amón-Ra para crear los milagros del amanecer y el atardecer. El dios del Sol tenía un barco brillante (o barca) llamado Atet, y en él surcaba el cielo durante el día como el sol. Al atardecer, descendía por el horizonte occidental al inframundo (la Duat) durante doce horas, luchando contra los demonios, juzgando a las almas malvadas y reviviendo a los necesitados. En la duodécima hora, la barca del dios del Sol se elevaba por el este y el sol reaparecía.

En su representación como dios del Sol, Amón-Ra solía aparecer como un dios con cabeza de carnero y el disco solar puesto. También tenía compañeros en su barca, sobre todo Heka (en su forma de dios), Sia y Hu (dioses que representaban la Enéada divina). También se pueden encontrar pictóricas de dioses más populares como Seth y Hathor formando parte del séquito de Amón-Ra.

Amón-Ra en su barca divina (Atet) en el inframundo
https://commons.wikimedia.org/wiki/File:Book_of_Gates_Barque_of_Ra.jpg

A pesar de la supremacía de Amón-Ra en el panteón egipcio, sus viajes no eran fáciles. Cada día que descendía al inframundo, era desafiado por un enemigo infernal, Apofis (o Apep). Algunas versiones mitológicas afirman que Apofis atacó al dios del Sol mientras estaba en el inframundo, no cuando descendía a él. En cualquier caso, Amu-Ra luchaba cada día contra este monstruo y lo vencía.

A las puertas del inframundo, Amón-Ra sería recibido por su buen amigo, Osiris, el dios del inframundo. Algunas tradiciones egipcias fusionan abiertamente a Amón-Ra con Osiris, pero en general eran deidades separadas. Juntos, condenaban a las almas malvadas de los muertos a la versión egipcia del infierno y concedían a las almas buenas el paso al paraíso.

Amón-Ra: padre y rey

Mucho antes de la era de los faraones, los dioses gobernaban la tierra. Según el sagrado *Libro de la Vaca Sagrada*, el primer rey de la tierra fue Ra. Acababa de terminar su gran obra de creación y era el rey de la humanidad, hasta que esta empezó a rebelarse contra él.

En los acontecimientos que siguieron, Ra se retiró al cielo y creó el Campo de Juncos, la versión egipcia del cielo, para su morada. También fundó Maat y ordenó a la humanidad que lo defendiera con su vida.

Como creador de toda la vida y primero en divinidad, todos los demás dioses y diosas eran descendientes de Ra. Aparte de la asociación de Amón y Ra, que dio lugar a la aparición de Amón-Ra, o Atum y Ra, que se convirtió en Atum Ra, hubo otras. Estaba la fusión de Ra con Horus, el dios con cabeza de halcón. Algunas representaciones de Amón-Ra son como un dios con cabeza de halcón. La relación entre los dos dioses comenzó en la creación, cuando Horus fue representado en algunos relatos mitológicos como un aspecto de Amón. El sincretismo entre Amón-Ra y Horus se denominó Ra-Horajty.

Estas asociaciones y su papel en la creación de otras deidades entronizaron a Amón-Ra como padre y rey de todos los dioses. Naturalmente, esto se extendía a los mortales. Los faraones de la dinastía IV del imperio antiguo se llamaban a sí mismos «hijos de Ra». A partir de entonces, los reyes de Egipto se asociaron con Ra como sus hijos y representantes divinos en la Tierra, por lo que eran venerados por el pueblo. También se rumoreaba que habían construido sus pirámides alineadas con el sol como acto de adoración.

El culto a Amón-Ra en el Egipto dinástico comenzó en Heliópolis. En la dinastía II, se había extendido a todo el país y se le atribuyó el título de dios del Sol. Era el creador, el sol y el dios del Sol. En la dinastía V, los faraones empezaron a construir templos de Ra, conocidos como templos solares.

Userkaf, el fundador de la dinastía V del antiguo Egipto, fue el primero en encargar un templo solar en las llanuras cercanas a Abu Gorab. El templo solar se llamó Nekhen-Ra, que significa «Fortaleza de Ra», y sus restos fueron desenterrados a principios de la década de 1840.

Otros seis templos solares serían construidos por el faraón Sahure, el faraón Neferirkare Kakai, el faraón Neferefre, el faraón Shepseskare, el faraón Nyuserre Ini y el faraón Menkauthor Kaiu, todos ellos durante la dinastía V.

El festival de Opet era la mayor celebración de Amón en el antiguo Egipto. Alcanzó su apogeo en la época del imperio nuevo, alrededor del año 1539 a. C., en Tebas. Comenzaba el decimoquinto día de la primera estación del año, Akhet (o estación de la Inundación), y se celebraba durante once días durante el reinado del faraón Tutmosis III. Se convirtió en veinticuatro días cuando Ramsés III estaba en el trono, y poco después, llegó a durar veintisiete días.

El faraón era la figura más importante de esta celebración, ya que era el máximo profeta de Amón en toda la tierra. El festival de Opet era el momento de legitimar su reinado y su condición de rey de Egipto ante su pueblo. El faraón sería investido con el poder de Amón y, como signo de la bendición del dios, las tierras de Egipto serían fértiles.

Como parte de los ritos del festival, una colorida procesión de sacerdotes llevaría la estatua sagrada de Amón en una barcaza de madera recubierta de oro desde el templo de Karnak hasta el de Lúxor. La gente acudía en masa a las calles para ver la procesión, anticipando la abundancia de pan y vino que pronto llegaría. También esperaban sus consultas con Amón a través de sus sacerdotes para obtener respuestas a los problemas de la vida.

En Lúxor, el faraón entraba en la sala más interior del templo para el ritual de transferencia de poder y rejuvenecimiento. Después, la procesión devolvía la estatua a Karnak.

Amón-Ra tenía su propia fiesta en Egipto como deidad nacional. Aparecía en todos los mitos y libros sagrados egipcios, y sus hijos e hijas, tanto mortales como inmortales, vivían a su servicio.

La eminencia de Amón-Ra permaneció incontestada durante todo el imperio antiguo y nuevo del antiguo Egipto, e incluso más allá. Era imposible desbancar al dios que hacía surgir cada nuevo día y creaba todo en el mundo.

Capítulo 17 - Isis, Osiris y Horus

Seguramente recuerda a estos tres del famoso Mito de Osiris y de cómo su influencia se extendió desde el imperio antiguo hasta las épocas posteriores. Isis y Osiris fueron los primeros hermanos. Eran hijos del dios Geb y de la diosa Nut (que también eran hermanos). También eran bisnietos del dios creador Atum, al menos según el mito de la creación de Heliópolis, y se convirtieron en el rey y la reina de Egipto.

Isis: Diosa de la curación y la magia

Alabada como una de las principales diosas del panteón egipcio, Isis aparece por primera vez en los textos del imperio antiguo como protagonista del famoso mito de Osiris. Se enamoró de su hermano Osiris desde el vientre materno y se casó con él. Juntos gobernaron Egipto como rey y reina.

Isis nació de Geb y Nut, junto con sus otros cuatro (a veces tres) hermanos, todos ellos dotados de poderes divinos. En los mitos de Osiris y de Isis y los siete escorpiones, Isis utiliza sus poderes mágicos para curar a su marido y a un niño moribundo, respectivamente.

Su nombre jeroglífico se traduce a menudo como «trono» o «reina del trono», por lo que se la consideraba la madre de todos los faraones. Isis es representada como una hermosa mujer de pelo negro con cuernos de vaca en la cabeza. Lleva un vestido rojo y sostiene un *anj* y un bastón. Sus símbolos son el *tyet* (también conocido como el nudo o cinturón de Isis), la luna y los discos solares, y los sicomoros. También se la representa como una figura majestuosa con las alas extendidas o como un escorpión.

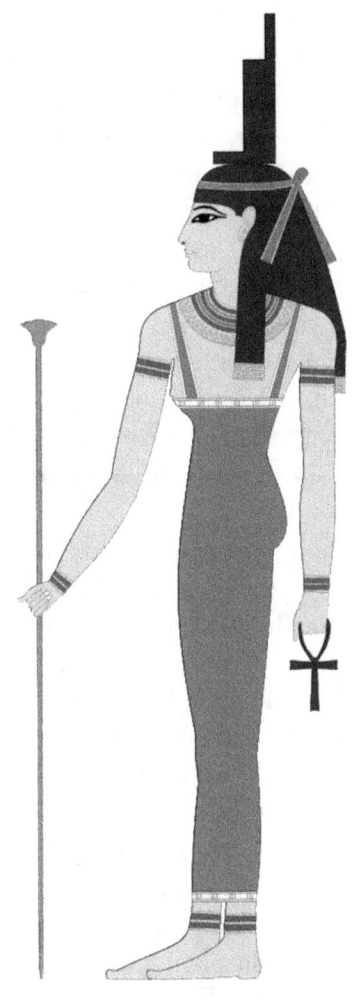

Isis, la diosa de la curación
Jeff Dahl, CC BY-SA 4.0 https://creativecommons.org/licenses/by-sa/4.0 vía Wikimedia Commons; https://commons.wikimedia.org/wiki/File:Isis.svg

El *tyet* es el símbolo más destacado de Isis, y representa la vida y el bienestar. La diosa Isis no figuraba entre los dioses y diosas egipcios de la creación, pero su estatus creció con el tiempo. En la época romana, el culto a Isis había alcanzado su apogeo. Se la honraba como reina, sanadora, plañidera, madre, esposa y protectora.

Como esposa de Osiris, Isis mostró un gran apoyo a su marido antes de que se convirtiera en el dios del inframundo. Cuando Seth persiguió a Osiris y lo mató más de una vez, Isis nunca lo abandonó. Lo rescató y lo curó con sus poderes mágicos, incluso cuando su cuerpo estaba mutilado.

Isis pronto se convirtió en un modelo de mujer egipcia virtuosa. Era devota y fiel a su marido, sin importar las circunstancias.

El hijo de Isis, Horus, se asoció con los faraones de Egipto, lo que hizo que Isis se convirtiera en la reina madre de todos los reyes de Egipto. Se convirtió en una importante divinidad de protección, alimento y compañía para los faraones a partir de la dinastía V.

Además de su importancia real, la diosa Isis era venerada como protectora de mujeres y niños. Durante su reinado con Osiris, Isis enseñaba a las mujeres egipcias a cocinar, tejer y hacer vino. Esto hizo que las mujeres se encariñaran con Isis y le rezaran por la conservación de sus matrimonios e hijos. Como muestra el mito de Isis y los siete escorpiones, Isis sentía debilidad por los niños. También protegió a su propio hijo Horus de la ira de Seth hasta que tuvo edad suficiente para vengar a su padre.

Otro aspecto importante de Isis era su poder de curación. En la mitología egipcia, resucitó a Osiris en dos ocasiones y curó al hijo pequeño de Usert, lo que le valió un lugar destacado en los asuntos místicos del antiguo Egipto. Un antiguo libro egipcio de hechizos cuenta la historia de Isis curando al dios del Sol de una herida de mordedura de serpiente a cambio del conocimiento de su «verdadero nombre secreto». Se cree que este nombre secreto de Ra conlleva un poder inconmensurable, y la posesión del mismo por parte de Isis fue lo que la convirtió en la sanadora mágica más poderosa del mundo.

En el mito de Osiris, Isis restauró con dolor el cuerpo roto del rey y le ayudó en su transición al más allá como dios del inframundo. Este acto convirtió a Isis en una venerada plañidera y guía a la otra vida. Durante los ritos funerarios, se invocaba a Isis para sanar al difunto y preservar su alma en la otra vida.

A pesar de su fama en todo Egipto, no se construyó el primer templo de Isis hasta principios o mediados del año 300 a. C., durante el reinado de faraón. Esto ocurrió durante el reinado del faraón Nectanebo II, el último gobernante nativo de Egipto. Los faraones macedonios que gobernaron Egipto posteriormente continuaron con el legado, erigiendo más estructuras para el culto a Isis por todo el país.

Esto hizo que el culto a Isis, que ya existía en la dinastía V, se extendiera por todo el Mediterráneo. Los marineros extranjeros empezaron a venerar a Isis como su protectora en el mar, y su fama pronto llegó a las costas de Roma, Grecia y otras partes de Asia Menor.

Los viajeros y mercaderes que se unieron al culto de Isis difundieron su culto en las ciudades y reinos de Oriente Próximo, incluido Irán.

Isis tardó mucho tiempo en ser venerada de forma independiente dentro y fuera de Egipto y Nubia, pero los atributos de su cuidado, empatía y compasión pronto atrajeron a miles de hombres, mujeres y niños a arrodillarse a sus pies.

Osiris: El dios del inframundo

Cuando Osiris nació de sus padres, Geb y Nut, estaba predestinado a la grandeza. No solo era el primogénito y el heredero al trono del Egipto predinástico, sino que un épico enfrentamiento con su hermano cambiaría el curso de su vida para toda la eternidad.

El nombre de Osiris tiene una etimología muy debatida. Aunque comúnmente se acepta que el nombre «Osiris» es la traducción latina del nombre egipcio Asar, existen muchos significados del propio nombre, entre ellos «el que lleva el ojo (de Ra)», «el Poderoso», «el Hermoso» y «el Creado».

Se puede encontrar representaciones de Osiris como un hombre de piel verde (como su padre Geb) con barba. Lleva una larga corona de plumas de avestruz llamada *Atef* y sostiene el báculo real y el mayal. En lugar de un manto real, la parte inferior de su torso está envuelta como una momia. En algunas representaciones tiene la piel negra en lugar de verde, en representación de las fértiles marismas del río Nilo.

Osiris era el dios de la vida y el dios de la muerte. También era el dios del más allá, ya que era el juez de los muertos y el dios de la resurrección. Estos aspectos, bastante contrastados, aluden a su trayectoria como rey terrenal y cómo fue renaciendo a un reinado del inframundo.

Todo está en el legendario mito de Osiris.

Durante su reinado en Egipto, Osiris fue amado por su pueblo por traer paz y prosperidad al reino. Como dios de la fertilidad y la agricultura, enseñó a su pueblo a cultivar la tierra y cosechar alimentos para su supervivencia. Con su esposa y hermana Isis, Osiris gobernó Egipto con una sabiduría incomparable, para envidia de su hermano Seth, que acabó asesinándolo dos veces.

Tras ser resucitado por su esposa, Osiris asumió su trono en el inframundo como juez de los muertos. Su muerte y resurrección fueron el amanecer de una nueva era de culto, que trascendería el Egipto predinástico.

En consonancia con sus papeles contrapuestos de rey terrenal y rey del inframundo, Osiris es representado a la vez como un dios bondadoso y generoso, y como una deidad temible que dirigía a los demonios del inframundo. También tenía el poder de decidir si un alma vivía en el más allá o era destruida.

Como figura importante en la otra vida, el culto a Osiris se extendió desde alrededor del año 6000 a. C. hasta la dinastía ptolemaica (323 a. C.-30 a. C.). Se celebraban festivales anuales para conmemorar su muerte y resurrección, y una ciudad del Alto Egipto llamada Abidos se convirtió en el centro del culto a Osiris.

Durante las fiestas, la gente representaba obras de teatro en las que se contaba la historia del asesinato y desmembramiento de Osiris, cómo Isis lo revivió y le ayudó a pasar a la otra vida, y la venganza de Horus. También construían en sus granjas caballones llamados «camas de Osiris» y plantaban semillas de grano. La germinación de estas semillas simbolizaba la resurrección de Osiris y se anunciaba con júbilo. En las paredes de la tumba del faraón Tutankamón se esculpieron relieves de esta fiesta.

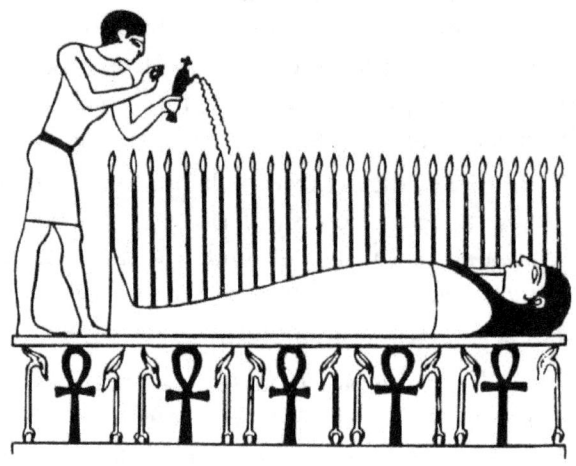

La «cama de Osiris»
https://commons.wikimedia.org/wiki/File:Osiris_Philae.jpg

En la dinastía XII, cada año se celebraba un ritual funerario de cinco días en Abidos, el centro de culto a Osiris. Los acontecimientos de cada día se esbozaban en la estela de Ikhernofret, una losa de piedra en el templo de Osiris. El primer día se celebraba una procesión encabezada por el dios Wepwawet, el Abridor de Caminos. En ese momento, el pueblo representaba una batalla en la que Osiris triunfaba sobre sus enemigos. El segundo día era la Gran Procesión de Osiris. Una estatua de Osiris (que representaba su cuerpo) era trasladada en barca desde el templo hasta su tumba. El tercer día, el pueblo lloraba la muerte de Osiris, y el cuarto día, el pueblo rezaba mientras se celebraban los ritos funerarios. Al quinto día, el pueblo egipcio celebraba el renacimiento de Osiris al amanecer y trasladaba la estatua de vuelta al templo. Esto representaba que Osiris se convertía en soberano del inframundo y restauraba a Maat.

El autor griego Plutarco hace una observación diferente de las fiestas de Osiris. Las describe como más sombrías y solemnes, a menudo restringidas al recinto del templo. También habla de rituales de arcilla realizados por los sacerdotes de Osiris. Se trataba de mezclar tierra fértil con agua en pequeños cofres dorados y moldear figuras en forma de media luna que representaban a Osiris e Isis. Otros relatos describen la cocción de pan y pasteles divinos de trigo cultivado en los templos de Osiris.

Los antiguos egipcios creían que, tras la muerte, toda persona cualificada para la otra vida sería recibida por Osiris. En caso contrario, el alma era condenada a ser devorada por el demonio Ammit o arrojada a un lago de fuego.

Osiris mantuvo su influencia en el ámbito religioso del antiguo Egipto hasta bien entrado el periodo helenístico (c. 323 a. C.). Esta época fusionó a Osiris con un dios griego llamado Serapis, y se construyeron templos para sus cultos en Menfis y File.

Horus: Dios del Cielo

Es posible que haya visto imágenes o representaciones de un dios con cabeza de halcón del antiguo Egipto. Se llama Horus y es hijo del dios Osiris y de la diosa Isis. Horus no solo era miembro de la amada trinidad del antiguo Egipto, sino que también era adorado como el «faraón de todos los faraones».

Horus tuvo una infancia inusual. Nació de una madre que huía de un hombre que había matado a su padre y le había arrebatado su primogenitura. Esto determinó la naturaleza de la educación de Horus. Vivió su infancia en los pantanos del delta del Nilo, escondiéndose de su tío. Por eso muchas figurillas ptolemaicas de Horus de niño son un joven con un dedo en los labios, indicativo de silencio. Bajo la protección de su madre, Horus fue entrenado en el arte de la magia, y su padre, que había pasado al inframundo, le enseñó el arte de la guerra.

El hombre que había perturbado a su familia no era otro que su tío Seth, y el destino de Horus era destruir a Seth y salvar a Egipto de un reinado caótico. Tras años de lucha contra Seth, Horus salió victorioso y recuperó el trono de Egipto. A partir de entonces, la fama de Horus se extendió y convirtió en adoradores a muchos hombres y mujeres de toda la tierra y de las generaciones venideras.

El símbolo de Horus es un halcón, y se cree que el Ojo de Horus significa buena salud, curación y protección. El Ojo de Horus tiene su origen en una versión de su conflicto con Seth, en el que el ojo de Horus fue arrancado en el fragor de la batalla. El ojo de Horus sanó tras el encuentro y se lo ofreció a su padre, Osiris, como recuerdo para la otra vida. Algunas tradiciones del antiguo Egipto utilizaban indistintamente el Ojo de Horus y el Ojo de Ra, ya que Horus era el vástago del dios del Sol.

Horus saliendo de una flor de loto como hijo de Ra
Autor desconocido, CC0, vía Wikimedia Commons;
https://commons.wikimedia.org/wiki/File:The_Sacred_Books_and_Early_Literature_of_the_East,_vol._2,_pg._272-273,_Horus.jpg

Horus era adorado como el dios del cielo, cuyo ojo derecho era el sol y el izquierdo la luna. También era el halcón que se elevaba en el cielo, lo que representaba su condición de «el que está arriba» o su realeza.

Esto explica por qué Horus estaba asociado a la realeza, y todos los faraones del Egipto dinástico se llamaban a sí mismos con orgullo descendientes de Horus. Se asociaban a él en vida y, en la muerte, a Osiris.

Los cultos a Horus surgieron en Edfu y Nekhen, la capital del Alto Egipto en el Egipto predinástico. Sus templos eran bellos edificios con patios, lagos y jardines. Aunque solo los sacerdotes podían entrar en las salas más recónditas que albergaban las estatuas de Horus, gente de todo Egipto acudían a los templos para ofrecer plegarias, dar y recibir limosnas y recibir interpretaciones de sueños y signos.

El festival de la Victoria era la celebración más importante dedicada a Horus. Era un colorido acontecimiento que se celebraba en el mes de *Meshir*, el segundo mes de la estación de la Emergencia (el sexto mes en el antiguo calendario egipcio). El pueblo se reunía en el templo de Horus en Edfu y comenzaba las festividades con un drama que representaba el triunfo de Horus sobre su malvado tío Seth. El faraón interpretaba el papel de Horus y luchaba contra un hipopótamo, que representaba a Seth.

Si el faraón mataba al hipopótamo, sería respetado por el pueblo como legítimo propietario del trono. Si el rey no podía asistir al festival en persona, podía asignar a un sacerdote para que desempeñara el papel. Era importante montar un espectáculo encantador y mostrar el poder de Horus y su supremacía sobre Seth.

El nombre «Horus» es posiblemente el nombre del quinto hijo de Geb y Nut. Esta variante de Horus es conocida como Horus el Viejo por aquellas tradiciones que creen en su existencia. Horus el Viejo era hermano de Osiris, Isis, Seth y Neftis. Otras antiguas tradiciones egipcias nombran a Hathor como la madre de Horus el Viejo y afirman además que era el dios halcón y el «Lejano». Era un mensajero de Ra para guiar a los humanos y consolarlos hasta que se transformó en el hijo de Osiris e Isis como Horus el Joven.

En el Egipto grecorromano, Horus se convirtió en el equivalente del dios griego Apolo, y Edfu, la ciudad de Horus, pasó a llamarse Apollinopolis (la ciudad de Apolo).

Capítulo 18 - Seth y Neftis

Al igual que Osiris e Isis, el dios del caos Seth y la diosa de la muerte Neftis eran hermanos que se casaron. Esta pareja desempeñó papeles vitales en el mito de Osiris y, al final, resultó ser una pareja de lo más improbable. ¿Estuvieron enamorados? ¿Qué ocurrió con su matrimonio en el curso de los acontecimientos que involucraron a sus otros hermanos? ¿Qué lugar ocupaban en el panteón egipcio?

Estamos a punto de descubrirlo.

Seth: El dios del caos

Todo lo que hay que saber sobre este dios del antiguo Egipto está en su nombre. Cada vez que se producía una tormenta o un violento terremoto, los habitantes del antiguo Egipto murmuraban entre sí que se trataba de Seth. Representaba todo lo ajeno o perturbador del orden, y era el villano en casi todas las historias de las que formaba parte.

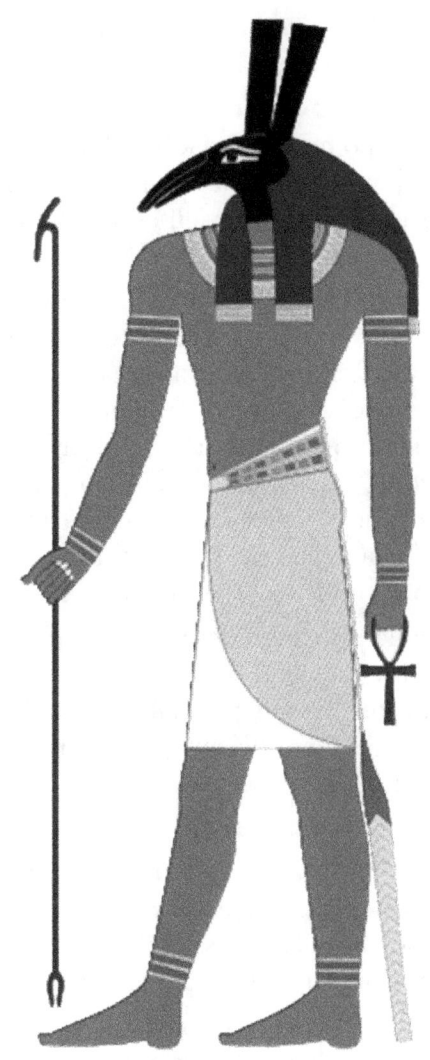

Seth, dios del caos
Jeff Dahl (talk - contribs), CC BY-SA 4.0 https://creativecommons.org/licenses/by-sa/4.0 vía Wikimedia Commons; https://commons.wikimedia.org/wiki/File:Seth.svg

Seth nació de Geb y Nut, junto con otros tres (o cuatro), y los mitos coinciden en que era un alborotador desde su nacimiento. Incluso se dice que fue arrancado del vientre de su madre. Geb y Nut debieron de sospechar que su nuevo hijo haría grandes y terribles cosas.

Su infancia transcurrió en el Egipto predinástico, y un día, sus padres anunciaron a Osiris como príncipe heredero de Egipto. Como Osiris era el primogénito, era el primero en la línea, con Seth detrás de él. Esto provocó la envidia de Seth, pero poco se podía hacer en aquel momento. Era el orden natural de todos modos, y su padre Geb iba a estar por un tiempo.

No pasó mucho tiempo hasta que Geb abdicó del trono de Egipto y se lo cedió a Osiris. El joven rey tenía muchas ideas brillantes para hacer prosperar la tierra bajo su reinado, y allí estaba Seth, que era incapaz de sofocar su creciente amargura y sus celos. Mientras Osiris tomaba a Isis por esposa, Seth pedía la mano de Neftis.

Con esto, Seth y Neftis se casaron, pero poco se sabe de su historia de amor o si siquiera existió. Por el contrario, la unión de Seth y Neftis ha sido descrita como sin amor e infeliz, mientras que la de Osiris e Isis floreció. Esto no ayudó a Seth a sentir más amor hacia su hermano, que ahora era el rey. Desde las sombras, Seth observó cómo su hermano mayor transformaba Egipto y llevaba al pueblo el conocimiento de la agricultura, las artes y la civilidad. La reina también fue amada por el pueblo por enseñar a las mujeres el arte de tejer, hornear y hacer vino.

Durante todo este tiempo, Seth deseó el trono, y cada vez le resultaba más difícil convencer a la gente de que se opusiera a su hermano. Finalmente, consiguió formar un pequeño grupo de traidores, pero su influencia colectiva apenas fue suficiente para derrocar a Osiris.

A medida que pasaban los años, Seth se revolcaba en su desesperación por alterar el orden sucesorio de Egipto.

Debió de ser un largo día conspirando contra Osiris y fracasando lamentablemente. Seth regresó a casa con noticias más exasperantes. Osiris se había acostado con su esposa Neftis, y el joven Anubis, a quien Seth había tomado por su propio hijo, era en realidad hijo de Osiris.

La noticia de que había sido engañado por el rey empujó a Seth aún más a las profundidades ardientes de su ira y odio. Seth irrumpió en el palacio y se enfrentó al rey por el escándalo con su esposa. Osiris se sorprendió al oír hablar de Anubis, pero tenía una explicación sobre la noche con Neftis. En realidad, Neftis había engañado al rey para que se acostara con ella disfrazándose de la reina Isis aquella noche. Osiris se arrepintió del incidente y se disculpó ante Seth.

Seth se tomó las palabras del rey con reservas. Ahora tenía más razones para odiar a Osiris y, tal y como estaban las cosas, matar al rey era la única forma de hacerse con el trono. Después de todo, la reina Isis aún no había dado a luz a un heredero.

Al regresar a casa, Seth encontró a Anubis esperándolo para darle la bienvenida. Todo en el niño le recordaba a Osiris y Neftis. Le recordaba a la traición. Esa noche, Seth rechazó a Anubis y lo desterró de su vista. Ya no volvería a tratar a Anubis como su hijo. Fue el primer acto real de Seth como dios del caos y la violencia.

A continuación, conjuró otro malvado plan para deshacerse del rey, y por primera vez, Seth logró su objetivo. Atrapó a Osiris en un ataúd y lo sumergió en el río Nilo. También tomó a sus seguidores e invadió el palacio de Egipto, obligando a la reina Isis a huir para salvar su vida.

Seth tomó la corona de Egipto y se la puso en la cabeza. Su reinado estuvo marcado por la crueldad y el terror, y el otrora pacífico y próspero Egipto se convirtió en una zona de guerra. Seth disfrutó cada momento. No se parecía en nada a su hermano, y poco le importaba el amor o la adoración del pueblo cuando en su lugar podían temer y temblar ante él.

El rey Seth tomó tantas concubinas como pudo puesto que la reina Neftis lo había traicionado, y disfrutó de su oscuro reinado durante algún tiempo. Excepto que, un día, las malas noticias llamaron a su puerta.

Isis había encontrado a su marido. Lo había devuelto a la vida, ¡y estaba embarazada de un heredero! Seth estaba enloquecido por lo que era un doble desastre, y no podía permitirse ni un momento de inacción. Partió inmediatamente en busca de su hermano y lo encontró recuperándose en los pantanos del Nilo. Seth volvió a asesinar a Osiris, y esta vez iba a hacer imposible que Osiris se recuperara.

Desmembró el cadáver de Osiris en catorce pedazos y enterró cada parte lejos de la otra. También encontró a Isis y la encarceló para que corriera la misma suerte que su marido.

Seth no sabía que se le había acabado la suerte.

Antes de que pudiera dañar a Isis, ella escapó de su cautiverio y continuó la búsqueda de las partes del cuerpo de su marido. Peor aún, Isis estaba siendo ayudada por la esposa de Seth, Neftis, y Anubis, a quien Seth había repudiado.

Con el nacimiento de Horus, el hijo de Osiris, Seth podía sentir que el final de su reinado lo acechaba, pero haría todo lo posible por evitarlo, aunque eso significara matar a su sobrino.

La historia de Seth no estaría completa sin su épica batalla contra su sobrino Horus. Fue la batalla más importante del Egipto predinástico, y sin duda una batalla para la posteridad. Ya se conocen los antecedentes, pero el desarrollo de la guerra, descrito en un antiguo mito titulado «Las contiendas de Horus y Seth», ofrece detalles más sangrientos.

Todo comenzó con Horus y Seth embarcándose en tareas extremas para competir. El premio era el trono de Egipto, por lo que tanto Horus como Seth eran despiadados en sus empeños. Al final de cada misión, ninguno estaba dispuesto a ceder ante el otro. Seth era el dios del caos, y la fuerza bruta era una de sus habilidades. Horus era su igual, ya que había sido entrenado por su padre, Osiris, que se había convertido en rey del inframundo tras ser asesinado por segunda vez. Horus también era un maestro hechicero. Aprendió estas habilidades de su madre, Isis.

Su competencia pronto se intensificó hasta convertirse en asaltos abiertos y batallas destructivas, lo que provocó la preocupación de los demás dioses y diosas del antiguo Egipto. Esto condujo a un congreso presidido por la Enéada (nueve dioses) de Heliópolis para determinar el legítimo propietario del trono de Egipto. Según algunos relatos, el consejo fue incapaz de llegar a un consenso, y las desavenencias entre Horus y Seth se prolongaron dolorosamente durante ochenta años. Horus y Seth se desgarraron mutuamente, y Seth utilizó todos los trucos que tenía en su malvado libro, incluyendo la mutilación de los ojos de Horus y el intento de profanarlo sexualmente. Horus recuperó sus ojos y, según algunos relatos, atrapó el semen de Seth en sus manos y le arrancó los testículos para vengarse.

Al final, Horus salió victorioso, mientras que Seth tuvo una vergonzosa salida del trono de Egipto. Pero, ¿fue este el final del camino para Seth?

Dado el papel de villano de Seth en la mitología egipcia, especialmente en las historias de Osiris y Horus, cabría esperar que Seth recibiera un trato similar al de Apofis (o Apep), la odiada serpiente maligna que desafió al dios del Sol Ra.

A pesar de su naturaleza oscura, Seth tenía un lado sorprendentemente positivo. Formaba parte del séquito que viajaba con Ra de ida y vuelta al inframundo todos los días. Este giro épico le valió un lugar en el corazón de la gente, por lo que adoraron a Seth. Algunos historiadores incluso sostienen que Seth era un dios totalmente tergiversado y que puede que no fuera tan malvado después de todo.

Como atisbo del lado bueno del dios del caos, tenemos la barca de Ra: la embarcación divina que surca el cielo durante el día y desciende al inframundo por la noche. También sirve como barco de guerra para el encuentro del dios del Sol con el temible Apofis.

Seth iba casi siempre en esta barca porque ningún otro dios podía ocupar el lugar del «protector de Ra». También era conocido por matar a Apofis en muchas ocasiones y rescatar al dios del Sol cada vez que este quedaba hipnotizado por la serpiente. Apofis encontró un feroz oponente en Seth, ya que ambos eran maestros del engaño y compartían una espantosa sed de ganar batallas.

Seth luchando contra Apofis para proteger al dios del Sol Ra
https://commons.wikimedia.org/wiki/File:Seth_speared_Apep.jpg

Como guerrero y defensor, se creía que Seth también fortalecía a los peregrinos en su viaje al más allá. Resulta que Seth trabajaba con Horus para guiar las almas de los difuntos al más allá, lo que constituye otro aspecto completamente irónico de su ser. Es importante saber que, cronológicamente, primero apareció el aspecto positivo de Seth. Primero fue venerado como el «protector de Ra» y, en algunas tradiciones, como el dios del amor. Era un dios-héroe.

El culto a Seth y sus templos de Avaris y Ombus eran muy frecuentados por la población del Alto Egipto. Fue muy venerado y popularizado por el faraón de la dinastía XIX Seti I (que llevaba el nombre de Seth) y su sucesor Ramsés II. Se asociaban abiertamente con Seth como su padre y protector. En sus templos, solo los sacerdotes de Seth podían estar cerca de sus estatuas o entrar en las salas interiores. Los demás solo podían rezar en las partes exteriores del templo, y los sacerdotes eran designados para ayudar al pueblo con ofrendas, oraciones, bodas, funerales o consultas.

Poco después del reinado de Ramsés II, especialmente con la incursión de extranjeros en Egipto, la reputación de Seth se transformó radicalmente. Se hizo más hincapié en su papel en la muerte de Osiris y en su malvado mandato como rey de Egipto, lo que condujo a la demonización gradual de un dios antaño muy querido.

A finales del imperio nuevo, Seth se convirtió en el dios de los extranjeros, del desierto y del caos. Se asoció con extranjeros agresivos de Asia Menor que invadieron Egipto e impusieron su dominio por poderes. El equivalente griego de Seth era Tifón, una horrible bestia maligna que luchó contra Zeus por el control del universo, pero fue derrotado y encerrado en el Tártaro para siempre.

Curiosamente, la demonización de Seth no puso fin a su culto. En lugar de odiarlo, los habitantes del antiguo Egipto rezaban a Seth para alejar el mal, especialmente en la otra vida. Como había sido protector de Ra, rezaban fervientemente por su protección.

Otra perspectiva de esta reacción era la creencia de los egipcios en Maat. Para que el orden existiera y fuera apreciado, tenía que haber desorden. Para que la paz fuera valorada, tenía que haber caos. Seth existía para equilibrar la balanza de la armonía en el mundo; de lo contrario, la vida no tendría sentido.

Simbólicamente, Seth tenía muchas formas, posiblemente debido a su naturaleza contrastada. En algunos documentos se lo representa como un hombre musculoso de piel morena y cabeza de animal compuesto, y en otros como una bestia de cola bífida y pelo rojo.

El dios del caos conservó su influencia mucho más allá de la época en la que fue demonizado, lo que lo distingue de la liga de villanos de la mitología egipcia.

Neftis: La diosa de la muerte y la oscuridad

Más allá del mito de Osiris, la diosa Neftis no aparece mucho. Sin embargo, formaba parte de la Enéada y sus acciones, aunque hoy parezcan insignificantes desde fuera, afectaron en gran medida al curso de los acontecimientos en su familia, en la mitología egipcia e incluso en la historia.

Neftis era hija de Geb y Nut. Al igual que Seth, debió de encontrarse siempre a la sombra de su famosa hermana Isis. Podía identificarse con lo que Seth sentía por Osiris, y puede que esa fuera la atracción. Se dice que su matrimonio con Seth no fue feliz, sobre todo porque ella deseaba secretamente a Osiris.

No se sabe si su deseo por Osiris tenía algo que ver con el hecho de que ella quería lo que Isis tenía o si era solo lujuria. Sin embargo, sabemos que Neftis estaba decidida a hacer que Osiris se fijara en ella. Neftis sabía que Osiris solo tenía ojos para su reina, lo que significa que solo había una manera de seducirlo.

Aquella noche, Neftis adoptó un disfraz infalible y se presentó ante Osiris a semejanza exacta de su amada reina. Osiris no tenía motivos para sospechar que se trataba de Neftis disfrazada, así que se acostó con ella. El siniestro plan de Neftis tuvo éxito. Volvió a casa con Seth, que había estado demasiado ocupado con sus afanes como para notar su ausencia.

Con el tiempo, Neftis se dio cuenta de que sus acciones habían proporcionado a Seth la justificación que tanto necesitaba para dañar al rey Osiris. Seth también descubrió que su hijo, Anubis, se había formado después de que ella se acostara con Osiris, y expulsó cruelmente al niño de su casa. Esto marcó un punto de inflexión en la historia de Neftis, ya que sus acciones reflejaron a partir de entonces remordimiento por el daño que había causado.

Después de que Seth matara a Osiris tan brutalmente, Neftis ayudó a su hermana Isis a encontrar las partes del cuerpo del rey. Buscaron durante mucho tiempo, y contaron con la ayuda de Anubis. Después de que las hermanas encontraran las partes, Neftis se quedó para ayudar a revivir a Osiris. También se quedó para ayudar a amamantar al joven Horus después de que naciera. Él crecería para llevar a su marido a su perdición.

Se sabe muy poco de Neftis como reina de Egipto, quizá porque casi nunca estaba en palacio. Seth también tenía suficientes concubinas para ocupar el lugar de Neftis mientras ella intentaba expiar sus acciones contra Osiris e Isis. Neftis pasó tanto tiempo con Isis que se convirtieron en diosas gemelas, estrechamente asociadas en divinidad.

El nombre de Neftis se traduce a menudo como «Señora del Recinto del Templo» o «Señora de la Casa». La diosa aparece representada en pinturas y esculturas como una mujer joven con un tocado en forma de casa con una cesta encima, aunque no era un modelo de ama de casa. La casa representa el templo y el sacerdocio. Por su servicio a Osiris, Isis y Horus, Neftis era honrada como ayudante divina de los débiles y los muertos en el antiguo Egipto.

Una imagen de Neftis
https://commons.wikimedia.org/wiki/File:Nephthys2.png

Como madre lactante de Horus, Neftis era adorada como la madre lactante de todos los faraones. También era su protectora y soplaba fuego sobre sus enemigos. Como esposa de Seth, el culto a Neftis alcanzó su punto álgido al mismo tiempo que el de Seth. No hubo templos significativos de Neftis hasta la dinastía XIX, cuando Ramsés II y su padre hicieron de Seth un dios más famoso. Se construyó un templo de Neftis en Sepermeru, Alto Egipto, cerca del templo de Seth. Como hermana y consoladora de Isis, Neftis era honrada en Abidos como ayudante de los muertos. Ayudaba a los muertos a pasar a la otra vida, lloraba a los dolientes y consolaba a las mujeres durante el parto.

Al igual que Isis, Neftis poseía poderes curativos mágicos, y los antiguos egipcios llevaban amuletos de Neftis con la esperanza de que los curara de sus enfermedades. También se la invocaba con Isis durante el embalsamamiento y otros ritos funerarios preparatorios.

Por último, la personalidad de Neftis daba un giro al ser una diosa que disfrutaba con las ofrendas de cerveza durante las festividades. Para una diosa asociada con la muerte, el luto y la oscuridad, la asociación de Neftis con el vino era irónica. Puede que fuera otro accesorio de su compatibilidad con Seth, cuya reputación era igual de dinámica.

Capítulo 19 - Anubis y Thot

El antiguo panteón egipcio contaba con más de mil dioses y diosas que eran venerados en todo el país. Sus santuarios, templos y festivales en Egipto eran famosos en todo el mundo, y en torno a estos seres divinos se tejieron las mayores leyendas de la historia. Desde la era primordial hasta la creación y después, las relaciones que los dioses y diosas egipcios mantenían con los humanos y entre sí son los relatos únicos que dieron forma a la historia del antiguo Egipto. Entre estos protagonistas se encontraban los dioses Anubis, el patrón de las almas perdidas, y Thot, el dios de la sabiduría y la magia.

Esta es su historia.

Anubis: el patrón de las almas perdidas

No se puede hablar de los dioses del antiguo Egipto sin mencionar a cierto dios con forma de hombre y cabeza de chacal (o de perro). Era uno de los dioses más famosos del antiguo Egipto y se situaba a las puertas del más allá para recibir a las almas. En los Textos de las Pirámides se lo representa junto a Osiris. Pesa el corazón de cada alma en el Salón de la Verdad para determinar si son dignas de la otra vida.

Su nombre es Anubis.

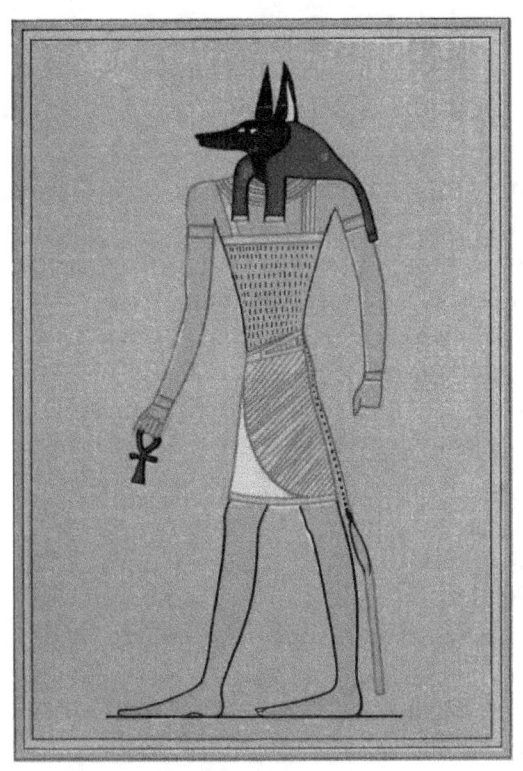

Representación de Anubis
Autor desconocido, CC0, vía Wikimedia Commons;
https://commons.wikimedia.org/wiki/File:The_Sacred_Books_and_Early_Literature_of_the_East,_vol._2,_pg._208-209,_Anubis.jpg

Antes de la popularización del mito de Osiris, se creía que Anubis era hijo de Ra, el dios del Sol. Posteriormente, el origen de Anubis encontró sus raíces en circunstancias más interesantes. Era el hijo ilegítimo de Osiris y Neftis, y fue criado como hijo de Seth hasta que este descubrió su verdadero linaje.

El nombre «Anubis» es griego, y se lo llamaba «Anpu» antes de que los griegos llegaran a Egipto. Anpu se traducía como «hijo real» en egipcio antiguo, y esto puede haber sido en deferencia a la condición de Anubis como hijo de un rey.

El mito de Osiris ofrece una visión de lo que pudo ser la infancia de Anubis. Nacido de un padre que siempre conspiraba contra el rey de Egipto y una madre que, o bien seguía obsesionada con seducir al rey de Egipto, o bien se arrepentía de sus actos, la infancia de Anubis pudo haber sido solitaria.

Al final, Seth lo desechó sin dudarlo y Anubis abandonó lo que una vez llamó hogar. El autor griego Plutarco narra que Anubis fue abandonado por su madre Neftis cuando era un niño indefenso y que se quedó sin padres hasta que cierta diosa lo adoptó.

Tanto si Anubis fue adoptado como un niño indefenso o como un niño mucho mayor, se convirtió en el hijo de Isis, que huía de Seth. Muchas versiones del mito de Osiris citan a Anubis como el que salvó a Isis de la prisión después de que Seth la capturara. Junto con su madre, Neftis, ayudó a Isis a reunir las partes desmembradas del cuerpo de Osiris. Esta acción conmovió a los antiguos egipcios, que veían en Anubis a un protector, un guía y un ayudante. Y sus funciones en la otra vida no distaban mucho de eso.

En primer lugar, Anubis era el «embalsamador en jefe» del antiguo Egipto. De hecho, se le atribuye haber sido el primero en embalsamar un cadáver en la historia de Egipto. El cadáver era el de Osiris después de haber sido asesinado por Seth. Como inventor de esta práctica sagrada egipcia de preparar a los muertos para sus nuevas vidas en el inframundo, Anubis aparecía habitualmente en el arte funerario. Durante la momificación, uno de los sacerdotes llevaba una máscara de lobo de madera para representar físicamente a Anubis mientras rezaba para que el proceso de preparación tuviera éxito.

Anubis era también el «guardián de las balanzas». Tras el descenso de Osiris al más allá y su asunción del trono como rey del inframundo (la Duat), tenía mucho que hacer. No todos los mortales eran lo bastante justos para pasar a la otra vida. Algunos debían ser condenados al infierno como presas de Ammit. Para determinar el destino de cada hombre, había que hacer pruebas, y Anubis era el encargado de este proceso.

El corazón de cada mortal sería pesado en una balanza en el Salón de la Verdad. En un lado de la balanza habría una pluma de avestruz, que significaba Maat, orden y verdad. Si el corazón pesaba menos que la pluma, el alma sería conducida a la otra vida celestial, pero si el corazón pesaba más que la pluma, el alma sería condenada al vientre de Ammit o a un eterno lago de fuego.

Hombre y mujer, joven y viejo, noble y plebeyo, nadie estaba exento de esta prueba. Las puertas de la otra vida estaban vigiladas con rectitud por Anubis, y solo los ligeros de corazón podían entrar.

Anubis también era llamado el «protector de las tumbas». Era tradición en el antiguo Egipto enterrar a los muertos en la orilla occidental del río Nilo, ya que se consideraba la puerta de entrada al inframundo. Anubis, al ser el «primero de los occidentales», era el encargado de mantener a salvo las almas enterradas en la orilla occidental, al igual que en una ocasión había protegido el cuerpo de Osiris de Seth. En esta leyenda, Seth se transformó en un feroz leopardo para asaltar el cadáver de Osiris, pero fue repelido y despellejado por Anubis con una barra de hierro candente.

En deferencia al acto heroico de Anubis, los sacerdotes del antiguo Egipto vestían pieles de leopardo cuando preparaban un cadáver. También despedían a los difuntos con plegarias a Anubis para que los guiara al más allá, lo que nos lleva a otra de las funciones sagradas de Anubis: era el patrón de las almas perdidas.

En el antiguo Egipto, se creía que las almas perdidas se perdían para siempre si no eran guiadas al más allá. Como otro de sus muchos títulos, Anubis era venerado como el «maestro de los secretos», ya que solo él conocía el camino a la otra vida y lo que había a sus puertas y más allá. En las antiguas tumbas reales, eran populares las representaciones de Anubis llevando de la mano al mortal fallecido hasta el Salón de la Verdad.

Los deberes sagrados de Anubis formaban parte de cada paso crucial hacia la otra vida. Anubis protegía a los muertos, los conducía al juicio, administraba su juicio y les daba la bienvenida a la otra vida. Era una deidad increíblemente importante. Algunas tradiciones antiguas afirman que fue el primer gobernante del inframundo, pero se convirtió en la mano derecha de Osiris cuando este ocupó el trono. Teniendo en cuenta la época en que nació Anubis y su viaje con Isis, la verosimilitud de este relato sigue siendo muy discutida.

Simbólicamente, Anubis era el dios chacal negro. El color negro representaba la decoloración de un cadáver tras ser limpiado con un producto químico llamado natrón durante la momificación. El negro también simbolizaba el color de las orillas del río Nilo, así como aspectos de la vida, la muerte y el renacimiento en la otra vida, todos ellos asociados al dios Anubis.

Anubis era conocido por odiar la injusticia y a los alborotadores, lo que posiblemente sea una de las razones por las que pronto se convirtió en enemigo del dios del caos, Seth. Aunque no protagonizó ninguno de los mitos populares del antiguo Egipto, la fama de Anubis se extendió desde el Egipto predinástico hasta la era del Egipto grecorromano. Los griegos lo comparaban con su dios Hermes y, como creyentes en el concepto del más allá, compartían su veneración por Anubis. Era venerado en todo el país y se construyeron muchos santuarios en su nombre.

En Cinópolis, una antigua ciudad del Alto Egipto, se rendía culto a Anubis, que contaba con numerosos seguidores. Todos los hombres y mujeres deseaban preservar su alma y pasar sin problemas a la otra vida. ¿Qué mejor manera de asegurarse un lugar en la eternidad que adorar a aquel que estaba a las puertas del inframundo y conocía todos sus secretos?

Thot: El dios de la sabiduría, la magia y la Luna

Muchos dioses y diosas de la antigua mitología egipcia se encargaban de cosas sobre todo espirituales y sagradas, pero este dios con cabeza de ibis que nos llega de la ciudad de Hermópolis tenía asociaciones más intelectuales.

Era el dios y el inventor de la escritura, el que creó las numerosas lenguas del mundo. Era la mano derecha de Ra, el árbitro de los dioses y el jefe de la famosa Ogdóada cosmológica de Hermópolis. Era Thot.

Se puede encontrar ilustraciones de Thot como un hombre con cabeza de ibis u ocasionalmente de babuino. Como muchos otros dioses, incluido Anubis, se representa a Thot sosteniendo un *anj*, también conocido como la «llave de la vida», ya que simboliza la inmortalidad de los dioses. También se lo suele representar con una corona o tocado real, lo que demuestra su asociación con el dios Shu, hijo de Ra.

Thot, el dios de la sabiduría

FDRMRZUSA, CC BY-SA 4.0 https://creativecommons.org/licenses/by-sa/4.0 vía Wikimedia Commons; https://commons.wikimedia.org/wiki/File:Thoth_mirror.svg

En el mito de la creación de Hermópolis, Thot es el creador autoengendrado del orden del mundo o Maat. En otros relatos, es el esposo de la diosa Maat, quien, con Anubis, pesaba los corazones de las almas contra Maat y registraba los resultados. La asociación de Thot con Maat es la base de su existencia como dios de la sabiduría.

En la mitología egipcia primitiva, Thot pasó de ser el jefe de la Ogdóada de Hermópolis a formar parte del séquito de la barca del dios del Sol Ra. Aconsejaba al dios del Sol y llevaba diarios de su viaje. Se creía que Thot era la fuente de los jeroglíficos, y se convirtió en el «Señor de los escribas» y en el compañero de Seshat, la diosa egipcia de la escritura, la sabiduría y el conocimiento.

El intelecto de Thot creó otras formas diversas de conocimiento humano, como el derecho, la ciencia y el arte del culto. Era un dios de la perfección y la diplomacia que nunca podía equivocarse en sus juicios. Esto lo convirtió en confidente de Ra, como ilustra el mito hermopolitano de «Thot y la diosa distante».

Este mito comenzó con una disputa entre Ra y su hija. Esta disputa fue larga y, finalmente, la hija de Ra se alejó de su vista y se marchó lejos de él, a los desiertos. Con el tiempo, Ra se preocupó de que su hija hubiera estado lejos demasiado tiempo y envió a muchos mensajeros para traerla de vuelta. La eventualidad más famosa fue que el dios del Sol envió su ojo, el Ojo de Ra, para encontrar a su hija y traerla de vuelta a casa, lo que fue un éxito.

En otro relato, sin embargo, las cosas no fueron tan sencillas. La hija de Ra era demasiado poderosa para ser llevada a casa. Ra necesitaba una intervención, y fue entonces cuando pensó en Thot. Ningún otro dios era lo bastante sabio como para traer a casa a la diosa distante. Convocó a Thot y le encargó la tarea. Al final, Thot regresó con la hija de Ra y, como recompensa, le dio una esposa llamada Nehemtawy.

Otro de los logros dorados de Thot fue lo que lo llevó a convertirse en el dios de la Luna. En el Egipto predinástico, el año medio tenía solo 360 días. La diosa del cielo Nut estaba embarazada de su hermano y amante Geb, y el padre de ambos, Shu, no era el único descontento. Su abuelo Ra estaba igual de furioso y, con su poder divino, maldijo a Nut para que no diera a luz ningún día del año.

Fue un duro castigo, y Nut estaba angustiada hasta que Thot se enteró de su difícil situación y acudió en su ayuda. Visitó a Iah, el dios de la luna (o la luna misma), y le pidió que le concediera un tiempo de luna. Al dios de la luna le intrigó la petición de Thot, pero un favor así no podía concederse tan fácilmente. Así que los dos dioses hicieron una apuesta, y Thot ganó, obteniendo el premio del tiempo de luz lunar. Iah concedió a Thot el tiempo de luz de luna que necesitaba, que era de unos cinco días.

Con esto, Thot añadió cinco días al año, permitiendo a Nut eludir el castigo de Ra y dar a luz a sus hijos, uno en cada día: Osiris, Isis, Set, Neftis (y Horus en algunos relatos). Ra se enteró de la sabiduría de Thot y quedó más impresionado que enfurecido. Se cree que este fue el comienzo de la relación de Thot con el dios del Sol. Ra dio a Thot un lugar elevado en su barca sagrada y buscó su consejo para derrotar al malvado Apofis (Apep).

En el mito de Osiris, Thot desempeñó el papel de consejero y mediador. Fue él quien sugirió a Isis que encontrara las partes del cuerpo de su marido y le dijo las palabras mágicas que debía pronunciar para devolverle la vida. También guio a Anubis cuando ayudó a Isis a escapar del cautiverio de Seth.

Cuando estalló la guerra entre Horus y Seth, Thot asumió el papel de árbitro, añadiendo «dios del equilibrio» a sus muchos títulos.

Thot era quien se aseguraba de que cada batalla fuera justa, y orientó a Horus sobre cómo curar su ojo cuando Seth se lo arrancó en el fragor de la batalla. «Las contiendas de Horus y Seth» niega la existencia de Thot antes de esta guerra. En cambio, Thot nació de la frente de Seth tras el contacto accidental de este con el semen de Horus. A partir de entonces se convirtió en mediador.

La influencia de Thot en el antiguo Egipto fue propagada por los autores, bibliotecarios y eruditos de la época, que actuaban como sus sacerdotes. Lo honraban como padre de la escritura e inventor de las palabras. También utilizaban el ibis, símbolo de Thot, como emblema y eran versados en hechizos mágicos en nombre de Thot. El culto a Thot pronto surgió de la ciudad de Hermópolis, y su adoración se había extendido por todo el país a finales del imperio nuevo. Durante los festivales de Thot, miles de ibis y babuinos eran momificados y vendidos a los fieles para que los ofrecieran como ofrendas a Thot. La excavación de los antiguos yacimientos en torno a estos centros de culto, sobre todo en Hermópolis, reveló un gran número de estos animales momificados.

«Tutmosis», que significa «nacido de Thot» o «ha nacido Thot», fue el nombre de cinco faraones, tres visires conocidos y un famoso escultor del antiguo Egipto. La amplia asociación con Thot por parte de la nobleza demuestra su influencia, que se mantuvo desde el Egipto predinástico hasta la aparición del cristianismo primitivo en el Egipto romano.

Como amantes de todo lo artístico y civilizado, no es de extrañar que los griegos veneraran a Thot. Al igual que Anubis, fue equiparado con Hermes y sincretizado para convertirse en Hermes Trismegisto en la época helenística. Hermes Trismegisto representaba una mezcla sagrada de sabiduría espiritual y material, personificada por Thot y Hermes, y se creía que era autor de muchos libros, llamados colectivamente el *Corpus Hermetica*.

Por último, el dios de la sabiduría del antiguo Egipto era un secretario en la otra vida que permanecía junto a Osiris y Anubis en el Salón de la Verdad, llevando la cuenta de cada corazón pesado con la pluma de Maat. Thot también era famoso entre las almas de ultratumba como hospitalario anfitrión de quienes buscaban descanso en su residencia, la Mansión de Thot. También concedía hechizos protectores contra los demonios que acechaban en la eternidad.

Capítulo 20 - Hathor y Bastet

Otras dos diosas que gozaron de veneración y relevancia en el antiguo Egipto fueron Hathor y Bastet. En el Museo Metropolitano de Nueva York se expone una placa de Hathor y Bastet.

Este artefacto se remonta a la dinastía XVIII o XIX, en algún momento entre el reinado del faraón Amosis I y el faraón Ramsés I. El artefacto representa a Hathor con un sistro, un instrumento musical del antiguo Egipto, tocando para un gato, símbolo de Bastet. Estas dos diosas se asociaban con las artes y la alegría en el antiguo Egipto, pero había mucho más en ellas.

Hathor: La madre del cielo

Los orígenes de Hathor son tan variados y dinámicos como sus atributos, pero todas las historias establecen su conexión con el dios del Sol Ra. Antes de que Isis se popularizara como la «reina madre de todos los faraones», Hathor ostentaba ese título. Al fin y al cabo, era la madre del propio dios del Sol o, en otros relatos, su hija o consorte y compañera en la barca divina. También se la consideraba la madre de Horus, que simbolizaba el renacimiento, el rejuvenecimiento y la belleza.

Su título más popular era el de «madre del cielo», que le había sido conferido por su asociación con Ra. Los antiguos egipcios creían que el cielo era el lugar por donde el sol viajaba cada día y que el cielo era el lugar donde el sol renacía al amanecer. Esto se traducía en la creencia de que Hathor era la madre de Ra, que daba a luz al sol cada día, una madre cósmica. El nombre de «la dorada» era en deferencia al estatus de Hathor como miembro importante de la compañía de Ra en su barca divina. Ella era la razón por la que el sol brillaba tanto y daba resplandor al mundo.

La vaca es el animal de Hathor, y las representaciones de ella son una mujer con cabeza de vaca o con un tocado del que sobresalen cuernos en forma de corona y un disco solar en el centro.

Una imagen de Hathor

Jeff Dahl, CC BY-SA 4.0 <u>https://creativecommons.org/licenses/by-sa/4.0</u> *vía Wikimedia Commons;* <u>https://commons.wikimedia.org/wiki/File:Hathor.svg</u>

En otras representaciones, Hathor es una vaca o un sistro, un instrumento de percusión que utilizaba para librar a Egipto de la desgracia y la tristeza. También se la representaba como un sicomoro, cuya savia lechosa aludía a la vida y la fertilidad.

Igual que la diosa griega Afrodita y la romana Venus, Hathor era venerada como diosa de la belleza y el amor en el antiguo Egipto. Era popular entre las mujeres como representación de la feminidad espiritual y física, y como partera divina. Su papel en la feminidad lleva a menudo a comparar a Hathor con Isis, la esposa de Osiris, y Mut, la compañera del dios Amón. Las tres compartían aspectos similares, pero Isis representaba un lado más conservador de la feminidad: la madre y esposa modelo. Mut representaba un aspecto femenino más asertivo, ya que era típicamente independiente. Hathor era de espíritu libre, abiertamente sexual y amante de la diversión y, como está a punto de descubrir, la reputación de Hathor no siempre fue la de una deidad feliz y benévola.

En los textos antiguos, desde el imperio medio hasta el imperio nuevo, Hathor era el aspecto femenino del Ojo de Ra, que era visto como el mensajero de Ra y presagio de la fatalidad. Según una antigua leyenda, el dios del Sol se disgustó con el estado de decadencia moral del mundo que había creado. La humanidad ya no lo adoraba y se rebeló abiertamente contra él. Como castigo, Ra envió a su hija, Hathor, para destruir a la humanidad. Para ello, se transformó en Sekhmet, la diosa de la guerra con cabeza de león, y destruyó el mundo siguiendo sus instrucciones.

Mientras arrasaba la tierra con su aliento de fuego, los demás dioses se preocuparon por la sed de sangre de Sekhmet. Pidieron al dios del Sol que se apiadara y pidiera a Sekhmet que abandonara su siniestra misión. Si no la detenía, acabaría con todos los humanos vivos y el mundo volvería a estar vacío y sin sentido.

Ra entró en razón y decidió que detendría a Sekhmet, pero ella estaba demasiado avanzada en su espiral destructiva. Había otra forma de detenerla. Ra ordenó que se hiciera un tipo especial de cerveza para Sekhmet. Estaba hecha con alcohol extra y mezclada con colorante rojo para darle la apariencia de sangre. Sekhmet recibió la cerveza y, confundiéndola con sangre, bebió varios tragos de una vez.

Momentos después, se sintió mareada y cayó en un profundo sueño. Tres días después, Sekhmet se despertó como Hathor, la diosa amable y gentil. Se hizo popular porque era lo contrario de lo que había sido como Sekhmet. La historia termina aquí en muchas versiones. Sin embargo, una variación de este mito no termina con Sekhmet volviéndose buena.

En cambio, proporciona una fascinante precuela de «Thot y la diosa lejana», en la que Thot es enviado a traer de vuelta a casa a una hija de Ra. La leyenda cuenta que la hija de Ra era en realidad Hathor (o Sekhmet). Se había despertado de su profundo sueño y se dio cuenta de que había sido engañada por Ra. Su ira no tenía límites.

Se produjo una acalorada discusión entre padre e hija, y Hathor abandonó su hogar rumbo a tierras lejanas en señal de rebelión contra el dios del Sol por sus artimañas. Incapaz de traerla a casa, Ra buscó los servicios de Thot, el dios de la sabiduría. Solo él pudo conseguirlo, pero tuvo que convencer a Hathor 1.077 veces antes de que eso ocurriera. La hija de Ra pudo haber iniciado su camino para convertirse en buena tras volver a casa.

«Diosa del amor» era otro de los títulos de Hathor, y hablaba del aspecto sexual de esta diosa. Incluso los dioses no eran inmunes al placer erótico, y como consorte de Ra, se representa a Hathor estimulando sexualmente al dios del Sol para levantarle el ánimo en muchas ocasiones. En otras representaciones, es una mujer hermosa con un cabello espléndido, en el que cada mechón representa un encanto irresistible. Hathor también puede haberse aparecido a los mortales como una mujer desnuda y atractiva.

El antiguo Egipto era un centro para las artes, la música y la danza, una característica integral de sus festividades religiosas. Hathor disfrutaba de la vista de la celebración, ya fuera comiendo, bebiendo, cantando, bailando o con las mujeres luciendo sus mejores galas y oliendo exquisitamente. Hathor no podía resistirse a la fragancia del incienso, como tampoco podía resistirse a un buen trago de vino. Al igual que Neftis, Hathor se emborrachaba mientras oía tocar el sistro.

Los instrumentos musicales eran la nota dominante en el culto a Hathor. Además de su instrumento favorito, el sistro, el pueblo veneraba a la diosa de la alegría cantando himnos y tocando laúdes, arpas y panderetas. Todos los años, los egipcios festejaban a Hathor llevando flores y bailando hasta su templo de Dendera.

Hathor era amante de la diversión y peligrosamente aventurera, pero también era la diosa del turismo y el comercio. Se creía que era la protectora de las fronteras del antiguo Egipto, que velaba por la seguridad de todos los barcos que navegaban por el Nilo y de los barcos egipcios que navegaban por otros ríos y mares. Si recordamos en el mito de la princesa griega, el templo de Hathor era donde Helena buscaba refugio, y estaba situado cerca de las costas de Egipto. En el mito de «Thot y la diosa lejana», Hathor abandonó su hogar para dirigirse a un lugar lejano, posiblemente Libia o Nubia, y se hizo famosa en estas tierras.

A través de las relaciones comerciales con el extranjero del antiguo Egipto, la fama de Hathor se extendió a Canaán, Punt, Siria y partes del Sinaí. En aquella época, las vastas reservas de turquesa y malaquita de la península del Sinaí la convirtieron en un punto caliente de la minería. Con la difusión del culto a Hathor en el Sinaí, se convirtió en la «Dama de la Turquesa» y la «Dama de la Malaquita». Los comerciantes egipcios que viajaban a estas tierras extranjeras volvían a casa con objetos exóticos, a los que llamaban regalos de Hathor a Egipto (o al faraón), ya que muchos yacimientos mineros eran lugares de culto en honor a Hathor.

Como era de esperar, la diosa Hathor desempeñaba un papel en el más allá. El arte funerario y la literatura de los primeros tiempos de la historia egipcia describen la primera visita de Hathor al más allá como una escala entre Egipto y tierras extranjeras.

La Duat estaba abarrotada y muchas almas necesitaban orientación en el más allá. Hathor ofreció su ayuda y se manifestó como Amentit, la diosa del oeste. Entonces se unió a la liga de dioses y diosas que participaban en la transición de las almas. Como Amentit, Hathor cuidaba de las almas de los muertos alimentándolas con comida y bebida. Esto demuestra la naturaleza maternal de Hathor, así como sus atributos como protectora y guía.

El faraón Horemheb con los dioses Hathor, Osiris, Horus y Anubis
Jean-Pierre Dalbéra, CC BY 2.0 https://creativecommons.org/licenses/by/2.0/ vía Wikimedia Commons https://commons.wikimedia.org/wiki/File:La_tombe_de_Horemheb_(KV.57)_(Vall%C3%A9e_des_Rois_Th%C3%A8bes_ouest)_-4.jpg

Los mitos del príncipe condenado y de los dos hermanos representan a las Siete Hathors, otro aspecto de Hathor. Eran las conocedoras del destino.

Bastet: La diosa de la protección

Al igual que Anubis, es imposible no reconocer a la diosa con cabeza de gato del antiguo Egipto y su esbelto cuerpo. Suele sostener un *anj* y un sistro. Su nombre es Bastet (o simplemente Bast), y fue considerada la reina del Bajo Egipto durante mucho tiempo.

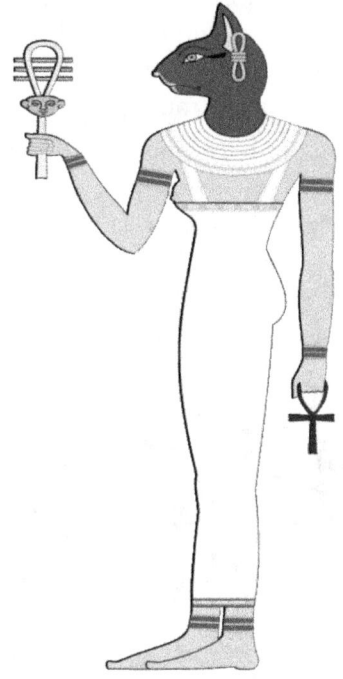

Representación de Bastet
Gunawan Kartapranata, CC BY-SA 3.0 https://creativecommons.org/licenses/by-sa/3.0 vía Wikimedia Commons: https://commons.wikimedia.org/wiki/File:Bastet.svg

Es importante destacar hasta qué punto los antiguos egipcios adoraban a los gatos; prácticamente los veneraban. La casa real de Egipto vestía a sus gatos con pendientes, aros en la nariz y collares de oro. Estos gatos también comían con ellos en sus mesas. Entre los plebeyos, los gatos no recibían un trato muy diferente. Aunque no pudieran permitirse adornos caros, no los daban por descontados. Al fin y al cabo, los gatos protegían el hogar manteniendo alejadas a plagas destructivas como ratones y serpientes. Las excavaciones del templo de Bastet revelaron cientos de gatos momificados, y los historiadores sugieren que dar a los gatos el mismo entierro que a los humanos podría haber sido algo habitual en el antiguo Egipto.

Los primeros orígenes de Bastet se remontan a una diosa con cabeza de leona. Se creía que era hija de Ra y que dominaba el arte de la guerra. Se la asoció con los gatos en la dinastía XX, en el imperio nuevo. Su asociación con Ra significaba una asociación con Hathor como Sekhmet, razón por la cual Bastet y Sekhmet son descritas como hermanas.

Al igual que Sekhmet, Bastet se manifestó como el inicialmente aterrador Ojo de Ra, pero posteriormente suavizó su reputación convirtiéndose en el azote de Apofis (Apep) en la barca divina del dios del Sol. La leyenda cuenta que, a instancias de Ra, Bastet, en forma de gato, derrotaba a Apofis decapitando a la serpiente con una espada en la pata.

Además de Ra y Sekhmet, Bastet estaba asociada a Isis por su carácter protector. Se encuentran muchas esculturas de alabastro de Bastet con una camada de gatitos a sus pies. Esto aludía a su estatus en la divinidad como diosa de la fertilidad, el embarazo y el parto. Las gatas son conocidas por ser muy protectoras con sus crías, y este carácter se le confirió a Bastet tras su transformación. Se la veneraba como madre y protectora contra enfermedades y desgracias. Se la consideraba igual a la diosa griega Artemisa.

El culto a la diosa felina comenzó en Bubastis, donde se estableció su culto. Bubastis era una ciudad del delta del Nilo, en el Bajo Egipto, que se convirtió en la decimoctava capital regional del antiguo Egipto. Esto hizo que el culto a Bastet cobrara mayor protagonismo, extendiéndose al Alto Egipto desde Bubastis y Menfis. El escritor griego Heródoto, en su obra las *Historias*, describe el tránsito masivo de personas de todo Egipto hacia Bubastis para los grandes festivales en honor de Bastet:

> «Cuando la gente se dirige a Bubastis, van por el río, un gran número en cada barca, hombres y mujeres juntos. Algunas de las mujeres hacen ruido con sonajas [sistros], otras tocan flautas durante todo el camino, mientras que el resto de las mujeres, y los hombres, cantan y aplauden... Cuando llegan a Bubastis, hacen un festival con grandes sacrificios, y se bebe más vino en esta fiesta que en todo el año. Es costumbre que hombres y mujeres [pero no niños] se reúnan allí hasta el número de setecientos mil, como dicen las personas del lugar».

La magnificencia del templo de Bastet en Bubastis incitó aún más a Heródoto a describirlo. Estaba situado en una isla, accesible a través de dos rutas desde el río Nilo. El templo se construyó en un lugar céntrico de la ciudad, por lo que no podía perderse su resplandeciente vista. Tenía majestuosas tallas de piedra y estaba rodeado de altas arboledas que «llegaban hasta el cielo».

Los habitantes llevaban amuletos protectores que representaban gatos, en señal de protección de Bastet. También intercambiaban regalos de gatitos el día de Año Nuevo. Se creía que estos actos librarían al año del mal y anunciarían prosperidad.

Bastet no tenía tantos atributos como Sekhmet, y tampoco formaba parte de la Enéada primordial como Isis. Sin embargo, siguió siendo una deidad influyente hasta bien entrada la invasión persa de Egipto a finales del siglo V a. C. y más allá. El Egipto romano también vivió décadas de su relevancia y, durante la mayor parte de esos años, la diosa de los gatos fue una inmensa alegría para el pueblo.

CUARTA SECCIÓN:
Los Sibros Sagrados

Capítulo 21 - Los Textos de los sarcófagos y el Libro de los Muertos

A estas alturas, usted ya sabe todo sobre la importancia de la vida después de la muerte en el antiguo Egipto y cómo esta creencia marcó la vida de la gente durante muchos años. También sabe que los funerales en Egipto no eran sencillos ni apresurados. Se llevaban a cabo procesos espirituales deliberados para sellar la transición de los muertos a la Duat con la esperanza de que hubieran seguido Maat toda su vida, o al menos lo suficiente como para optar al paraíso.

En el capítulo 1, se habló de las fuentes antiguas que nos han proporcionado todo el conocimiento que existe sobre la antigüedad egipcia. Algunos nombres como los Textos de las Pirámides vienen a la mente, pero en este capítulo, el centro de atención está en otras dos fuentes importantes que vinieron después de los Textos de las Pirámides.

<u>Los Textos de los sarcófagos</u>

Durante mucho tiempo en el imperio antiguo, solo los faraones fueron enterrados con arte funerario en sus tumbas. Las paredes de reyes como Unas, Pepi I y Pepi II, y Menkaure I, e incluso reinas como Neithhotep, Behenu y Ankhesenpepi II, tenían corpus de textos tallados para acelerar el viaje de la realeza a la Duat, que en aquella época se creía que estaba en el cielo.

En el antiguo Egipto no existía ningún libro titulado «Textos de los sarcófagos». Lo que existe como Textos de los sarcófagos son recopilaciones de textos recuperados de múltiples sarcófagos durante las excavaciones realizadas por arqueólogos del siglo XIX. Estos textos fueron traducidos de su forma original escrita a jeroglíficos por el egiptólogo holandés Adriaan de Buck, y son fuentes valiosas a la hora de estudiar la egiptología antigua.

Gran parte de lo que componían los Textos de los sarcófagos eran hechizos que se grababan cuidadosamente en la parte interior del sarcófago antes de introducir el cadáver en él. Estos hechizos ascienden actualmente a 1.185, y la mayoría hacen referencia a historias míticas del Egipto predinástico, como el mito de Osiris. Este mito es la historia más recurrente en los Textos de los sarcófagos.

Antes de su popularización, el más allá se percibía como el hogar eterno únicamente de los reyes, así como de unas pocas reinas privilegiadas. Los nobles, escribas y plebeyos del imperio antiguo no creían que pudieran compartir una eternidad tan gloriosa con su líder.

Sin embargo, con el fenomenal descubrimiento del descenso, no el ascenso, de Osiris a la otra vida (o la Duat), el pueblo se dio cuenta de que se había equivocado. La Duat no estaba en el cielo ni fuera de su alcance. Toda persona, rey o no, que creyera en Osiris y viviera su vida de acuerdo con Maat podía entrar en el paraíso. El culto a Osiris propagó esta creencia por todo el imperio antiguo tardío.

En consecuencia, a partir del año 2100 a. C., los Textos de los sarcófagos fueron sustituyendo gradualmente a los Textos de las Pirámides, y el concepto de la vida después de la muerte se hizo mucho menos exclusivo. Con ello, los no miembros de la realeza podían permitirse funerales bastante elaborados y todos los materiales necesarios para ello. Las efigies, las figurillas, la cerámica para los recipientes funerarios, los metales preciosos, el granito y los materiales para la momificación ya no eran solo para los faraones. Los esfuerzos de producción se orientaron a fabricar versiones de estos materiales de calidad ligeramente inferior para uso de los plebeyos.

Este impacto en la perspectiva espiritual y cultural del antiguo Egipto hizo que el mito de Osiris y su protagonista se convirtieran en el punto culminante más famoso de muchos hechizos del Texto del sarcófago.

«¡Ah desamparado!

¡Ah indefenso dormido!

Ah indefenso en este lugar
que tú no conoces, ¡pero yo sí!
He aquí que te he encontrado [tumbado] de lado
el gran desamparado.
"¡Ah, hermana!" dice Isis a Neftis,
"Este es nuestro hermano,
Ven, levantemos su cabeza,
Ven, reunamos sus huesos,
Ven, reunamos sus miembros,
Ven, pongamos fin a toda su aflicción,
para que, en la medida de lo posible, no se canse más.
¡Que la humedad comience a subir para este espíritu!
¡Que los canales se llenen a través de ti!
¡Que los nombres de los ríos sean creados a través de ti!
¡Osiris, vive!
Osiris, ¡que surja el gran desconocido!"».

Este fragmento era un hechizo protector popular en muchos Textos de los sarcófagos. Aunque relataba cómo Isis y Neftis revivieron a Osiris tras ser asesinado por Seth, también invocaba a las dos diosas para que protegieran al difunto en su viaje al más allá.

En los Textos de los sarcófagos también se encuentran descripciones e invocaciones a dioses y diosas guardianes. Se creía que ayudaban al alma del difunto a reconocer a los guardianes de la otra vida y a someterse a su protección. Con demonios, engaños y trampas acechando en cada parada, un alma necesitaba ayuda divina para navegar por la Duat hasta llegar al paraíso. Un alma desprotegida corría el riesgo de sufrir una segunda muerte o perderse para siempre, por lo que cabe imaginar que los antiguos egipcios eran quisquillosos con el contenido de sus sarcófagos.

Con la creciente fama de Osiris como juez del inframundo, los Textos de los sarcófagos proporcionaron las primeras fuentes conocidas de acontecimientos en la Duat, como el juicio de los muertos en el Salón de la Verdad. La fuente más famosa de esta época fue el *Libro de los dos caminos*, que contiene un intrincado mapa de la Duat y es, hasta el momento, el libro ilustrado más antiguo de la historia.

Es posible que nunca se conozca al autor del *Libro de los dos caminos*, pero se encontraron copias del documento grabadas en algunos sarcófagos antiguos de un pueblo llamado Deir el-Bersha. Sin duda, el pueblo había copiado este mapa de un original en la creencia de que el mapa guiaría el alma del difunto a través de los reinos de la Duat. La copia más antigua de este libro se encontró en la tumba de una mujer llamada Ankh, que se supone que vivió durante la undécima o duodécima dinastía.

En este libro, había dos rutas hacia el paraíso, por lo que se le llama el *Libro de los dos caminos*. Las dos rutas eran por mar y por tierra, separadas por un lago ardiente y monstruos horribles. Ambas rutas estaban plagadas de peligrosos obstáculos por los que el alma debía pasar antes de presentarse ante Osiris.

Como versión más avanzada de los Textos de los sarcófagos, el *Libro de los dos caminos* sería sustituido por el *Libro de los muertos* en los imperios medio y nuevo.

El *Libro de los muertos*

La evolución de la creencia egipcia en la vida después de la muerte y sus complejidades comenzó con los Textos de las Pirámides, que dominaron la mayor parte del imperio antiguo. Posteriormente, se impusieron los Textos de los sarcófagos, que se basaban en los Textos de las Pirámides, pero eran más accesibles para el público en general. Lo más destacado de los Textos de los sarcófagos fue el *Libro de los muertos*, que muchos egipcios del imperio medio adaptaron a sus prácticas funerarias.

La aparición del imperio nuevo marcó una nueva etapa en esta evolución, y el *Libro de los muertos* fue el último grito. A diferencia de los Textos de los sarcófagos, que solo se dibujaban o tallaban en los féretros, las copias del *Libro de los muertos* de la dinastía XII podían escribirse en papiro y enterrarse con el difunto.

Al igual que los Textos de los sarcófagos, no existe un único *Libro de los muertos*. En su lugar, hay compilaciones de muchas copias encontradas en tumbas y sarcófagos antiguos. En total, se tradujeron doscientos conjuros, himnos y recitaciones a partir de sus versiones jeroglíficas originales.

Como su nombre indica, el *Libro de los muertos* se escribió para los muertos. Era un manual para superar los peligros en el más allá. El primer conjuro era una plegaria a Ra (o Atum) para que los muertos pasaran con éxito a la Duat. En el *Libro de los muertos* también se recopilaban conjuros que los difuntos debían recitar para preservar sus cuerpos y protegerse del mal en forma de serpientes como Apep:

«Oh tú, encerado [Apep], que tomas por robo y que vives de los inertes, no seré inerte para ti, no seré débil para ti, tu veneno no entrará en mis miembros, pues mis miembros son el miembro de Atum. Si no soy débil para ti, el sufrimiento tuyo no entrará en estos miembros míos. Soy Atum a la cabeza del abismo, mi protección es de los dioses, los señores de la eternidad, soy aquel cuyo nombre es secreto, más santo de trono que los dioses del caos; estoy entre ellos, he salido con Atum, soy uno que no es examinado, ¡estoy sano, estoy sano!».

Algunos hechizos permitían a los difuntos adoptar formas de dioses para luchar contra los atacantes. Con un hechizo, por ejemplo, el difunto podía transformarse en el dios del Sol Ra para luchar contra cocodrilos salvajes:

«¡Atrás! ¡Atrás! ¡Atrás, peligroso! No vengas contra mí, no vivas de mi magia... Oh tú con espina dorsal que trabajas tu boca contra esta magia mía, ningún cocodrilo que vive de la magia te la quitará».

También había hechizos en el *Libro de los muertos* que tenían por objeto facultar a los muertos para embarcar en los transbordadores más seguros del inframundo:

«Oh portadores de la barca sobre este difícil banco de arena

Tráiganme la barca, átenme las cuerdas, en paz, en paz

Vengan, vengan, apresúrense, apresúrense, he venido a ver a mi padre Osiris».

El conjuro más largo y popular, el conjuro 125, describía lúcidamente el juicio de las almas en el Salón de la Verdad. Representaba al dios con cabeza de chacal Anubis como el que pesaba los corazones de cada hombre, con Thot a su lado y Osiris como juez principal.

De izquierda a derecha: El corazón de un alma siendo pesado por Anubis, registrado por Thot, y luego de pie ante Osiris, que está sentado en el trono
https://commons.wikimedia.org/wiki/File:The_judgement_of_the_dead_in_the_presence_of_Osiris.jpg

El *Libro de los muertos* era también una escritura que contenía las palabras que los difuntos debían recitar en cada etapa de su viaje. Un ejemplo era la «Declaración de Inocencia» ante los cuarenta y dos jueces. Otros aspectos del *Libro de los muertos* indicaban lo que cada alma debía vestir en la otra vida, como un «vestido blanco celestial y sandalias».

El *Libro de los muertos* solía ser escrito por escribas versados en hechizos. A diferencia de los Textos de los sarcófagos, que personificaban al difunto con Osiris, el *Libro de los muertos* podía escribirse a medida para un individuo o una familia. Para ello, el escriba debía estar familiarizado con la identidad del individuo, la historia de su vida, sus rasgos físicos, su personalidad y su pedigrí. Así, si una persona estaba gravemente enferma y próxima a la muerte, solicitaría a un escriba que redactara un *Libro de los muertos* para ella.

La producción de un *Libro de los muertos* costaba una fortuna debido a su importancia en el más allá. Se calcula que costaba hasta la mitad del salario anual de un obrero en el antiguo Egipto o algo más de tres onzas de plata. Esto hacía que el *Libro de los muertos* fuera asequible sobre todo para la clase aristocrática egipcia y solían utilizarlo más los hombres que las mujeres. Los nobles inferiores que podían permitirse papiros de segunda mano y versiones prefabricadas poseían algunos ejemplares. Los escribas y sacerdotes podían escribir por sí mismos, pagando solo por los materiales que iban a utilizar, no por la mano de obra.

Más adelante en la historia, los escribas empezaron a escribir versiones más baratas para el pueblo llano. Estas versiones tenían menos hechizos e instrucciones, y estaban escritas en papiros de mucha menos calidad. Los plebeyos de esta época se aprovechaban de ello, ya que así tenían más posibilidades de llegar al paraíso. Los escribas hicieron fortuna con esta demografía durante miles de años y, en consecuencia, hubo muchas variaciones del *Libro de los muertos*. Las versiones más estándar se encontraban en las tumbas reales y en las cámaras funerarias de los burócratas, mientras que las versiones abreviadas se hallaban en los ataúdes de los plebeyos.

Los aspectos más destacados del *Libro de los muertos* son el viaje de los muertos en la Duat, el juicio de un alma y los hechizos para proteger a las almas de una segunda muerte.

Capítulo 22 - Los libros de las cavernas, las puertas y la Vaca Sagrada

Nunca se insistirá lo suficiente en la importancia del arte funerario del antiguo Egipto como fuente de historia. Gran parte de lo que se sabe sobre el más allá egipcio fue descrito en las paredes, techos y tejados de las antiguas necrópolis, sarcófagos y tumbas reales.

Se conocen los Textos de las Pirámides del imperio antiguo, así como el *Libro de los muertos* del imperio nuevo.

Un día de 1903, dos arqueólogos llamados Margaret Murray y Flinders Petrie descubrieron otra forma de texto funerario en la pared de un corredor de un antiguo templo de Osiris situado en Osirión. Este texto se diferenciaba de los Textos de los sarcófagos o del *Libro de los muertos* en que ofrecía detalles más sangrientos sobre lo que les ocurría a las almas condenadas al infierno egipcio de la Duat.

Se encontraron versiones incompletas de este texto en las tumbas reales de los faraones Ramsés IV, Ramsés VI, Ramsés VII y Ramsés IX, todos ellos de la época ramésida de la dinastía XX. También había fragmentos de estos textos en otras tumbas no reales, con un total de trece versiones. Estos textos se tradujeron entre principios y mediados del siglo XIX y se recopilaron en un documento titulado el *Libro de las Cavernas*.

El *Libro de las Cavernas*

Las versiones completas del *Libro de las Cavernas* se encontraron en el templo de Osiris y en la gran tumba de un rico escriba real de la dinastía XXVI llamado Pediamenopet. La versión completa consta de dos partes; cada parte tiene tres subpartes o secciones verticales, lo que hace un total de seis secciones.

El *Libro de las Cavernas* narra el viaje del dios sol por el inframundo, la recompensa de las almas santas que superan el juicio y la terrible situación de las almas que no lo hacen. El viaje del dios del Sol por el «infierno» egipcio tenía lugar cada noche, y el *Libro de las Cavernas* ilustra cada paso con imágenes y textos.

En la primera sección del *Libro de las Cavernas*, el dios sol está a punto de entrar en la Duat, de pie ante sus puertas.

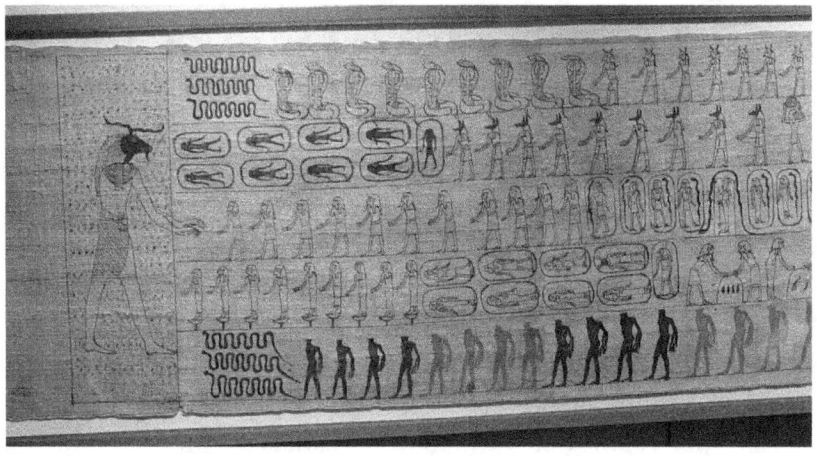

La primera sección del *Libro de las Cavernas*
Tim Sneddon de Perth, AUSTRALIA, CC BY-SA 2.0 https://creativecommons.org/licenses/by-sa/2.0 vía Wikimedia Commons;
https://commons.wikimedia.org/wiki/File:Extracts_from_the_Book_of_Caverns_(9174917894).jpg

En la Duat lo espera Osiris, el dios del inframundo y juez de los muertos. La primera sección también tiene cinco subpartes llamadas «cavernas». La primera caverna, sobre el dios del Sol, está custodiada por tres serpientes. Estas serpientes protegen los cuerpos de las almas santas en la primera y segunda cavernas, donde descansan para la eternidad. La tercera caverna es donde entra directamente el dios sol. Osiris se sienta allí en dos formas. La primera forma se extiende hacia el dios del Sol, y la segunda forma está en un sarcófago, de cara al dios del Sol que se acerca y custodiado por serpientes. La cuarta caverna representa a los seguidores de Osiris, que también están en sarcófagos y custodiados por serpientes, listos para encontrarse con el dios del Sol. La quinta caverna representa a las almas sin cabeza condenadas al infierno. Se los llama «enemigos de Osiris» y su caverna es una prisión custodiada por tres serpientes. El dios del Sol las condenará a una segunda muerte.

En la segunda sección del *Libro de las Cavernas*, el dios del Sol ha entrado en la Duat. Pide a Osiris que lo reciba, y su petición le es concedida. Otros dioses y diosas del inframundo también lo reciben en sus diversas formas. La última caverna muestra a las almas condenadas camino del Lugar de la Aniquilación, el concepto egipcio del infierno. Osiris está ansioso por llevar al dios del Sol más lejos en la caverna, especialmente donde está Aker, un guardián de las puertas del inframundo. La puerta de Aker conduce de nuevo a la Tierra, donde el dios del Sol tiene que estar al amanecer para salir como el sol.

El viaje del dios del Sol avanza en la tercera sección del *Libro de las Cavernas*. Aquí se encuentra con los dioses de la Enéada sagrada y otras deidades de la Duat. Las almas condenadas de la última caverna han llegado a su destino, el terrible Lugar de la Aniquilación. Las almas están colgadas cabeza abajo y sufren un inmenso castigo por sus pecados.

En la cuarta sección del *Libro de las Cavernas*, el dios del Sol, Isis, Neftis, Horus y Anubis cuidan de Osiris y lo protegen. Las almas condenadas de la última caverna siguen sufriendo a manos de un demonio despiadado, y finalmente son decapitadas.

La quinta sección representa a la diosa del cielo Nut, que recibe al dios del Sol y lo alza en sus brazos. Otra parte de la misma sección muestra a Osiris y a otros dioses despidiendo al dios del Sol en la etapa final de su viaje. En ella se representa el renacimiento y el rejuvenecimiento de Ra. Las almas que languidecen en las cavernas más bajas son introducidas en la siguiente etapa de su castigo. Se prende fuego a sus cabezas y corazones, y dos diosas están con ellos en el Lugar de Aniquilación, avivando las llamas que los destruyen lenta y dolorosamente.

Al final de la sexta sección se encuentra la barca divina del dios del Sol, el Atet. Su séquito la saca del inframundo remando con alegría y, juntos, se preparan para la gloriosa ascensión del dios del Sol al cielo.

El *Libro de las Cavernas* también menciona diez deidades del inframundo aparte del conocido Ammit. Estas criaturas, denominadas «deidades menores» o «demonios», se encargan de garantizar el castigo de las almas condenadas. Estos despiadados demonios aparecen representados en diferentes secciones como serpientes que escupen fuego, dioses con cabeza de pez gato, dioses con cabeza de chacal y Ammit. Todos eran depredadores de almas. En algunas secciones se representa a Osiris, Nut y Anubis en las cavernas inferiores, supervisando el castigo de los malvados.

Por escalofriante que pueda ser el *Libro de las Cavernas*, representa las razones por las que la gente del imperio nuevo habría alineado sus vidas con Maat.

El *Libro de las Puertas*

Justo enfrente del muro de la tumba real del faraón Ramsés IV, donde se descubrió el *Libro de las Cavernas*, había un fragmento de otro texto antiguo que databa de los imperios medio y nuevo. Este texto fue titulado el *Libro de las Puertas* por un egiptólogo francés llamado Gaston Maspero.

El *Libro de las Puertas* retrata un viaje por el inframundo, pero esta vez a través de los ojos de las almas mortales. Descubierto en tumbas de reyes, nobles y otros burócratas, algunas versiones del *Libro de las Puertas* estaban incorrectamente secuenciadas o entrelazadas con algunos contenidos del *Libro de los muertos*.

La tumba del faraón Seti I tenía una versión colorida y detallada de este texto, que mostraba a cuatro hombres, cada uno de un color de piel distinto, entrando en la Duat. Esta representación de todas las razas de la Tierra refuerza la percepción de la Duat por los egipcios como un concepto universal. Todos los humanos vivirían después de la muerte, y la única forma de llegar al paraíso era obedecer a Maat.

El contenido del *Libro de las Puertas* completo ilustra el viaje del alma a través de varias puertas de la Duat y los guardianes de cada puerta. El alma debía conocer el nombre y los atributos de cada guardián para superarlos y continuar su viaje. El *Libro de las Puertas* consta de doce capítulos, cada uno de los cuales describe una hora de la noche y lo que ocurre con las almas en cada hora.

La primera hora se titula «Ushemet-Hatu-Khefti-Ra». Se abre con la llegada del dios del Sol a la Duat a través de Amentet, la Sala del Horizonte. En su barca divina, Ra aparece en forma de escarabajo, que procede del relato de la creación de Hermópolis, y está protegido por una serpiente y dos compañeros llamados Sia y Hu. Las puertas de la Duat se abren y todas las almas de los muertos se unen para dar la bienvenida a Ra.

En la segunda hora, titulada «Shesat-Makeb-Neb-S», las almas que obedecieron a Maat en vida se separan de las almas malvadas. Las almas buenas están en las filas superiores del *Libro de las Puertas*, y Ra las bendice, diciendo: «Sus ofrendas son suyas, ustedes tienen poder sobre sus aguas frescas, sus almas nunca serán cortadas en pedazos, su carne nunca fallará, [ustedes que me han] alabado, y han vencido a Apep por mí».

Las almas malvadas ocupan las filas inferiores, representadas tumbadas de espaldas en castigo. Atum, un aspecto de Ra, actúa como el hijo del sol de dios y maldice a los malvados, diciendo:

>«La palabra de mi padre Ra es justa (Maat) contra ustedes, y mi palabra es justa contra ustedes... Atados con grilletes; sus brazos no se abrirán nunca más.....Sus malas acciones [se han vuelto] contra ustedes, sus conspiraciones [se han vuelto] contra ustedes, sus actos abominables [se han vuelto] contra ustedes, sus destinos son para mal, y su perdición ha sido decretada ante Ra; sus juicios injustos y pervertidos están sobre ustedes, y la maldad de sus palabras de maldición están sobre ustedes».

Las almas separadas y el dios del Sol continúan por un estrecho sendero hasta llegar a doce dioses guardianes momificados en la siguiente entrada.

La tercera hora, titulada «Thentent-Bau», consiste en cruzar un lago de fuego maloliente. La barca del dios del Sol lo atraviesa ilesa, al igual que las almas benditas. Las almas malvadas son quemadas y abrasadas por el fuego como principio de su castigo. La serpiente Apofis (Apep) aparece al final del lago para atacar la barca de Ra, pero Atum y otros dos dioses la derrotan.

La cuarta hora del *Libro de las Puertas* se titula «Urt-Em-Sekhemu-Set». En esta hora, las almas viajeras y el dios del Sol se encuentran con los doce dioses con cabeza de chacal que custodian las siguientes puertas. Estas puertas se abren al Lago de la Vida y al Lago de Uraei. En este reino, el dios del Sol resucita más almas muertas, incluida la de Osiris, que es protegida por su hijo Horus. Al final de esta escena, las almas de los malvados son castigadas en otro ataque de fuego, y los viajeros llegan a un reino llamado Arit, cuyas puertas están custodiadas por doce dioses.

«Sem-her-Ab-Uaa-As» es el nombre de la quinta hora del sagrado *Libro de las Puertas*, y en ella se representa al dios Sol y a las almas viajeras en una compleja serie de acontecimientos. En particular, se representa la Sala del Juicio, donde los malvados son enviados al Lugar de la Aniquilación. En algunas versiones, esta sentencia es pronunciada por Osiris, sentado en su trono. El juicio de las almas está vinculado a la sexta hora, que se titula «Mesperit-Ar-Maat». Una serie de cadáveres momificados esperan la resurrección de Ra mientras dioses armados retienen a Apofis en este reino.

La séptima hora, «Khesef-Hai-Heseq-Neha-Hra», marca el momento en que se destruye todo obstáculo que impida el rejuvenecimiento del dios del Sol para el siguiente amanecer. A mitad del reino, el dios del Sol acepta el castigo de dos de sus enemigos capturados. Las almas benditas prosiguen su viaje, y un grupo lleva sobre la cabeza cestas llenas de tallos de grano. Se trata de una recompensa por su compromiso con Maat. El otro grupo lleva cada uno la Pluma de la Verdad, un aspecto de Maat, como símbolo de bendición.

La octava hora se titula «Nesbt-Usha», donde el tiempo como elemento infinito se representa con una cuerda sin fin de Aken, el barquero del inframundo. En este reino se conceden más bendiciones a las almas buenas, mientras que los malvados reciben más castigos. Las momias que esperaban ser resucitadas vuelven poco a poco a la vida, y el dios del Sol continúa en su barca hacia la siguiente puerta, llamada Aat Shefsheft.

En la novena hora, «Mak-Neb-S», los viajeros llegan a un río caótico que representa a Nun, en el que flotan las almas de muchos mortales. Esto no alude a la desesperanza ni a la muerte. Por el contrario, serán nutridos por las aguas y colocados entre las almas benditas para ser alimentados con verduras y pan. Los condenados permanecen en la fila inferior; siguen languideciendo en los fuegos de la destrucción a instancias de Horus.

La décima hora es «Tentenit-Hesq-Khakabu», y representa una feroz batalla contra Apofis, el enemigo de Ra. El dios del Sol lucha contra Apofis en diferentes formas, y se le unen catorce dioses que sostienen redes mágicas sobre sus cabezas. Esta red está impregnada de hechizos para debilitar y derrotar a Apofis. Al final de la escena, un texto habla de una procesión ascendente del dios del cielo. A estas alturas, ya es casi de día.

«Sebit-Neb-Uaa-Khesef-Sebiu-Em-Pert-F» es el título de la undécima hora. Apofis ha sido derrotado, capturado y desmembrado. Su cuerpo mutilado es sujetado con una cuerda y, esta vez, la fila inferior está ocupada por dioses y diosas que reman la barca del dios del Sol hacia el este para su ascensión. Las almas de los muertos asisten al glorioso espectáculo.

En la duodécima y última hora del *Libro de las Puertas*, el dios sol avanza hacia las puertas del reino final, donde renace como el brillante sol de la mañana. Lo acompañan cuatro dioses que sostienen discos solares en sus manos derechas, cuatro dioses que sostienen estrellas en sus manos derechas, cuatro dioses con cabeza de halcón que sostienen cetros en sus manos izquierdas, cuatro dioses con cabeza de carnero que sostienen cetros en sus manos izquierdas, un dios con cabeza de cocodrilo que sostiene una serpiente en su mano derecha y un cetro en su mano izquierda, y ocho criaturas femeninas con forma de serpiente que sostienen estrellas en sus manos izquierdas. Otros detalles de esta escena son las coronas de Ra, un Apofis encadenado y cuatro babuinos que celebran el renacimiento del dios Sol.

Mientras Osiris permanece en el inframundo, el dios sol se eleva desde el horizonte oriental. El *Libro de las Puertas* ofrece una atractiva descripción de la Duat, y a lo largo de las doce horas, a las almas que viajan con el dios sol se les ordena constantemente que sigan el ritmo de la barca divina. Cada puerta se cerraba cuando la barca del dios sol la atravesaba, y cualquier alma que se quedara atrás quedaría varada por toda la eternidad.

El *Libro de la Vaca Sagrada*

Un tropo popular en la mitología es la profanación del mundo por parte de la humanidad, lo que lleva a su creador a disgustarse y castigarla. De la Biblia nos viene a la mente la historia del arca de Noé y su destrucción, pero en la mitología egipcia se conoce como el cuento de la Vaca Sagrada.

La primera versión de este libro se encontró en la tumba del famoso faraón Tutankamón, pero estaba incompleta. Posteriormente, las tumbas de los faraones Seti I, Ramsés II y Ramsés III ofrecieron versiones completas. Los historiadores datan este documento en el imperio medio o nuevo, y a diferencia de otros libros funerarios, que ofrecen orientación espiritual o describen los reinos de la Duat, el *Libro de la Vaca Sagrada* cuenta una historia fascinante.

La primera parte, «La destrucción de la humanidad», se abre con un Ra disgustado. Se lo describe como «viejo, siendo sus huesos de plata y su carne de oro». Aprovechando esta circunstancia, la humanidad ha comenzado a tramar una rebelión contra su creador. El omnisciente Ra convoca un consejo de dioses para deliberar sobre el siguiente curso de acción. A sugerencia de Nun, las aguas primordiales que antaño cubrían la Tierra, Ra envía a Hathor, el Ojo de Ra, para castigar a los mortales por su insolencia.

A partir de aquí, la trama se entreteje en la historia de Hathor, donde se convierte en la sanguinaria Sekhmet y devora la tierra con fuego hasta que es detenida por un fuerte lote de vino de Ra. Esta parte se llama «La retirada de Ra». Es la segunda parte de la historia de la Vaca Sagrada, y está ligada al nudo de la historia, que se titula «La Vaca Sagrada».

Ra está decidido a regresar al cielo, lejos de las creaciones que le quedan. Busca la ayuda de Nut, la diosa del cielo, y le pide que lo coloque sobre su espalda. Nut se siente confundida por la petición del dios del Sol y busca claridad. Entonces se ofrece a sumergirse en las aguas mágicas de Nun y se transforma en una Vaca Sagrada. El dios del Sol monta en la vaca y asciende, justo a tiempo para que eclosionen los malvados planes de la humanidad. Por la mañana, la gente sale en tropel y dispara flechas al dios del Sol que escapa, quien se burla de ellos diciendo: «¡Oh masacradores, que su matanza esté lejos de mí!».

El dios sol insta a Nut a moverse más rápido. Sube más alto y el dios del Sol convoca a más dioses para que se unan a ella.

Nut, la Vaca Sagrada, ayudada por otros dioses con Ra encima
https://commons.wikimedia.org/wiki/File:Nut1.JPG

Después, Ra establece «El Nuevo Orden Mundial», que es también el nombre de la cuarta parte de la historia. Nut se convierte en el cielo y lleva el sol (Ra), y Ra crea el paraíso (el Campo de Cañas). A través de la magia de Nut y Ra, en la parte final, se establece Maat, y se convierte en responsabilidad de la humanidad mantenerlo.

La última parte del *Libro de la Vaca Sagrada* es muy significativa. En ella, el dios del Sol deja de mimar a su creación. En su lugar, se los encomienda mantener el orden del mundo a cambio de un lugar en el paraíso eterno.

Conclusión

En la mitología egipcia casi siempre hay un atisbo de lo sobrenatural. Su impacto en la historia del antiguo Egipto es inmenso. El pueblo adoraba a muchos dioses y diosas del panteón egipcio. Realizaban rituales y ritos sagrados. Celebraban grandes festivales y llevaban a cabo elaborados procesos funerarios. Todo ello constituye una parte importante de la historia egipcia.

Hasta ahora, hemos recorrido una apasionante aventura por los reinos de los dioses y hemos visto cómo sus acciones afectaban a los humanos de la Tierra y a los del inframundo. Aunque hoy en día los mitos son historias, la gente de entonces los consideraba mucho más que eso. Las reliquias de las antiguas épocas de Egipto así lo afirman. Obeliscos, pirámides, momias, textos sagrados, esfinges y templos son prueba de las magníficas vidas de los antiguos egipcios y de su devota creencia en algo más grande que ellos mismos.

Aunque la mayoría de ellos llevaban una vida normal como plebeyos, compartían la misma creencia en el más allá y en el destino de todas las almas, fueran buenas o malas. Así, la gente buscaba vivir sus vidas de acuerdo con Maat a cambio de la dicha eterna.

Hemos descrito los esfuerzos de los antiguos egipcios y lo mucho que perseveraban en sus vidas de adoración. Aparte de su intencionalidad, un aspecto loable de los antiguos egipcios era cómo construían esas tumbas, templos y otros monumentos para que duraran eternamente. Aunque estaban centrados en el más allá, también pensaban mucho en el futuro y se aseguraban de dejar tras de sí pruebas indestructibles de su rica cultura.

Por eso, la mitología egipcia ha contribuido tanto al arte como a la historia y la cultura popular. En la época grecorromana, el antiguo Egipto se había convertido en un crisol de culturas, con dioses sincretizados y la construcción de nuevos templos. Miles de años más tarde, Egipto sería ocupado por Gran Bretaña, y se desenterrarían los monumentos y artefactos antiguos supervivientes.

Cada prueba cuenta historias de los pueblos antiguos tal y como fueron escritas por ellos. Ha leído sobre la mayoría de ellos: la vida de los dioses y diosas egipcios, las historias de la creación, sus mitos y cuentos populares, y detalles de los libros sagrados. Los museos, los yacimientos antiguos, la literatura y el cine han mantenido vivas estas historias durante cientos de años desde su descubrimiento. No es demasiado absurdo afirmar que serán recordadas para siempre.

Vea más libros escritos por Enthralling History

Bibliografía:

Título: Who were the mysterious Neolithic people that enabled the rise of ancient Egypt? Here's what we've learned on our digs
 Link: https://theconversation.com/who-were-the-mysterious-neolithic-people-that-enabled-the-rise-of-ancient-egypt-heres-what-weve-learned-on-our-digs-121070
 Fecha de acceso: 12/4/22

Título: Upper Egypt
 Link: https://www.britannica.com/place/Upper-Egypt
 Fecha de acceso: 12/4/22

Título: Lower Egypt
 Link: https://www.britannica.com/place/Lower-Egypt
 Fecha de acceso: 12/4/22

Título: Narmer
 Link: https://www.worldhistory.org/Narmer/
 Fecha de acceso: 12/4/22

Título: Old Kingdom of Egypt
 Link: https://www.worldhistory.org/Old_Kingdom_of_Egypt/
 Fecha de acceso: 12/4/22

Título: Djoser
 Link: https://www.worldhistory.org/Djoser/
 Fecha de acceso: 12/4/22

Título: First Intermediate Period of Egypt
  Link: https://www.worldhistory.org/First_Intermediate_Period_of_Egypt/
  Fecha de acceso: 12/4/22

Título: The Great Pyramids of Giza
  Link: https://www.khanacademy.org/humanities/ap-art-history/ancient-mediterranean-ap/ancient-egypt-ap/a/old-kingdom-the-great-pyramids-of-giza
  Fecha de acceso: 12/4/22

Título: Snefru
  Link: https://www.britannica.com/biography/Snefru
  Fecha de acceso: 12/4/22

Título: Imhotep
  Link: https://www.worldhistory.org/imhotep/
  Fecha de acceso: 12/4/22

Título: Horus
  Link: https://www.britannica.com/topic/Horus
  Fecha de acceso: 12/4/22

Título: Seth
  Link: https://www.britannica.com/topic/Seth-Egyptian-god
  Fecha de acceso: 15/4/22

Título: Isis
  Link: https://www.britannica.com/topic/Isis-Egyptian-goddess
  Fecha de acceso: 15/4/22

Título: Middle Kingdom of Egypt
  Link: https://www.worldhistory.org/Middle_Kingdom_of_Egypt/
  Fecha de acceso: 15/4/22

Título: Mentuhotep II
  Link: https://www.britannica.com/biography/Mentuhotep-II
  Fecha de acceso: 15/4/22

Título: Ancient Egypt's Middle Kingdom Period
  Link: https://www.thoughtco.com/ancient-egypt-middle-kingdom-period-118155
  Fecha de acceso: 15/4/22

Título: Amenemhet I
    Link: https://www.britannica.com/biography/Amenemhet-I
    Fecha de acceso: 15/4/22

Título: Senusret III
    Link: https://www.worldhistory.org/Senusret_III/
    Fecha de acceso: 15/4/22

Título: Amenemhet III
    Link: https://www.britannica.com/biography/Amenemhet-III
    Fecha de acceso: 15/4/22

Título: Sebeknefru
    Link: https://www.britannica.com/biography/Sebeknefru
    Fecha de acceso: 15/4/22

Título: Turin Papyrus
    Link: https://www.britannica.com/topic/Turin-Papyrus
    Fecha de acceso: 18/4/22

Título: New Kingdom of Egypt
    Link: https://www.worldhistory.org/New_Kingdom_of_Egypt/
    Fecha de acceso: 19/4/22

Título: Hyksos
    Link: https://www.worldhistory.org/Hyksos/
    Fecha de acceso: 19/4/22

Título: No one expected this pharaoh to found Egypt's most powerful dynasty
    Link: https://www.nationalgeographic.com/culture/article/ahmose-i
    Fecha de acceso: 19/4/22

Título: Hatshepsut
    Link: https://www.worldhistory.org/hatshepsut/
    Fecha de acceso: 19/4/22

Título: Thutmose III: The Napoleon of Ancient Egypt
    Link: https://discoveringegypt.com/ancient-egyptian-kings-queens/thutmose-iii-the-napoleon-of-ancient-egypt/
    Fecha de acceso: 19/4/22

Título: Amenhotep III
    Link: https://www.worldhistory.org/Amenhotep_III/
    Fecha de acceso: 19/4/22

Título: Akhenaten
    Link: https://www.livescience.com/39349-akhenaten.html
    Fecha de acceso: 19/4/22
Título: Tutankhamun
    Link: https://www.britannica.com/biography/Tutankhamun
    Fecha de acceso: 19/4/22
Título: Ramses I
    Link: https://www.britannica.com/biography/Ramses-I
    Fecha de acceso: 19/4/22
Título: Ramesses II
    Link: https://www.worldhistory.org/Ramesses_II/
    Fecha de acceso: 19/4/22
Título: Ramses III
    Link: https://www.britannica.com/biography/Ramses-III
    Fecha de acceso: 19/4/22
Título: The Rise of the Ramessides: How a Military Family from the Nile Delta Founded One of Egypt's Most Celebrated Dynasties
    Link: https://www.arce.org/resource/rise-ramessides-how-military-family-nile-delta-founded-one-egypts-most-celebrated
    Fecha de acceso: 19/4/22
Título: The Cult of Amun
    Link: https://www.archaeology.org/issues/174-1505/features/3146-sudan-nubia-dangeil-cult-of-amun-ra
    Fecha de acceso: 21/4/22
Título: Third Intermediate Period of Egypt
    Link: https://www.worldhistory.org/Third_Intermediate_Period_of_Egypt/
    Fecha de acceso: 21/4/22
Título: Egypt from 1075 BCE to Macedonian Invasion
    Link: https://www.britannica.com/place/ancient-Egypt/Egypt-from-1075-bce-to-the-Macedonian-invasion
    Fecha de acceso: 21/4/22
Título: Nubian Pharaohs of Twenty-Fifth Dynasty Egypt
    Link: https://www.thoughtco.com/nubian-pharaohs-wenty-fifth-dynasty-egypt-3989880

Fecha de acceso: 21/4/22

Título: Late Period of Ancient Egypt
Link: https://www.worldhistory.org/Late_Period_of_Ancient_Egypt/
Fecha de acceso: 21/4/22

Título: Alexander in Egypt and Some Consequences
Link: https://www.jstor.org/stable/3853895?read-now=1&refreqid=excelsior%3Aa4de2b1b0f39bc3a48400199287264b9&seq=1
Fecha de acceso: 21/4/22

Título: Esarhaddon and Egypt: An Analysis of the First Invasion of Egypt
Link: https://www.jstor.org/stable/43074609?read-now=1&refreqid=excelsior%3A02412609704e33c923c78df7b5939f7d&seq=1
Fecha de acceso: 21/4/22

Título: Alexander the Great Egypt History
Link: https://www.journeytoegypt.com/en/blog/alexander-the-great
Fecha de acceso: 21/4/22

Título: The Battle of Pelusium: A Victory Decided by Cats
Link: https://www.worldhistory.org/article/43/the-battle-of-pelusium-a-victory-decided-by-cats/
Fecha de acceso: 21/4/22

Título: Ptolemaic Dynasty
Link: https://www.worldhistory.org/Ptolemaic_Dynasty/
Fecha de acceso: 21/4/22

Título: Ptolemy I
Link: https://www.worldhistory.org/Ptolemy_I/
Fecha de acceso: 21/4/22

Título: Hellenic Culture in Egypt
Link: https://www.jstor.org/stable/3853691
Fecha de acceso: 21/4/22

Título: Roman Egypt
Link: https://www.worldhistory.org/Roman_Egypt/
Fecha de acceso: 21/4/22

Título: Cleopatra
Link: https://www.britannica.com/biography/Cleopatra-queen-of-Egypt

Fecha de acceso: 21/4/22

Título: The Battle of Actium
Link: https://www.history.com/this-day-in-history/the-battle-of-actium
Fecha de acceso: 21/4/22

Título: Vespasian
Link: https://www.britannica.com/biography/Vespasian
Fecha de acceso: 21/4/22

Título: Diocletian
Link: https://www.worldhistory.org/Diocletian/
Fecha de acceso: 21/4/22

Título: Egypt's role in the Byzantine Empire
Link: https://www.britannica.com/place/ancient-Egypt/Egypts-role-in-the-Byzantine-Empire
Fecha de acceso: 21/4/22

Título: Bubonic Plague Traced to Ancient Egypt
Link: https://www.nationalgeographic.com/science/article/bubonic-plague-traced-to-ancient-egypt
Fecha de acceso: 29/4/22

Título: Egypt from the Islamic Conquest to 1250
Link: https://www.britannica.com/place/Egypt/From-the-Islamic-conquest-to-1250
Fecha de acceso: 29/4/22

Título: Rashidun
Link: https://www.britannica.com/topic/Rashidun
Fecha de acceso: 29/4/22

Título: Islamic Egypt Time-line
Link: https://www.ucl.ac.uk/museums-static/digitalegypt/chronology/islamic.html
Fecha de acceso: 29/4/22

Título: The Abbasid Empire
Link: https://courses.lumenlearning.com/atd-herkimer-worldcivilization/chapter/the-abbasid-empire/
Fecha de acceso: 29/4/22

Título: Fatimid Dynasty
  Link: https://www.britannica.com/topic/Fatimid-dynasty
  Fecha de acceso: 29/4/22
Título: The Ottoman Conquest of Egypt (1517) and the Beginning of the Sixteenth-Century World War
  Link: https://www.jstor.org/stable/162225?read-now=1&refreqid=excelsior%3Ae70bd594a54955011cfd60ba9e33c592&seq=1
  Fecha de acceso: 29/4/22
Título: Sasanian dynasty
  Link: https://www.britannica.com/topic/Sasanian-dynasty
  Fecha de acceso: 29/4/22
Título: Post- Byzantine Egypt
  Link: https://courses.lumenlearning.com/suny-hccc-worldcivilization/chapter/post-byzantine-egypt/
  Fecha de acceso: 2/5/22
Título: Mamluks
  Link: https://www.newworldencyclopedia.org/entry/Mamluks
  Fecha de acceso: 2/5/22
Título: Egyptian Views of Ottoman Rule: Five Historians and Their Works, 1820-1920
  Link: https://read.dukeupress.edu/cssaame/article-abstract/31/1/149/59700/Egyptian-Views-of-Ottoman-Rule-Five-Historians-and
  Fecha de acceso: 3/5/22
Título: The Ottomans (1517-1798)
  Link: https://www.britannica.com/place/Egypt/The-Ottomans-1517-1798
  Fecha de acceso: 3/5/22
Título: The Campaign in Egypt
  Link: https://www.napoleon.org/en/history-of-the-two-empires/articles/the-campaign-in-egypt/
  Fecha de acceso: 3/5/22
Título: Napoleon's military defeat in Egypt yielded a victory for history

Título: Battle of the Nile
> Link: https://www.britannica.com/event/Battle-of-the-Nile
> Fecha de acceso: 3/5/22

Título: Ottoman Empire
> Link: https://www.history.com/topics/middle-east/ottoman-empire#:~:text=Decline%20of%20the%20Ottoman%20Empire,-Starting%20in%20the&text=In%201683%2C%20the%20Ottoman%20Turks,the%20Ottoman%20Empire%20in%201830.
> Fecha de acceso: 3/5/22

Título: Biography of Suleiman the Magnificent, Sultan of the Ottoman Empire
> Link: https://www.thoughtco.com/suleiman-the-magnificent-195757
> Fecha de acceso: 3/5/22

Título: From the French to the British occupation (1798-1882)
> Link: https://www.britannica.com/place/Egypt/From-the-French-to-the-British-occupation-1798-1882
> Fecha de acceso: 3/5/22

Título: The Nature of Plague in Late-Eighteenth Century Egypt
> Link: https://www.jstor.org/stable/44448549
> Fecha de acceso: 3/5/22

Título: The Ottoman Response to the Egyptian Crisis of 1881-82
> Link: https://www.jstor.org/stable/4283219
> Fecha de acceso: 3/5/22

Título: Muhammed 'Ali
> Link: https://rpl.hds.harvard.edu/faq/muhammad-%E2%80%98ali
> Fecha de acceso: 3/5/22

Título: Icelandic Volcano Caused Historic Famine in Egypt, Study Shows
> Link: https://www.sciencedaily.com/releases/2006/11/061121232204.htm
> Fecha de acceso: 3/5/22

Título: Abbas II
> Link: https://www.britannica.com/biography/Abbas-II-khedive-of-Egypt
> Fecha de acceso: 3/5/22

Título: WWI in Egypt: A forgotten sacrifice for colonial powers
Link: https://egyptindependent.com/wwi-egypt-forgotten-sacrifice-colonial-powers/#:~:text=Egypt%20was%20drawn%20in%20the,the%20residents%20of%20the%20city.
Fecha de acceso: 3/5/22

Título: Egypt
Link: https://courses.lumenlearning.com/boundless-worldhistory/chapter/egypt/
Fecha de acceso: 3/5/22

Título: Wafd
Link: https://www.encyclopedia.com/history/asia-and-africa/egyptian-history/wafd
Fecha de acceso: 3/5/22

Título: Saad Zaghloul
Link: https://www.britannica.com/biography/Saad-Zagloul
Fecha de acceso: 3/5/22

Título: World War II and its aftermath
Link: https://www.britannica.com/place/Egypt/World-War-II-and-its-aftermath
Fecha de acceso: 3/5/22

Título: Gamal Abdel Nasser elected president of Egypt
Link: https://www.history.com/this-day-in-history/nasser-elected-president
Fecha de acceso: 3/5/22

Título: Egypt: from revolution to coup to crisis, a timeline
Link: https://www.trtworld.com/africa/egypt-from-revolution-to-coup-to-crisis-a-timeline-37581
Fecha de acceso: 3/5/22

Título: Egypt President Abdul Fattah al-Sisi: Ruler with an iron grip
Link: https://www.bbc.com/news/world-middle-east-19256730
Fecha de acceso: 3/5/22

Título: Anwar Sadat
Link: https://www.britannica.com/biography/Anwar-Sadat
Fecha de acceso: 5/5/22

Título: Social Structure in Ancient Egypt
  Link: https://www.worldhistory.org/article/1123/social-structure-in-ancient-egypt/
  Fecha de acceso: 5/5/22

Título: Ottoman Cairo
  Link: https://www.laits.utexas.edu/cairo/history/ottoman/ottoman.html
  Fecha de acceso: 5/5/22

Título: Clothing and Adornment

Título: Ancient Egyptian Law
  Link: https://www.worldhistory.org/Egyptian_Law/
  Fecha de acceso: 5/5/22

Título: Who were the Mamluks?
  Link: https://www.historytoday.com/miscellanies/who-were-Mamluks
  Fecha de acceso: 5/5/22

Título: Roman Egypt
  Link: https://www.metmuseum.org/toah/hd/regy/hd_regy.htm
  Fecha de acceso: 5/5/22

Título: Roman and Byzantine Egypt: background information
  Link: https://www.ucl.ac.uk/museums-static/digitalegypt/roman/background.html
  Fecha de acceso: 5/5/22

Título: The Ptolemaic Dynasty
  Link: https://www.khanacademy.org/humanities/whp-origins/era-3-cities-societies-and-empires-6000-bce-to-700-c-e/36-the-growth-of-empires-betaa/a/read-the-ptolemaic-dynasty-beta
  Fecha de acceso: 5/5/22

Título: Society in the Byzantine Empire
  Link: https://www.worldhistory.org/article/1214/society-in-the-byzantine-empire/#:~:text=Byzantine%20society%2C%20as%20in%20that,were%20an%20even%20lower%20category).
  Fecha de acceso: 5/5/22

Título: Social Structure of the Ottoman Empire
  Link: https://www.thoughtco.com/social-structure-of-the-ottoman-empire-

195766#:~:text=People%20associated%20with%20the%20Ottoman,members%20of%20the%20other%20professions.

Fecha de acceso: 5/5/22

Título: Christian Monks and Muslim Villagers in medieval Egypt: A Library of Congress Story

Link: https://blogs.loc.gov/kluge/2019/06/christian-monks-and-muslim-villagers-in-medieval-egypt-a-library-of-congress-story/

Fecha de acceso: 5/5/22

Título: Medieval Muslim Societies

Link: https://www.khanacademy.org/humanities/world-history/medieval-times/social-institutions-in-the-islamic-world/a/medieval-muslim-societies#:~:text=Muslim%2Dmajority%20and%20Muslim%2Druled,by%20smaller%2C%20decentralized%20regional%20powers.

Fecha de acceso: 5/5/22

Título: Why the Nile River Was So Important to Ancient Egypt

Link: https://www.history.com/news/ancient-egypt-nile-river#:~:text=The%20Nile%2C%20which%20flows%20northward,the%20midst%20of%20a%20desert.

Fecha de acceso: 6/5/22

Título: Impact of the Nile River on Ancient Egypt

Link: https://pages.vassar.edu/realarchaeology/2017/04/09/impact-of-the-nile-river-on-ancient-egypt/

Fecha de acceso: 6/5/22

Título: The Nile and Egyptian Religion

Link: https://courses.lumenlearning.com/atd-fscj-earlyhumanities/chapter/the-nile-and-egyptian-religion/

Fecha de acceso: 6/5/22

Título: Nilus

Link: https://www.greekmythology.com/Other_Gods/Minor_Gods/Nilus/nilus.html

Fecha de acceso: 6/5/22

Título: Ancient Egyptian Mythology

Link: https://www.worldhistory.org/Egyptian_Mythology/

Fecha de acceso: 6/5/22

Título: Hapi
    Link: https://www.britannica.com/topic/Hapi
    Fecha de acceso: 6/5/22

Título: Plant and Animal Life
    Link: https://www.britannica.com/place/Nile-River/Plant-and-animal-life
    Fecha de acceso: 6/5/22

Título: Quest for the Source of the Nile
    Link: https://earthobservatory.nasa.gov/images/7236/quest-for-the-source-of-the-nile#:~:text=Beginning%20in%20the%20mid%2D1800s,the%20Nile's%20%E2%80%9Ctrue%E2%80%9D%20source.
    Fecha de acceso: 6/5/22

Título: The Nile's Source Discovered
    Link: https://www.historytoday.com/archive/nile%E2%80%99s-source-discovered#:~:text=John%20Hanning%20Speke%20discovered%20the,Nile%20on%20August%203rd%2C%201858.&text=John%20Hanning%20Speke%2C%20an%20army,at%20the%20age%20of%20seventeen.
    Fecha de acceso: 6/5/22

Título: The Ancient Egyptian Economy
    Link: https://rosenlearningcenter.com/article/689/the-ancient-egyptian-economy?username=rosensample&password=rosensample#:~:text=Agriculture%20made%20up%20a%20major,papyrus%2C%20stone%2C%20and%20gold.
    Fecha de acceso: 6/5/22

Título: Oceanus' Family
    Link: https://www.greekmythology.com/Titans/Oceanus/oceanus.html
    Fecha de acceso: 6/5/22

Título: Khnum
    Link: https://www.britannica.com/topic/Khnum
    Fecha de acceso: 6/5/22

Título: Ancient Egyptian Religion
Link: https://courses.lumenlearning.com/suny-hccc-worldcivilization/chapter/ancient-egyptian-religion/#:~:text=The%20religion%20of%20Ancient%20Egypt,control%20the%20forces%20of%20nature.
Fecha de acceso: 6/5/22

Título: Egyptian Gods- The Complete List
Link: https://www.worldhistory.org/article/885/egyptian-gods---the-complete-list/
Fecha de acceso: 6/5/22

Título: The Emergence of Christianity in Egypt
Link: https://www.dailynewsegypt.com/2013/06/19/the-emergence-of-christianity-in-egypt/
Fecha de acceso: 6/5/22

Título: Christian Cairo
Link: https://www.laits.utexas.edu/cairo/history/babylon/babylon.html
Fecha de acceso: 6/5/22

Título: History of Egypt from the 7th Century
Link: https://www.introducingegypt.com/modern-history
Fecha de acceso: 6/5/22

Título: Jewish Life in Ancient Egypt
Link: https://www.brooklynmuseum.org/opencollection/exhibitions/752#:~:text=Jews%20lived%20peacefully%20among%20the,its%20lack%20of%20ethnic%20tensions.
Fecha de acceso: 6/5/22

Título: Serapis
Link: https://www.worldhistory.org/Serapis/
Fecha de acceso: 6/5/22

Título: The Cult of Alexander at Alexandria
Link: https://www.jstor.org/stable/263514
Fecha de acceso: 6/5/22

Título: Islam in Egypt
Link: https://rpl.hds.harvard.edu/faq/islam-egypt
Fecha de acceso: 6/5/22

Título: Diocletian, Persecution Of
Link: https://www.encyclopedia.com/religion/encyclopedias-almanacs-transcripts-and-maps/diocletian-persecution
Fecha de acceso: 6/5/22

Título: Fatimids Caliphate
Link: https://www.newworldencyclopedia.org/entry/Fatimids_Caliphate
Fecha de acceso: 6/5/22

Título: What's The Difference Between Sunni and Shi'a Muslims
Link: https://crestresearch.ac.uk/comment/whats-difference-sunni-shia-muslims/#:~:text=Sunnis%20focus%20on%20following%20the,parts%20of%20the%20Middle%20East.
Fecha de acceso: 6/5/22

Título: Byzantine Egypt and the Coptic Period, an Introduction
Link: https://smarthistory.org/egypt-coptic-period-introduction/
Fecha de acceso: 7/5/22

Título: 8 Facts About Ancient Egypt's Hieroglyphic Writing
Link: https://www.history.com/news/hieroglyphics-facts-ancient-egypt
Fecha de acceso: 7/5/22

Título: Tombs

Título: Pyramids at Giza
Link: https://www.nationalgeographic.com/history/article/giza-pyramids
Fecha de acceso: 7/5/22

Título: Inside the Tombs of Saqqara
Link: https://www.smithsonianmag.com/history/inside-tombs-saqqara-180977932/
Fecha de acceso: 7/5/22

Título: Uncovering Secrets of the Sphinx
Link: https://www.smithsonianmag.com/history/uncovering-secrets-of-the-sphinx-5053442/
Fecha de acceso: 7/5/22

Título: Ancient Egyptian Fortresses
Link: https://weaponsandwarfare.com/2018/09/20/ancient-egyptian-fortresses/

Fecha de acceso: 7/5/22

Título: The New Kingdom

Link: https://courses.lumenlearning.com/boundless-arthistory/chapter/the-new-kingdom/#:~:text=There%20are%20six%20great%20temples,sandstone%20from%20south%2Dwestern%20Egypt.

Fecha de acceso: 7/5/22

Título: Copt

Link: https://www.britannica.com/topic/Copt

Fecha de acceso: 7/5/22

Título: The Transition from Coptic to Arabic

Link: https://journals.openedition.org/ema/1920

Fecha de acceso: 7/5/22

Título: Discovering the wonder of Egypt's Islamic architecture

Link: https://www.arabnews.com/node/1044981/art-culture

Fecha de acceso: 7/5/22

Título: Akhenaten

Link: https://www.worldhistory.org/Akhenaten/

Fecha de acceso: 7/5/22

Título: Tutankhamun

Link: https://www.history.com/topics/ancient-egypt/tutankhamen

Fecha de acceso: 7/5/22

Título: How Did King Tut Die?

Link: https://www.history.com/news/king-tut-death-mystery

Fecha de acceso: 7/5/22

Título: Ay

Link: https://www.britannica.com/biography/Ay-king-of-Egypt

Fecha de acceso: 7/5/22

Título: Howard Carter

Link: https://www.britannica.com/biography/Howard-Carter

Fecha de acceso: 7/5/22

Título: The Discovery of King Tut's Tomb

Link: https://www.thoughtco.com/tomb-of-king-tut-discovered-1779242

Fecha de acceso: 7/5/22

Título: Archaeologist opens tomb of King Tut
- Link: https://www.history.com/this-day-in-history/archaeologist-opens-tomb-of-king-tut
- Fecha de acceso: 7/5/22

Título: Tutankhamun's Curse?
- Link: https://www.historytoday.com/archive/months-past/tutankhamuns-curse
- Fecha de acceso: 7/5/22

Título: Horemheb
- Link: https://www.britannica.com/biography/Horemheb
- Fecha de acceso: 9/5/22

Título: Tutankhamun
- Link: https://www.britannica.com/biography/Tutankhamun
- Fecha de acceso: 9/5/22

Título: Smenkhkare
- Link: https://www.britannica.com/biography/Smenkhkare
- Fecha de acceso: 9/5/22

Título: Ankhesenamun
- Link: https://www.britannica.com/biography/Ankhesenamen
- Fecha de acceso: 9/5/22

Título: Desperately Seeking Queen Nefertiti
- Link: https://www.nationalgeographic.com/adventure/article/150814-nefertiti-tomb-tutankhamun-tut-archaeology-egypt-dna
- Fecha de acceso: 9/5/22

Título: The Queen Who Would Be King
- Link: https://www.smithsonianmag.com/history/the-queen-who-would-be-king-130328511/
- Fecha de acceso: 9/5/22

Título: Who was Hatshepsut?
- Link: https://www.nationalgeographic.com/culture/article/hatshepsut
- Fecha de acceso: 9/5/22

Título: Hatshepsut
- Link: https://www.history.com/topics/ancient-egypt/hatshepsut
- Fecha de acceso: 9/5/22

Título: Hatshepsut
Link: https://www.worldhistory.org/hatshepsut/#:~:text=Hatshepsut%20(r.,her%20stepson%20Thutmose%20III%20(r.
Fecha de acceso: 9/5/22

Título: Cleopatra
Link: https://www.history.com/topics/ancient-egypt/cleopatra
Fecha de acceso: 9/5/22

Título: Arsinoe IV (D. 41 BCE)
Link: https://www.encyclopedia.com/women/encyclopedias-almanacs-transcripts-and-maps/arsinoe-iv-d-41-bce
Fecha de acceso: 9/5/22

Título: Cleopatra: Biography of the last pharaoh of ancient Egypt
Link: https://www.livescience.com/44071-cleopatra-biography.html
Fecha de acceso: 9/5/22

Título: Cleopatra
Link: https://www.worldhistory.org/Cleopatra_VII/#:~:text=Cleopatra%20VII%20(l.%20c.%2069%2D30,of%20Alexander%20the%20Great%20(l.
Fecha de acceso: 9/5/22

Título: Saladin
Link: https://www.britannica.com/biography/Saladin
Fecha de acceso: 10/5/22

Título: Saladin
Link: https://www.history.com/topics/africa/saladin
Fecha de acceso: 10/5/22

Título: Saladin
Link: https://www.worldhistory.org/Saladin/
Fecha de acceso: 10/5/22

Título: The Assassins
Link: https://www.worldhistory.org/The_Assassins/
Fecha de acceso: 10/5/22

Título: Why does Saladin have such good PR in the Medieval West?
Link: https://www.medievalists.net/2014/09/saladin-good-pr-medieval-west/

Fecha de acceso: 10/5/22

Título: Hosni Mubarak
Link: https://www.britannica.com/biography/Hosni-Mubarak
Fecha de acceso: 10/5/22

Título: Hosni Mubarak, Egyptian Leader Ousted in Arab Spring, Dies at 91
Link: https://www.nytimes.com/2020/02/25/world/africa/hosni-mubarak-dead.html
Fecha de acceso: 10/5/22

Título: Egypt's former President Hosni Mubarak dies at 91
Link: https://www.aljazeera.com/news/2020/2/26/egypts-former-president-hosni-mubarak-dies-at-91
Fecha de acceso: 10/5/22

Título: Mohamed Morsi
Link: https://www.britannica.com/biography/Mohamed-Morsi
Fecha de acceso: 10/5/22

Título: Mohamed Morsi, Who Brought the Muslim Brotherhood to the Egyptian Presidency
Link: https://www.newyorker.com/news/news-desk/mohamed-morsi-who-brought-the-muslim-brotherhood-to-the-egyptian-presidency
Fecha de acceso: 10/5/22

Título: Mohamed Morsi
Link: https://www.aljazeera.com/tag/mohamed-morsi/
Fecha de acceso: 10/5/22

Título: Mohamed Morsi's death: World Reaction
Link: https://www.aljazeera.com/news/2019/6/18/mohamed-morsis-death-world-reaction
Fecha de acceso: 10/5/22

Título: Italian Invasion of Egypt in WWII
Link: https://about-history.com/italian-invasion-of-egypt-in-wwii/
Fecha de acceso: 28/6/22

Pinch, G. *Egyptian Mythology: A Guide to the Gods, Goddesses, and Traditions of Ancient Egypt.* Oxford University Press, 2004.

Bunson, M. *The Encyclopedia of Ancient Egypt.* Gramercy Books, London, 1991.

Shaw, I. *The Oxford History of Ancient Egypt*. Oxford University Press, 2004.

Ikram, S. *Death and Burial in Ancient Egypt*. Longman, 2003.

Leeming, David Adams (2010). *Creation Myths of the World*. Santa Barbaro: ABC-CLIO. p. 102. ISBN 978-1-59884-174-9.

Wallis Budge, E.A. *Egyptian Religion*. Cosimo Classics, 2005.

Wilkinson, R. *The Complete Gods and Goddesses of Ancient Egypt*. Thames & Hudson, 2003.

Hart, George (2004). *Egyptian Myths*. Austin, Texas: University of Texas.

David, R. *Religion and Magic in Ancient Egypt*. Penguin Books, 2002.

M.V., Seton-Williams (1999). *Egyptian Legends and Stories*. U.S.A: Barnes & Noble Publishing.

Nardo, D. *Living in Ancient Egypt*. Thompson/Gale, 2004.

Allen, James P. (2000). *Middle Egyptian: An Introduction to the Language and Culture of Hieroglyphs*. Cambridge University Press.

Robins, G. *The Art of Ancient Egypt*. Harvard University Press, 2008.

Fleming, Fergus; Alan Lothian (1997). *The Way to Eternity: Egyptian Myth*. Amsterdam: Duncan Baird Publishers.

Goelet, O. et. al. *Egyptian Book of the Dead*. Chronicle Books, 2015.

Kemboly, Mpay. 2010. *The Question of Evil in Ancient Egypt*. London: Golden House Publications.

Van De Mieroop, M. *A History of Ancient Egypt*. Wiley-Blackwell, 2007.

Roberts, A. *Hathor Rising: The Power of the Goddess in Ancient Egypt*. Inner Traditions, 1997.

The One and the Many (translated by John Baines, Ithaca, NY: Cornell University Press, 1996).

Strudwick, H. *The Encyclopedia of Ancient Egypt*. Sterling Publishing, 2016.

The Crisis of Polytheism (London: Routledge, 2009).

Della-Piana, Patricia (2010). *Witch Daze, A Perennial Pagan Calendar*.

Quirke, S. (2001). *The Cult of Ra: Sun-worship in Ancient Egypt*. New York: Thames and Hudson, p.144.

"Book of the Dead of Nestanebetisheru".
https://www.britishmuseum.org/collection/object/Y_EA10554-66
"Book of the Dead of Djedkhonsiusankh".
https://www.britishmuseum.org/collection/object/Y_EA10328
Silverman, D. P. *Ancient Egypt*. Oxford University Press, 1997.

Bard, Kathryn (2008) *An Introduction to the Archaeology of Ancient Egypt.*
Herodotus (1920). The Histories with an English translation by A. D. Godley.
Cambridge: Harvard University Press. At the Perseus Project of the Tufts University.

www.ingramcontent.com/pod-product-compliance
Lightning Source LLC
Chambersburg PA
CBHW070324010526
44107CB00004B/404